LE MONDE
diplomatique

국제관계 전문시사지 〈르몽드 디플로마티크〉는 프랑스 〈르몽드〉의 자매지로
전세계 20개 언어, 37개 국제판으로 발행되는 월간지입니다.

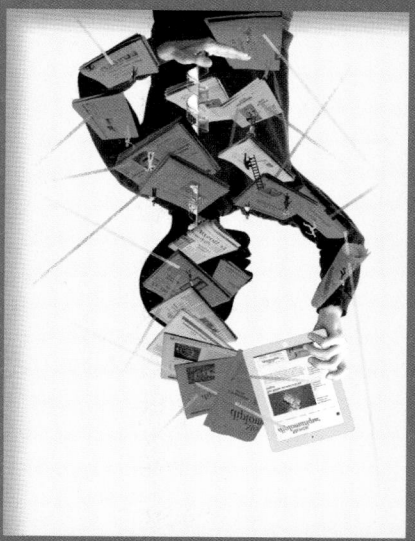
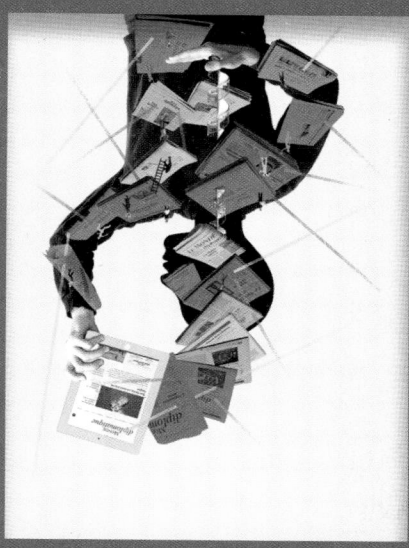
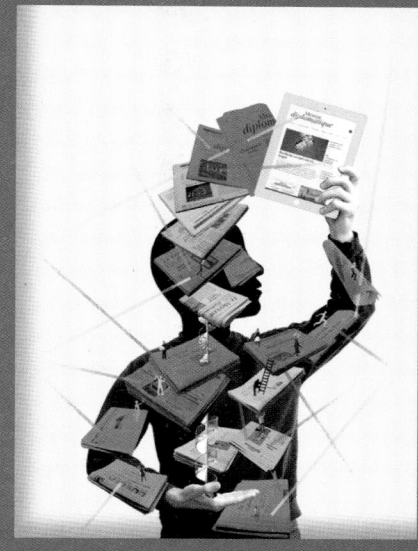
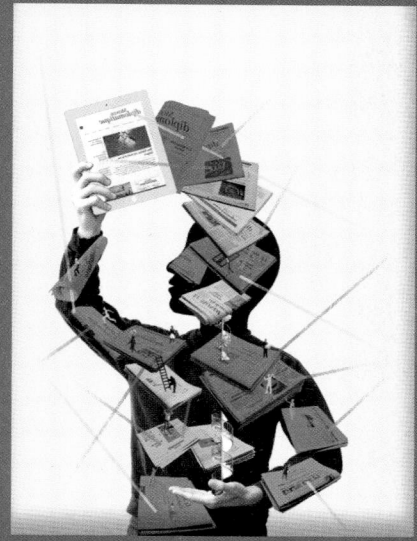

〈르몽드 디플로마티크〉는 세계의 창이다.
– 노엄 촘스키

● CONTENTS 목차

마녀이거나 마녀의 친구로 살기

글 · 안치용

〈크리티크M〉 발행인. 문학, 영화, 미술, 춤 등 예술을 평론하고, 다음 세상을 사유한다.
다양한 연령대 사람들과 문학과 인문학 고전을 함께 읽고 대화한다.
ESG연구소장. (사)ESG코리아 철학대표, 아주대 융합ESG학과 특임교수,
영화평론가협회/국제영화비평가연맹 회원.

유럽에서 마녀사냥이 한창일 때 마녀감별법이란 게 있었다고 전해진다.

마녀 혐의를 받고 체포된 사람이 자백하지 않을 때 마녀인지 아닌지를 구별하는 대표적 방법은 다음과 같다. 손발을 묶어 물속에 던져 그대로 가라앉으면 무죄, 떠오르면 유죄. 인간이라면 상식적으로 익사해야 하고, 헤엄쳐 나오기 힘든 상황을 뚫고 나왔다는 건 마녀의 능력을 사용했다는 증거가 된다. 영화에서인지, 책에서인지 어디선가 본 기억이 나는데, 이러한 유형의 감별법이 실제로 사용됐다는 게 진실인 듯하다.

마녀사냥은 한두 가지 요인으로 쉽게 설명되지 않는다. 특정한 상황과 맞물린 종교의 급발진, 기본값으로 주어진 가부장제의 만행이 그 요인목록의 윗단에 올라야 하겠지만, 당연히 그것만으로는 극강의 광기를 설명하지 못한다. 예컨대 중세 유럽을 중심으로 종교재판과 관련하여 발생한 무고한 여성의 대대적인 살해를 대체로 마녀사냥으로 부르나, 마녀사냥 희생자 중에 적잖은 숫자의 남성이 포함됐음이 연구로 확인됐다.

여러 반증에도 불구하고 마녀사냥은 정말로 마녀사냥이라고 해야 한다. 즉

종교와 합체한 남성 중심사회가 사회적으로 긴급한 필요성에 직면해 모든 유형의 여성을 희생제물로 소환해 사용했다는 현상 측면에서, 마녀사냥은 분명한 마녀의 사냥이다.

역사적 사건으로 마녀사냥은 근대의 도래와 함께 끝났다는 게 정설이다. 그러나 그것은 그러한 유형의 마녀사냥이 끝났다는 현상적 판단에 불과하다. 이제 정의가 더 모호해진 채로 마녀사냥이 현재 진행형임을 주장한다고 해서 헛소리 취급을 받지는 않을 것이다. 다만 그 마녀가 과거처럼 일방적으로 쫓기는 사냥감에 불과한 존재가 아니라, 종종 사냥꾼을 두렵게 할 정도로 위상이 달라진 새로운 마녀라는 사실은 언급해야겠다.

2007년도 노벨문학상 수상자인 도리스 레싱이 대표작 『금색공책(The Golden Notebook)』(1962)에서 말한 '자유로운 여자들'이 말하자면 마녀이다. 마땅히 마녀라고 불러야 할 레싱의 분신 격인 애나가 소설의 허두에 말한다.

"내가 보기엔 모든 게 다 부서지고 있다는 거야."

모든 것이 다 부서진 곳에서 마녀가 새로운 여성의 정체성으로 사회의 여러 현장에 돌출하고 있다. 과거의 마녀는 명명된 희생양으로 타자화의 그물에 걸려 죽어가는 제의적 존재였지만 현재의 마녀는 스스로를 재창조해 주체화의 깃발를 든, 근대성을 변혁적으로 해석하기 시작한 전장(戰場)의 존재이다. 그러므로 지금의 마녀는 손발이 묶인 채 물속에 던져져 무죄를 판정받는 대신 떠올라 기꺼이 유죄를 선고받지만, 마녀로 몰려 죽임을 당하지 않고 재판정을 과감히 전복하고 판결을 단호히 거부하는 반역의 선봉이 될 수밖에 없다.

그들이 물속에 던져놓은 마녀가, 물에서 탈출하면서 물에 던져졌을 때와는 완전히 다른 존재가 되어 솟구친다. 돌아서 갈 길을 가며 시시닥대는 그들의 등에 소리 없이 다가온 마성이 무엇을 야기할지 짐작조차 못 한다. 마녀재판이 없는 시대이지만, 아마 마녀 낙인은 여전히 유효하지 싶다. 그렇다면 굳이 마녀가 아닌 척하는 것보다 마녀를 커밍아웃하고 사는 게 더 신나지 않을까. 마녀의 친구가 되는 것도 나쁘지 않다. *Critique M*

마녀들이 돌아왔다

<매직 서클>, 1886 - 존 윌리엄 워터하우스

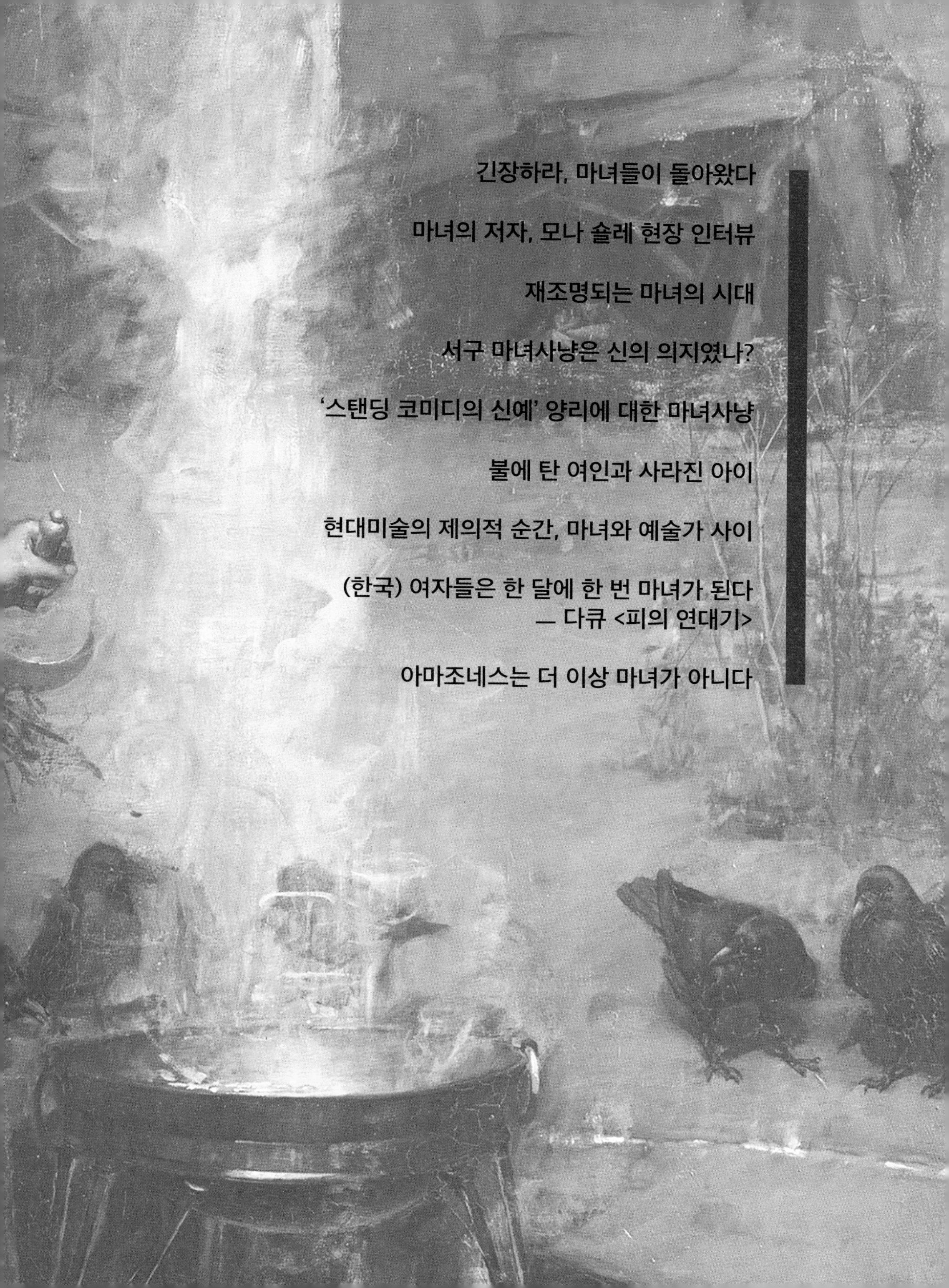

긴장하라, 마녀들이 돌아왔다

마녀의 저자, 모나 숄레 현장 인터뷰

재조명되는 마녀의 시대

서구 마녀사냥은 신의 의지였나?

'스탠딩 코미디의 신예' 양리에 대한 마녀사냥

불에 탄 여인과 사라진 아이

현대미술의 제의적 순간, 마녀와 예술가 사이

(한국) 여자들은 한 달에 한 번 마녀가 된다
— 다큐 <피의 연대기>

아마조네스는 더 이상 마녀가 아니다

긴장하라, 마녀들이 돌아왔다

·
·
·
·
·

모나 숄레
Mona Chollet
〈르몽드 디플로마티크〉 프랑스어판 기자

르네상스 시대 유럽은 수만 명의 여성들을 '마녀'로 처형시켰다. 이에 1970년대 페미니스트들은 일종의 도전처럼 마녀라는 정체성을 내세웠고, 때로는 이러한 정치적 행보에 자연계에 관련된 영적 실천을 보태기도 했다. 오늘날 인류와 자연의 관계가 혼돈을 야기하는 가운데, 마녀가 서구권에 재등장하는 것이 과연 놀랄 일일까?

2017년 1월 도널드 트럼프 미 대통령이 취임한 이후, 매달 그믐달이 뜨는 날이면 수천 명의 마녀들이 힘을 모아 트럼프 대통령이 끼칠 해악이 사라지기를 염원하는 의식을 가졌다. 이들 중 일부는 뉴욕의 트럼프 타워 앞에서, 나머지는 자신의 집에서 주문을 외운다. SNS상에 해시태그 #BindTrump, #MagicResistance를 달고 배포된 사진들로 꾸민 '제단' 앞에서 말이다. 이 의식에는 4대 원소를 상징하는 물건들과 타로 카드, 트럼프 대통령의 '흉하게 나온 사진', 그리고 주황색 양초 조각 등이 필요했다.**(1)**

이와 더불어, 미국의 몇몇 주에서는 뾰족한 모자를 쓰고 가면을 쓴 채 검은색 옷차림으로 시위하는 '마녀(Witch)'라는 이름의 단체들도 등장했다. 이들은 사회정의, 성전환자의 권리, 낙태권을 위해 투쟁하며 경찰의 오인사살, 미국 정부의 이민 정책을 비판한다. 오리건주 포틀랜드에 걸린 해당 단체의 플래카드에는 "미국의 광신적 종교인들은 17세기 이후로 여성의 권리를 박해해왔다"는 문구가 적혀 있었다 (2017년 9월 7일, 인스타그램).

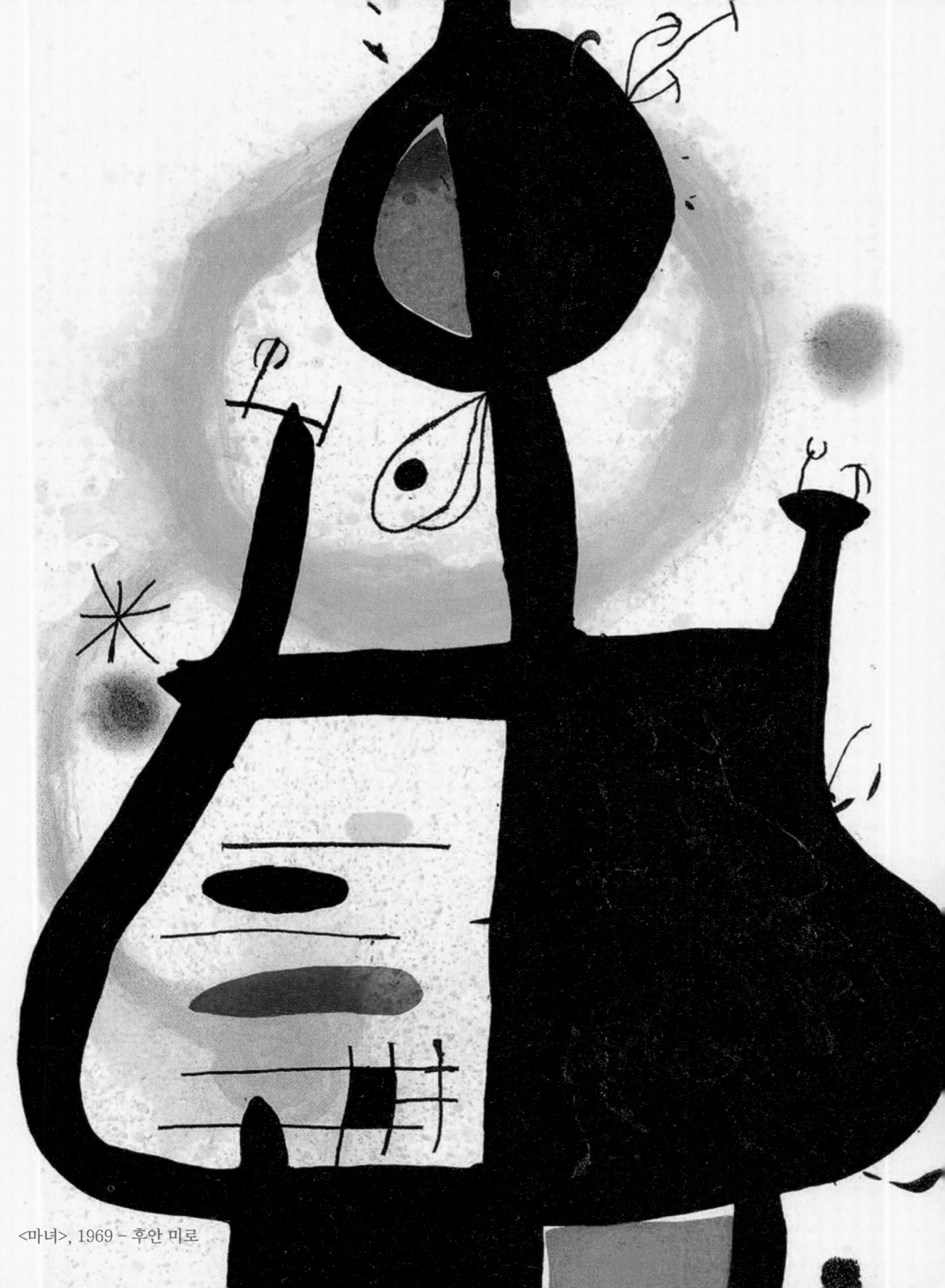

<마녀>, 1969 – 후안 미로

(1) Tara Isabella Burton, 'Each month, thousands of witches cast a spell against Donald Trump', <Vox>, 2017년 10월 30일.

프랑스에서도 마녀들은 여성의 목소리를 대변하는 중이다. 2017년 9월 파리와 툴루즈의 시위에서 페미니즘 및 아나키즘 단체 '마녀 연합(Witch Bloc)'은 "마크롱을 가마솥에(Macron au chaudron)"라고 쓴 플래카드를 들고 노동법 위반을 비판하는 행진을 펼쳤다. 출판편집자 이사벨 캉부라키스는 2015년 가족이 운영하는 출판사에서 『Sorcières 마녀들』이라는 제목의 페미니즘 총서를 발간했다. 그중 다큐멘터리 〈마녀들, 나의 자매여(Larsens Production, 2010)〉의 감독 카미유 뒤셀리에가 집필한 『예지적 페미니즘 가이드』(2018)가 눈에 띈다.

30대의 여성 작가 잭 파커(본명 타우스 메라키)는 2017년부터 2018년까지 몇 달간 발행한 『위치, 플리즈(Witch, Please)』라는 뉴스레터에서 자신의 마법의식을 차분하게 소개한 바 있다. 미국에서처럼, 프랑스에서도 마법과 관련된 미적 감성이 인스타그램을 휩쓸었으며,(#WitchesOfInstagram) 인터넷 쇼핑몰에서는 양초, 마술서, 허브, 크리스탈 따위를 판매했다. 오딜 샤브릴락의 『마녀의 영혼(Âme de sorcière, Solar, 2017)』이나 카미유 스페즈의 『여성성의 힘(La Puissance du féminin, Leduc.s, 2018)』 같은 사례처럼 자기계발서 또한 상당히 신비주의적인 경향을 띤다.

이처럼 마법은 정치적 행보, 또는 영적인 행보에 속할 수 있으며 두 가지 모두에 속할 수도 있다. 우선 전자의 경우, 서구 페미니즘은 오래전부터 마법을 일종의 상징으로 삼아왔다. "우리는 당신들이 미처 태워 죽이지 못한 마녀들의 손녀다"라는 유명한 구호가 보여주듯 말이다. 서구 페미니스트들은 지난 16세기부터 17세기 사이 유럽에서 마녀사냥으로 처형당한 5만~10만 명 중 대다수가 여성이었음을 강조한다. 사실상 마녀라는 '죄목'으로 고발당한 사람 중 80%, 유죄판결을 받은 사람 중 85%가 여성이었으며, 남성들은 공범으로 몰리는 것이 보통이었다.

1587~1593년 독일 남서부 트리어 부근의 22개 마을에서는 몹시 참혹한 마녀사냥이 벌어졌다. 총 368명이 화형당했으며, 두 개 마을에서 살아남은 여성이 단 한 명일 정도였다.(2) 역사학자 앤 바스토는 이 같은 마녀사냥을 '여성 혐오가 폭발'하는 현상이라고 분석했다.(3) 도미니크회 수도사 하인리히 크라머와 야콥 슈프랭거의 1487년 작 『마녀를 심판하는 망치(Malleus Maleficarum)』는 여성에 대한 증오를 표출한 저서다. 지난 몇 세기 동안 종교재판관들의 지침서로 쓰인 이 책은 "남자 마법사는 대수롭지 않은 존재"라고 단언했다. 애초에 여성의 '악의'가 존재하지 않았더라면, "마녀들을 차치하고서라도, 세상은 수많은 위험으로부터 해방됐을 것"이라는 이유에서다.

(2) Guy Bechtel, 『La Sorcière et l'Occident. La destruction de la sorcellerie en Europe, des origines aux grands bûchers 마녀와 서구: 유럽에서 마법이 사라진 이유, 대대적인 화형의 기원』 Plon, Paris, 1997.

(3) Anne L. Barstow, 『Witchcraze. A New History of the European Witch Hunts』 HarperCollins, New York, 1994.

'미투운동이 마녀사냥'이라는 역설

대부분이 평민이었던 희생자들은 치료사였을 수도 있고, 혹은 그저 유독 수선스럽고 목소리 큰 여성이었을 수도 있다. 그중에는 미혼여성과 과부, 나이든 여성의 비율이 유독 높았다. 어떤 여성들은 범죄를 고발하려다가 도리어 마녀로 몰리기도 했다. 예컨대 1679년 프랑스 북부의 마르시엔에서 페론 고기농은 술에 취한 네 명의 병사에게 강간당할 뻔했다가 간신히 도망쳤다. 그녀는 도망가기에 앞서 자신을 건드리지 않고 풀어준다면, 그들에게 돈을 준다는 약속을 억지로 해야 했다.

페론의 남편이 병사들을 고발했지만, 결국 아내의 평판만 떨어뜨리는 결과가 됐고, 결국 페론은 마녀로 몰려 화형에 처해졌다.(4) 또한 1782년 스위스 글라리스 주에서 유럽 최후의 '마녀'로 참수당한 안나 골디의 경우가 있다. 그녀의 전

(4) Robert Muchembled, 『Les Derniers Bûchers. Un village de France et ses sorcières sous Louis XIV 최후의 화형: 루이 14세 치하 프랑스의 어느 마을과 마녀들』 Ramsay, Paris, 1981.

(5) Agathe Duparc, 'Anna Göldi, sorcière enfin bien-aimée 안나 골디, 마침내 재평가받은 마녀', <르몽드>, 2008년 9월 4일.

기 작가는 골디가 자신의 고용주였던 의사를 성추행으로 고소했던 기록을 발견했다.**(5)** 그러니 오늘날 성폭행범들을 고발하는 미투 운동에서 '마녀사냥'이라는 표현을 사용하는 것이 얼마나 아이러니한 일인가.

　　마녀사냥의 역사를 처음으로 재해석한 사람은 미국의 페미니스트 마틸다 조슬린 게이지(1826~1898)다. 게이지는 여성 투표권, 아메리카 인디언의 권리, 노예제 폐지를 위해 투쟁했으며 노예들의 탈출을 도왔다는 명목으로 유죄 판결을 받았다. 1893년에 발표된 『여성, 교회, 정부(Woman, Church and State)』에서 게이지는 마녀사냥에 관한 페미니즘적 해석

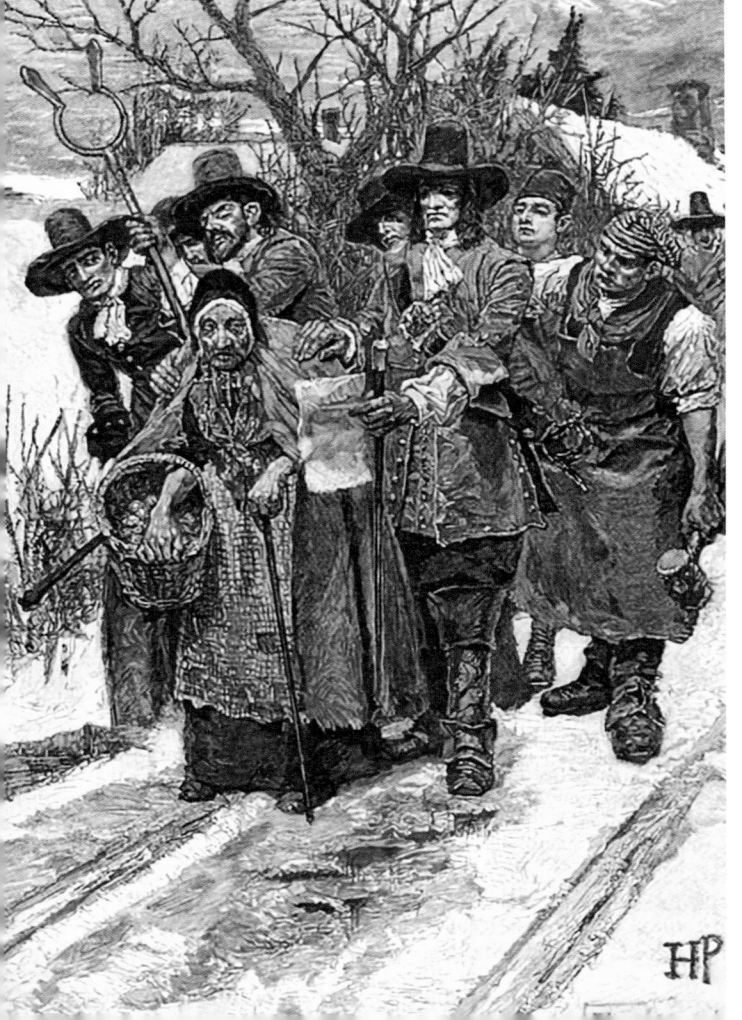

<마녀재판을 위해 체포된 요인>, 1883 - 하워드 파일

을 펼쳤다. "이 '마녀사냥'이라는 표현에서 '마녀'라는 단어를 '여성'으로 대체한다면, 교회가 인류의 일부에게 저지른 잔혹한 행위를 좀 더 제대로 이해하게 된다." 게이지는 그녀의 사위이자 작가 프랭크 바움이 『오즈의 마법사』 속 등장인물인 글린다를 창조하는 데 많은 영감을 줬다. 그리고 1939년 이 소설을 영화로 각색한 감독 빅터 플레밍은 '좋은 마녀'의 이미지를 대중문화에서 최초로 탄생시킨 셈이다.**(6)**

(6) Kristen J. Sollee, 『Witches, Sluts, Feminists: Conjuring the Sex Positive』, ThreeL Media, Los Angeles, 2017.

제2차 페미니즘 물결 또한 이러한 양상을 재발견했다. 1968년 뉴욕의 할로윈 데이에 발족된 '지옥에서 온 여성 국제 테러 음모(Women's International Terrorist Conspiracy from Hell, 통칭 WITCH)' 운동본부의 회원들은 월스트리트를 행진했으며 검은 망토를 두른 채 증권거래소 앞에서 소란을 벌였다. 그들 중 한 명이었던 로빈 모건은 몇 년 후 당시를 이렇게 회상했다.

"여성들은 눈을 감고 고개를 숙인 채 (알제리 주술사들이 신성시하는) 베르베르어 노래를 불렀고 여러 주식의 급락이 임박했음을 선포했다. 몇 시간 후, 주식시장은 1.5포인트 떨어진 채 장을 마감했으며 그다음 날에는 5포인트가 급락했다."**(7)** 프랑스에서는 1976년부터 1981년 사이 파리에서 자비에 고티에의 지휘 아래 『마녀들』이라는 전문지가 간행됐고 1975년에는 안느 실베스트르의 『여느 여자들과 다를 바 없는 어느 마녀(Une sorcière comme les autres)』라는 샹송이 발표됐다. 동시대의 이탈리아 페미니스트들은 "긴장하라, 긴장하라, 마녀들이 돌아왔다!"고 외쳤다.

(7) Robin Morgan, 『Going Too Far: The Personal Chronicle of a Feminist, Random House et Vintage Paperbacks』, New York, 1977.

한편, 캘리포니아 출신의 페미니스트 스타호크(1951, 본명 미리엄 시모스)는 페미니즘적 요구와 영적 실천을 처음으로 연결한 인물로, 신이교주의 종교인 '위카'의 큰 틀에 입각하여 페미니즘적이면서도 진보주의적인 사조를 구현했다. 그녀는 자신의 커븐(마녀 집회)과 함께 1999년 WTO 시애틀 총회, G8 제네바 정상회의, 2001년 퀘벡 미대륙 정상회담에 반대하는 시위들과 포르투알레그리에서 열린 세계사회포럼 등 탈세계화 모임에 빠짐없이 참가했다.(8) 철학자 실비아 페데리치(9)와 마찬가지로, 스타호크는 마녀사냥을 18세기 들어 자본주의가 비약적인 발전을 이루는 토양을 마련해줬던 사건의 하나로 본다.

마녀사냥이 가져온 급격한 변화들

그녀의 저서 『어둠을 꿈꾸며(Dreaming the Dark)』(10)는 마녀사냥이 수반한 급격한 변화들을 묘사한다. 먼저, 과거에는 공동으로 경작했던 토지가 사유화됨으로써 사회 취약계층의 생존수단을 빼앗는 결과를 낳았다. 자연을 정복대상으로 바라보는 공격적인 관계가 탄생한 것 또한 또 다른 영향의 하나다.

그 이후 마법을 부리거나 여신을 숭배하는 행위는, 마녀사냥꾼들에 의해 혐오와 학대를 받았던 여성적 신체를 복원하는 것 이상으로, 해체됐던 관계들을 회복시키는 수단이 됐다.

또한 마법은 자본주의의 기저에 자리한 심층적인 문화 원동력을 비판하는 셈이기도 하다. 자본주의는 물론 힘을 통해 군림하지만, 그 자체가 지닌 매력도 강력한 군림수단이 되니 말이다. 자본주의는 일종의 지배적인 이성과 밀접한 관계에 있으며, 이런 이성은 이 세상을 얼마든 이용하고 가치를 매길 수 있는 무기물적 자원의 총체로 바라보게 해준다.(11)

바로 이 지점에서 마법은 자신이 속한 자연환경에 새로운 방식으로 편입되고자 하는 수요에 부응한다. 마법에서 4대 원소의 연관성을 추구하며 계절과 달의 위상, 우주 에너지의 순환에 많은 신경을 기울이는 것은 사실이지만, 오늘날의

(8) Starhawk, 『Chroniques altermondialistes. Tisser la toile du soulèvement global 탈세계화주의자의 연대기: 세계화에 대한 항거 네트워크를 조직하다』, Cambourakis, coll. 『Sorcières』, 2016.

(9) Silvia Federici, 『Caliban et la sorcière. Femmes, corps et accumulation primitive 칼리반과 마녀: 여성, 신체, 원시적 축적』, Entremonde-Senonevero, Genève-Marseille, 2014년 (초판 2004년)

(10) Starhawk, 『Rêver l'obscur. Femmes, magie et politique 어둠을 꿈꾸며: 여성, 마법, 정치』, Cambourakis, coll. 『Sorcières』, 2015 (1re éd.: 1982).

(11) Jean-François Billeter, 『Chine trois fois muette 세 번 침묵하는 중국』, Allia, Paris, 2000.

마녀들은 교리에서 벗어난 자유로운 마법을 실현하며 자신의 필요에 맞춘 의식을 만들어내기를 요구한다.

예컨대 스타호크는 자신과 친구들이 동지(冬至)를 기념하는 의식이 탄생한 배경을 이렇게 술회했다. "처음으로 동지를 기념하던 무렵, 우리는 잠들기 전 해변으로 달려가 지는 해를 바라보았다. 그러자 일행 중 어느 여성이 '옷을 다 벗고 물에 뛰어들자, 얼른!'이라고 말하는 것 아닌가. 그래서 내가 '미쳤구나'라고 했던 것이 기억난다. 하지만 결국 우리는 그녀의 말을 따랐다. 몇 년 후에는 체온이 떨어지는 것을 막으려고 모닥불을 피워봤는데, 그것 또한 새로운 전통으로 자리 잡았다(무언가를 한 번 하면 좋은 경험이 되고, 두 번 하면 전통이 된다)."**(12)**

(12) Starhawk, 『The Spiral Dance: A Rebirth of the Ancient Religion of the Goddess: 20th Anniversary Edition』, HarperCollins, San Francisco, 1999.

스타호크의 『어둠을 꿈꾸며』는 '여성, 마법, 정치'라는 부제를 달고 처음으로 프랑스어 번역본이 출간됐지만(Rêver l'obscur. Femmes, magie et politique, Les Empêcheurs de penser en rond, 2003), 프랑스 내에서는 그다지 호응을 얻지 못했다. 이 책의 서문에서 철학자 이사벨 스탕제와 편집자 필리프 피냐르는 통찰력 넘치는 말을 남겼다. "프랑스에서 정치를 한다는 사람들은 영성에 관계된 모든 것을 경계하는 습관이 있으며, 이를 얼른 극우파의 습관으로 간주해버린다." 그로부터 15년이 지난 지금, 이 문장은 더는 사실이 아니게 됐다. 프랑스와 미국을 막론하고 젊은 페미니스트와 동성애자, 성전환자들 모두가 마법을 실천하며 이를 정치적 행보에 포함시킨다. 이러한 변화를 어떻게 설명할 수 있을까?

오늘날 마법에 사로잡힌 이들은 〈해리 포터 시리즈〉나 마녀 세 자매가 주인공으로 등장하는 드라마 〈참드〉, 또는 소심하고 소극적인 여고생 윌로우가 강력한 마녀로 거듭나는 드라마 〈버피 더 뱀파이어 슬레이어〉를 접하며 성장했다. 게다가 마법은 역설적이게도 이 세상에 자신의 존재를 뿌리내리는 데

아주 실용적인 수단으로 보인다. 오늘날 이 시대의 모든 것이 우리를 불안정하고 나약하게 만들고자 합심하는 듯 보이기 때문이다. 어쩌면 환경 재앙이 점점 더 강력해진 나머지 기술지배적 사회의 위신과 위력이 급감했고, 그 덕분에 마녀들이 금기를 깨고 자신의 존재를 드러낸 것일지도 모른다. 극도로 합리적으로 보이던 세계의 이해 체제가 결국은 인류의 자연환경을 파괴하고 만다면, 이성과 비이성의 범주로 습관처럼 분류하던 것들에 다시금 문제를 제기하기 마련이다.

더욱이 우리는 마치 마녀사냥의 시대와 마찬가지로 온갖 종류의 지배가 강화되는 행태를 목도하고 있다. 이는 여성 혐오와 인종차별주의를 부끄러움도 없이 공언하는 어느 억만장자가 한때 세계 최강대국의 수장 자리에 앉아 있었다는 사실과도 일치한다. 그리하여 마법은 또다시 박해받는 자들의 무기로 등장하게 됐다. 모든 것을 잃은 듯이 불안과 번민만이 가득한 해 질 무렵, 마녀가 석양을 등지고 나타난다. 그녀야말로 절망의 한복판에서 남은 희망을 찾아내는 존재인 셈이다.

그런 가운데 마녀는 일종의 진보적인 영성을 만들어내고, 반동적인 형태의 '자연성'을 받아들이지 않더라도 자연과 유대를 유지하는 관계를 주장한다. 언제나 자애롭고 자녀를 사랑하는 모성의 여성성을 고집할 이유도, 낙태 금지를 강요할 이유도 없다(이 후자의 경우야말로 지난 역사에 대한 잘못된 오해인데, 과거 마녀로 고발당했던 치료사 여성들은 직접 낙태 시술을 하기도 했다. 그리고 이는 흑사병이 16세기에 대대적으로 유행한 이후 출생률에 점점 더 집착했던 정치 및 종교 당국의 분노를 사는 원인이 됐다). 또한 이성애적인 규범을 재생산할 이유도 없다.

2018년 6월 포틀랜드에서 열린 게이 프라이드에서 단체 '마녀(Witch)'가 내건 플래카드에 "나는 게이로 태어나게 해주신 여신께 매일 감사드립니다"라는 문구가 적혀있을 정도니 말이다. 1979년 첫 저서 『나선의 춤(The Spiral Dance)』을 출간했을 때, 스타호크는 거센 비판에 직면했다. 남성성과 여성성이라는 분류에 경직되고 전형적인 관점을 보여줬다는 비판을 깊이 유념한 저자는 이후의 출판에서 방향을 수정하기에 이른다.

이런 열린 자세는, 페미니즘 마법과 유사한 관심사를 다루는 '에코페미니즘'이라는 사조에서도 찾아볼 수 있다. 유명한 사건은 아니지만, 1970년대 미국 오리건주의 레즈비언 분리주의자 공동체가 실행했던 '자연으로의 회귀'(13)는 이를 잘 보여준다. 철학자 카트린 라레르는 이렇게 자문했다. "어째서 '자연적인' 섹슈얼리티를 이성애자들이 독점하도록 하고, 퀴어 운동은 자연과 거리가 멀고 대척되는 도시에서만 이뤄진다고 여겨져야 하는가? 자연을 거부하는 것을 페미니즘의 토대로 삼을 이유는 전혀 없다."(14) 그야말로 다양한 관점을 시사하는 세계관이 아닐 수 없다. *Critique M*

(13) Catriona Sandilands, 『Women's Land: communautés séparatistes lesbiennes rurales en Oregon 여성의 땅: 오리건 주의 레즈비언 분리주의자 전원 공동체』, Reclaim 중 발췌, Émilie Hache 편저, Cambourakis, coll. 『Sorcières』, 2016.

(14) Catherine Larrère, 『L'écoféminisme ou comment faire de la politique autrement 에코페미니즘 혹은 정치를 다르게 하는 방법』, Reclaim 중 발췌, op. cit.

번역 · 박나리

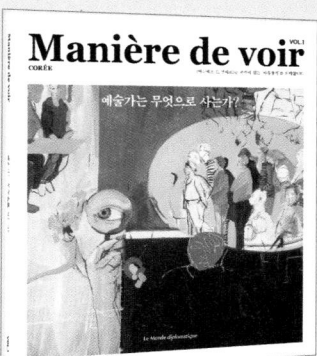

"'멋진 마녀'가 되려면 자신만의 공간이 필요해요"

"여성에게도 자기만의 공간이 필요합니다. 경제침체와 물가폭등, 실업난 속에 적당한 주거지를 찾는 과정에서 많은 사람들이 불평등과 지배관계라는 폭력과 마주치는데, 특히 여성들은 '자기만의 집에서' '제대로 살기'의 어려움을 많이 겪습니다. 주체적인 삶을 살기 위해선 자기만의 집을 마련해야 합니다."

프랑스 언론인이자 페미니스트 수필가로 주목받고 있는 작가 모나 숄레(Mona Chollet)는 2022년 11월 5일 서울 청담동 소전서림에서 한국 독자들과 가진 대화에서 독립적인 공간의 중요성을 강조했다. 〈르몽드 디플로마티크〉 프랑스어판 기자 출신으로, 저서 『마녀―남들보다 튀는 여자들의 목을 쳐라』(마음서재, 2021)와 『지금 살고 싶은 집에서 살고 있나요?』(부키, 2019)의 필자로 널리 알려진 그는 "똑똑한 많은 여성들이 중세시대에 불태워지고 창살에 찔려죽었는데, 현대에도 별로 달라진 게 없다"고 말했다. 숄레와 한국 독자들의 대화에서 사회를 맡은 필자는 그녀와 저녁 식사를 함께하며, 그녀의 트레이드 마크인 '마녀'에 대해 물었다.

"현대 정치 · 사회적 흐름이 여성을 마녀화한다"

당신이 마녀라고 정의한 여성들은 어떤 이들인가?

남성들이 이끄는 사회와 불화하며 자신의 목소리를 내는 여성들이라 할 수 있다. 현대의 문명사회에서도 여성들의 노동 가치와 지위는 과거와 별로 달라진 게 없다. 여성들의 급여는 같은 직종의 남성들보다 현저하게 낮고, 가정적 · 사회적 지위도 기여도에 비해 제대로 평가받지 못하고 있다. 이런 불합리한 상황에 여성들이 단호하게 '노'라고 말해야 하지만, 자칫 마녀 사냥의 대상이 될 수 있다.

서로 화합해야 할 여성과 남성을 마녀와 사냥꾼으로 이분법적으로 구분짓는 건 어폐가 있지 않나?

지구적으로 목도하다시피, 정치권과 언론은 매우 보수적이며 반 페미니스트적인 행태를 보이고 있다. 내가 살고 있는 프랑스나, 이곳 한국의 정치 · 사회적 흐름이 여성을 혐오하고 마녀화 한다는 생각이 든다. 나는 그러한 현실을 지적하고 싶다. 본질적으로 남성과 여성이 조화롭게 지내야 한다고 본다.

남성과의 조화로운 삶에 당신만의 특별한 비법이 있다면?

비법이랄 건 없다. 당당하면서도 합리적인 주장을 하다보면 남녀 간의 조화로운 삶은 어렵지 않을 거라 본다.

당신은 『지금 살고 싶은 집에서 살고 있나요?』라는 저서에서 마치 버지니아 울프의 『자기만의 방』에서처럼, 여성들에게 자기만의 공간을 가져야 한다고 주장하지만, 지금처럼 고물가 시대에는 공간 마련이 쉽지 않다.

여성의 주체적인 삶을 위해선 자신의 삶에 대해 사유할 자신만의 공간이 필요하다는 점을 강조하고 싶다. 거창하게 값비싼 자신만의 주택을 의미하는 게 아니라, 도서관, 카페, 공원 등 편하게 쉬고, 생각을 정리할 수 있는 곳이어도 좋을 것이다.

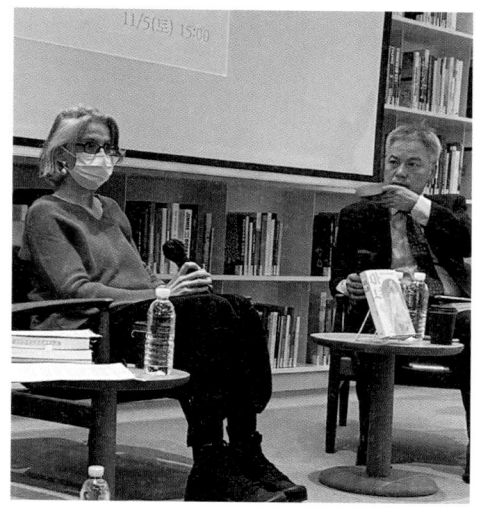

지난해 11월 서울을 방문한 작가 모나 숄레(왼쪽)가 성일권 르몽드 디플로마티크 한국어판 발행인과 대담을 하고 있다.

당신은 책의 제목처럼 '지금 살고 있는 집에서 살고 있나'?

나는 글 쓰는 작가이자, 언론인으로서 늘 독립적인 공간을 갈구해왔다. 오랫동안 동거인과 함께 살면서도 독립적인 나만의 공간을 가장 중시해왔는데, 얼마 전에 온전하게 나 홀로 공간을 전유하면서 더욱 더 자유롭고 독립적인 삶을 영위하고 있다.

〈르몽드 디플로마티크〉 프랑스어판에서 탁월한 문화비평가의 면모를 보여준 모나 숄레는 정년퇴직에 앞서 월급쟁이 기자를 그만두고, '마녀 작가'로서의 역할에 더 집중할 것이라고 말했다. *M*

글 · 성일권

재조명되는 마녀의 시대

나이케 데크슨
Naïké Desquesnes

저널리스트 겸 편집기자. 〈쿠리에 엥테르나시오날〉, 〈르몽드 디플로마티크〉 등과 협업하고 있다.
저서에는 프랑스와 세계 석탄산업 노동자들의 투쟁을 다룬
『Mauvais mines 나쁜 광산』(Mathieu Brier 공저, 2018)이 있다.

흉측하고 가난하고 가마솥 앞에서 분주하게 움직이는 노파. 바로 마녀의 모습이다. 동화 속의 마녀는 매력적이면서도 두려움을 주는 캐릭터로 언제나 숲속에 살고 있을 것만 같다. 이처럼 마녀는 우리의 상상 속에 살아있다. 그런데 마녀라는 이름 뒤에는 16세기와 18세기 사이에 배척당하고 탄압받은 실제 여성들의 슬픈 역사가 있다. 이 역사를 모르고 자본주의의 기원을 제대로 이해할 수 없다는 것이 저자 실비아 페데리치의 주장이다. 미국의 대학교수이며, 마르크스주의자이자 페미니스트인 페데리치는 『서민과 마녀』(1)라는 연구서의 저자다. 이 책은 영어로 처음 출간된 지 10년 만에 마침내 프랑스어로 출간되었다.

(1) Silvia Federici, <Caliban et la Sorcière 서민과 마녀>, En tremonde

페데리치는 마르크스 사상의 기본적인 개념을 재해석해 봉건주의가 무너진 시점을 찾는다. 농민층의 토지 매입, 자유노동자의 형성이 초기 자본주의의 시작이다. 그러나 카를 마르크스는 여성 노동자에 대한 이야기는 한마디도 하지 않는다. 이 점을 이미 1970년대부터 페미니스트들이 지적하고 있는 부분이기도 하다. 여기에는 역사적인 배경이 있다. 그 배경을 이해해야 자본주의와 노동자 가부장제 성립 사이의 관계를 이해

할 수 있다. 여성은 점점 자녀 출산과 가사를 하게 되는 상황에 놓인다. 주부로서 무보수의 활동이 여성이 당연히 해야 할 활동이 되어가고 있는 셈이다.

마녀는 복종하지 않는 여성을 상징하는 아이콘

페데리치는 새로운 경제 질서의 근간을 이루는 것으로 세 가지 요소가 있다고 보고 있다. 과거에는 공동 소유하던 마을 토지의 사유화, 신대륙의 식민지배 그리고 마녀사냥이다. 이 세 가지 요소로 인해 전에는 누구나 사용할 수 있던 목재, 목축, 약초의 사용이 제한을 받게 되었다. 생존을 위해 이를 주로 사용하던 여성들은 맨 먼저 죄인 취급을 당했다. 가난한 남성들이 일자리를 찾아 도시로 가면 가난한 여성들은 원래 살던 곳에 홀로 남았다. 이러한 여성들은 자연스럽게 부랑자가 되거나 도둑질을 하며 살았다. 역사학자 안느 바스토우(2)에 따르면 3세기에 걸쳐 악마와의 재계약, 야간 절도, 혹은 영아살해죄로 고발되어 마녀재판을 받아 희생된 여성의 수가 20만 명이라고 밝혔다.

(2) Anne L. Barstow, <Witchcraze>, Harper one, 뉴욕, 1994년

페데리치는 중세 유럽에서 억압당한 여성의 역사를 연구하면서 여성들이 어떠한 배경 속에서 마녀로 몰렸는지를 밝히고 있다. 소외된 여성이 마녀로 몰렸다. 정부와 교회는 주류에서 벗어난 여성들을 공격해 기준을 세웠다. 사회의 틀에서 벗어난 여성들, 즉, 독신으로 사는 여성, 자유분방한 여성, 부랑자 여성, 근대 의학이 등장해 이 시기에 사라져가는 민간요법을 잘 아는 여성들이 타깃이었다.

대안 세계화의 투쟁가이자 신세대 마녀를 자처하는 스타 호크는 마녀사냥이 있던 중세시대를 지식의 수용 시대라고 부르고 있다.(3) 전통적인 의료 행위, 즉 약초를 이용하는 민간요법을 처방하는 마녀들의 의료 행위는 혈액 채취와 소독의

(3) Starhawk, <Femmes, magie et politique 여성, 마법, 그리고 정치>, Les Empêcheurs de penser en rond, 파리, 2003년

등장으로 영웅적인 이미지의 근대 의학과 대조를 이루는 존재였다. 합리성이 점점 강조되는 시기에 비과학적인 것은 철저한 타파의 대상이었다. 스타 호크는 성스러운 가치는 외부의 신이 아니라 세상의 요소 하나하나에 있다는 개념을 옹호하고 있다.

예나 지금이나 물질적이고 권위적인 논리에 희생이 되었으나 동시에 전복과 해방의 상징인 마녀는 복종하지 않는 여성을 나타내는 아이콘이다. 환경운동에서 퀴어 단체에 이르기까지, 마녀는 저항운동에 영감을 주고 있다. 안나 콜랭이 집필한 두 권의 저서는 이미지와 텍스트를 통해 이 같은 마녀 아이콘을 보여준다. 기존에 몽트뢰유와 캥페르를 중심으로 한 전시회와 공연의 연장선상인 셈이다.**(4)**

'마녀의 시대'를 박수로 맞이하자. 마녀의 시대야말로 억울하게 배척당한 여성들이 누명을 벗고 다시 힘을 얻는 시대인 것이다. *Critique M*

(4) Anna Colin, <L'Heure des Sorcières 마녀의 시대>, Editions B42 - Le Quartier, Centre d'art contemporain de Quimper, 파리 - 캥페르, 2014년

번역·이주영

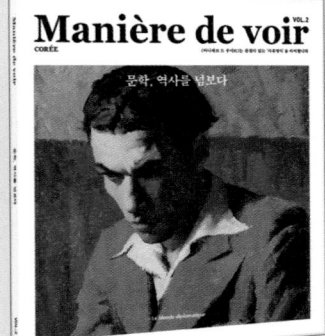

서구 마녀사냥은 신의 의지였나?

로베르 뮈샹블레
Robert Muchembled

작가. 파리 대학 명예 교수. 레지옹 도뇌르 훈장 수여자이기도 한, 그는 현재 파리와 뉴욕을 오가며 활동하고 있다. 30권 이상의 책을 저술했으며, 최근작으로는 『La civilisation des odeurs 냄새의 문명』 (Les Belles Lettres, 2017)이 있다.

여러 세기에 걸쳐, 교회는 모든 곳에 악마가 존재한다는 사상을 전파해왔다. 특히 여성에 대해, '연약하고 천성적으로 죄가 커 악마에게 가장 손쉬운 먹잇감'으로 간주했다. 저명한 역사학자 로베르 뮈샹블레에 의하면, 과거 기독교는 모든 더러운 것들, 가령 쓰레기나 악취 속에도 악이 숨어있다고 믿었다.

성서에서 악마는 별로 중요한 위상을 차지하지 않는다. 초기 기독교는 이 악의 화신을 어떤 식으로 이해했는가?

대부분의 일신교에는 어김없이 긍정적인 존재에 반하는 부정적인 존재가 등장하곤 한다. 초기 기독교도 마찬가지였다. 악마는 1,000년 무렵, 그리고 그 이후로도 한동안 그다지 중요하지 않은 존재로 여겨졌다. 당시 악마는 비정상적이고 사악하며, 결코 전능하지 않은 존재로 그려졌다. 대개 악마는 신이 인간을 시험하기 위해 사용하는 도구에 불과했다. 악마의 유혹을 떨치고 구원의 길로 나아가는 것은 인간 자신의 몫으로 간주했다. 악마가 기독교 문화에서 중요한 존재로 떠오르기 시작한 것은 이탈리아 르네상스 시대, 즉 14세기 이후였다.

본디 완벽해야 할 신의 창조 작업에 악이 존재한다는 사실을 초기 기독교는 어떤 식으로 해석했는가?

알다시피, 완벽이란 인간과 거리가 먼 특성이다! 흔히 악마는 타락한 천사, 신의 권위에 도전한 반항아로 간주한다. 최근까지도 기독교 문화에 큰 영향을 미친 기독 사상의 아버지, 성 아

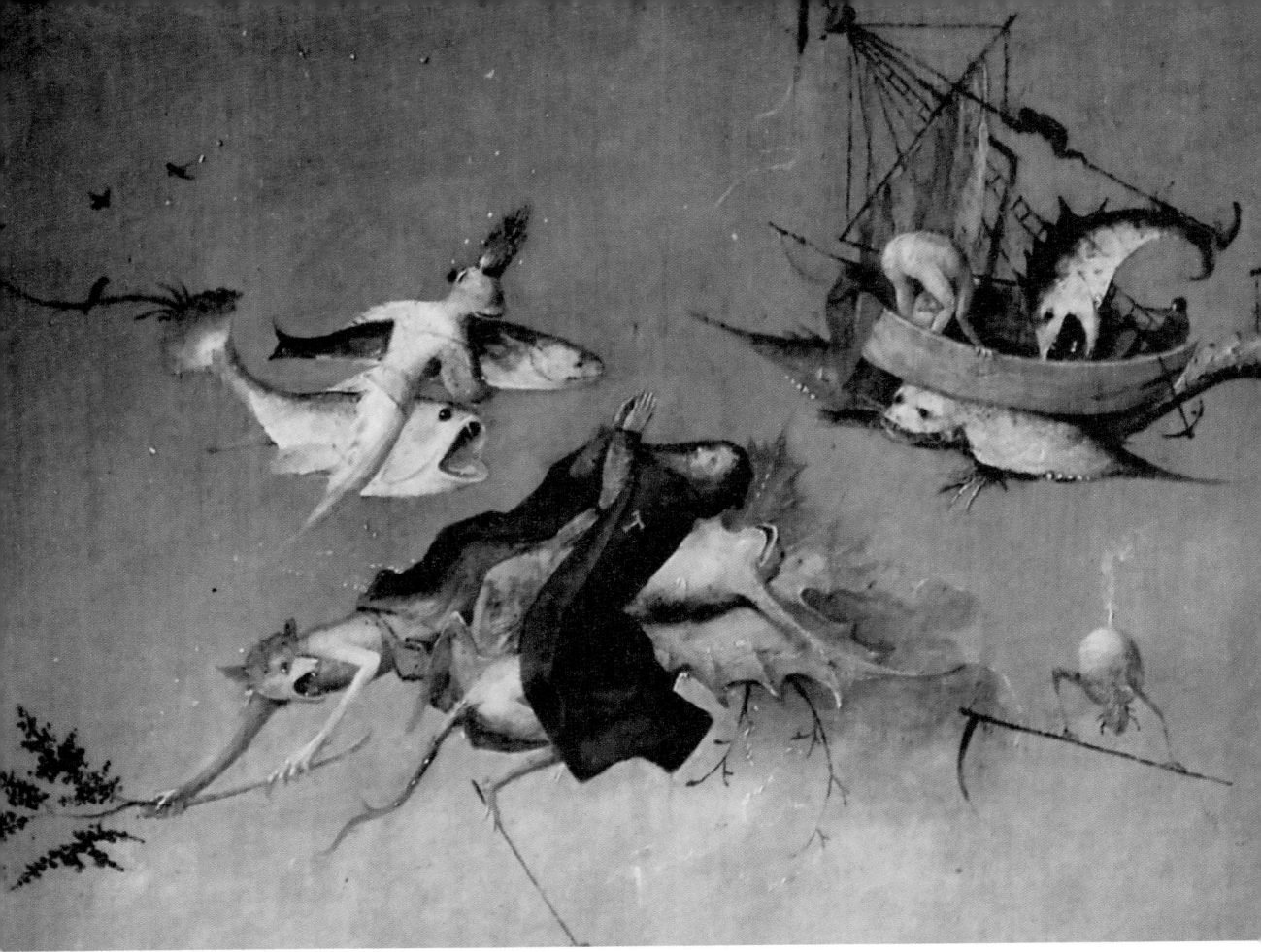

<성 안토니오의 유혹>(부분), 1495~1515 - 히에로니무스 보스

우구스티누스에 의하면 악마의 존재는 신이 인간에게 자유의지를 부여했다는 점에서 어느 정도 창조의 완벽성을 증명한다. 인간은 신의 허락 하에 악마가 쳐놓은 가시밭길을 걸으며 험난한 구원의 길을 걷는다. 그런 의미에서 악마는 인간의 구원을 위한 도구인 셈이다. 악마는 온전한 창조의 일부이며 궁극적으로는 불행, 전쟁, 질병과 같은 현상들을 해명해준다. 그 덕택에, 신은 이 끔찍한 현상들에 대한 책임을 피할 수 있다.

중세 말 갑자기 악마에 대한 공포가 팽배해진 이유는 무엇인가?

일련의 사회문화적 현상과 끔찍한 불안감이 기독교 사회를 강타했기 때문이다. 대표적인 예가 흑사병이었다. 현대인에게 도저히 이해할 수 없는 황당한 방식으로 말이다. 14세기, 수백만 명의 유럽인이 무참하게 생명을 잃었다. 이로 인해 죽음에 관한 문화가 널리 퍼져 발전했다. 이

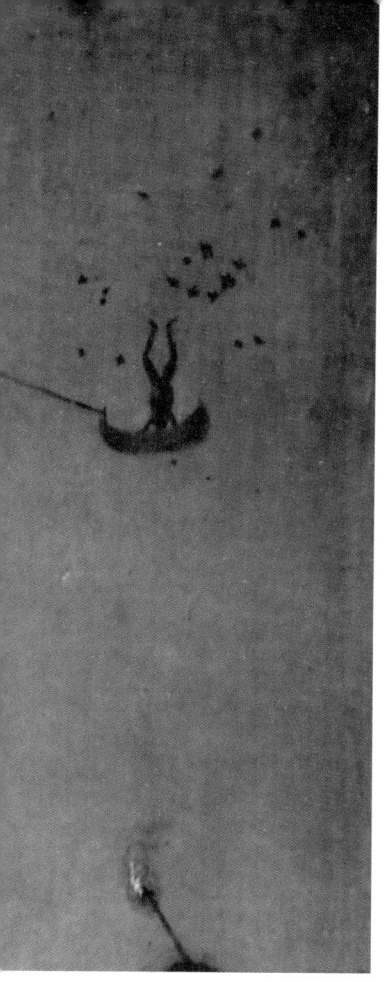

때도 여전히 악마는 불행에 대한 신의 책임을 면제해줬으며, 신이 선한 존재로 남을 수 있게끔 해줬다. 그러나 가톨릭 신학은 당시에도 여전히 악마를 신의 통제 안에 있는 존재로 간주했다.

악의 화신을 인간사회에 투사한 중세 교회

가톨릭교회가 신도들을 옭아매기 위해 성서를 과잉 해석했던 것은 아닐까?

나 역시 저서 『악마의 역사』에서 다양한 논거를 바탕으로 같은 취지의 논의를 전개한 적이 있다. 13~14세기까지 악마는 교회 내부에서 만들어진 산물에 불과했다. 악마는 교회 울타리 안에만 머물며 수도승의 일상생활 일부를 이뤘다. 수도승은 악마의 존재를 통해 죄악의 의미를 되새기곤 했다. 중세 말 논란에 휩싸인 교회는 이 악의 화신을 인간사회 전체에 투사하면 많은 이들이 죄악과 죄의식을 가질 것이고, 그렇게 되면 자신들에게 이익이 될 거라고 판단했다. 물론 오늘날 신학자들과는 전혀 다른 생각이었다.

그러나 악마가 우리 내면의 악을 부추기는 것이라고 주장한다면, 신도들의 책임감 있는 태도는 기대하기 힘들지 않는가?

어떤 의미에서는 그렇다. 당대에는, 그리고 이어 1640년대까지, 사람들은 프로이트가 말한 의미의 사적 죄의식에 대한 개념이 없었다. 그런 의미에서 악마는 외적 이미지를 통해 사람들의 마음속에 죄의식을 생산하는 데 기여했다. 그들은 악마의 존재 덕에 여성이 남성보다 사악하다고 설명할 수 있었고, '사악한 본성을 지닌' 여성이라는 존재를 죄악시할 수 있었다. 악마는 우리의 내면에, 장기 속(특히 몸의 하부)에 암약하는 동시에 몸의 바깥에도 존재한다는 사상이 널리 발달하게 된다. 오늘날에도 우리는 일상에서 이런 사고방식을 심심찮게 찾아볼 수 있다.

르네상스는 사탄에 대한 이해가 합리적으로 전환되는 서막이었나?

전혀 그렇지 않다! 우리는 흔히 마녀화형이 성행한 시대가 중세라고 알고 있다. 그러나 실제로는 르네상스, 특히 1560년 이후였다! 르네상스야말로 종교가 가장 무관용적인 태도를 보였던 시대, 인간을 가장 죄악시한 시대였던 것이다. 물론 신이 선하다고 믿는 지식인들의 시대, 에라스뮈스로 대표되는 좀 더 온건한 르네상스 시대가 존재하긴 했다. 그러나 이런 시대는 1515~1540년, 약 20~30년으로 끝이 났다. 이후 1세기가 넘게 이어진 종교전쟁은 광신적 신앙을 서로 대립시켰고, 잔인한 학살을 이어갔다. 많은 신교도와 구교도가 서로 날을 세운 칼에 목숨을 잃고 쓰러졌다. 우리는 르네상스에 이상적인 이미지를 가지고 있지만, 르네상스의 실제 모습은 우리가 생각하는 것과 딴판이었다.

성직자, 귀족, 민중은 정말 악마의 존재를 믿었을까? 만일 그렇다면, 그들이 상상하는 악마의 모습은 어떤 것이었을까?

그들은 어느 정도 악마의 존재를 믿었다. 당시 악마를 믿는 것은 사회적 책무와 같은 것이었다. 종교 행렬이 지나갈 때 불경한 행동을 하면 온갖 수모를 겪거나 심한 경우 처형까지 당하는 시대였다. 악마가 존재하지 않는다고 주장하는 자는 악마를 섬기는 이단자로 지목됐다. 많은 사람들이 다양한 종류의 악마를 믿었다. 악마는 자연 곳곳에 존재하며, 선할 수도 있고 악할 수도 있는 존재로 여겨졌다. 악한 악마에게는 벌을 내리고, 선한 악마에게는 봉헌을 했다. 물론 일부 지식인들의 경우에는 진정으로 악마의 존재를 믿지 않았을 수도 있다. 14세기 마녀심판에 관한 책을 썼던 작가 장 브로댕이 정말 악마의 존재를 믿었는지, 아니면 논란을 원하지 않아 믿는 척 한 것인지는 알 길이 없다. 다른 분야와 마찬가지로, 종교의 경우에도 (믿음 정도가 각기 다른) 다양한 등급의 믿음이 존재했을 것이다.

여성지식인들, 계몽시대 이후 비로소 귀환

저서 『냄새의 문명』에서 16~17세기 여성의 몸을 악마시하는 경향이 절정에 달했다고 썼다. 이유를 설명해줄 수 있는가?

여성 혐오증은 여성의 사회적인 진출과 관련이 깊다. 가령 프랑수아 1세의 누이, 마그리트 드 나바르(마그리트 드 발루아를 의미-역주)는 작가로 활동하면서 유명인사로 떠올랐다. 카트린 드 메디시스 시대에 이르러 수백 명의 젊은 여성이 그동안 남성의 전유물이던 궁정 사회에 진출했다. 여성이 사회적으로 출세할 수 있는 길이 펼쳐지기 시작했다. 여성들이 글을 읽고 쓰기 시작했다는 것은 가부장 사회에 위협으로 다가왔다. 위태로운 현실에 직면한 남성들의 대응법은 여성을 탄압하는 것이었다. 성직자는 물론 의사들도 여성을 위험하고 사악한 존재, 악마와 특별한 관계를 맺고 있는 존재로 간주하기 시작했다. 의사들은 여성의 몸이 남성에게 위협적이라고 규정했다. 여성의 성은 남성에게 위협적이고, 남성의 목숨을 앗아갈 수도 있다고 말이다! 고대 의학의 틀 안에서 의사들은 여성의 몸이 남성의 몸보다 더 고약한 냄새가 난다고 주장했는데, 여성의 몸이 차갑고 음습한 반면, 남성의 몸은 따뜻하고 건조하다는 것이 그 근거였다.

수 세기 동안 교회는 여성이 이브처럼 본질적으로 사악한 존재라는 사상을 고수했다. 그럼에도 성모만은 숭상했다. 그들에게 성모는 여성성이 부재한 여성이었다! 당시 유행하던 사상에 따르면, 여성은 정신이나 육체가 모두 연약해 혼자 힘으로는 구원에 이를 길이 없었다. 따라서 남편이나 아버지, 형제와 같은 남성의 도움이 필요하다고 여겼다. 자유로운 정신을 지닌 여성은 위협적인 존재로 간주했다. 이처럼 강력한 여성 혐오 사상은 17세기 성행한 데 이어 18세기에 점차 무너졌다. 계몽시대는 르네상스 초기의 길을 다시 답습했다. 비로소 여성 지식인들이 귀환한 것이다.

여성을 악마시하는 경향은 나이 든 여성을 대할 때 더욱 두드러진다. 나이든 여성은 더 이상 '유혹자'가 아님에도 말이다.

그렇다. 나이든 여성은 여전히 사회적으로나 성적으로 위협적인 존재였다. 비교적 열린 사고를 하는 에라스뮈스 같은 철학자조차 나이든 여성을 혐오했다. 이미 늙었는데도 성적인 관계를 추구한다는 이유로 말이다. 말하자면 상당히 남성 중심적인 생각이 팽배했던 것이다. 여성은 위험하지만 필수불가결한 존재였고, 가임기에만 여성성을 지닐 수 있다고 여겼다. 폐경 이후의 여성은 여성이 아니었다. 교회는 더 이상 여성성을 누릴 수 없는 폐경 이후의 여성이 사탄에게 몸을 맡기는 것이라는 둥 온갖 판타지를 만들어냈다.

이런 집단적 믿음은 법률, 의학, 정치의 힘에 기대어 더욱 기승을 부렸고, 결국 나이든 여성은 비정상적인 존재로 전락했다.

이성이 승리하는 시대가 올 때까지, 나이든 여성은 죽음이나 악마와 동맹자로 간주했다. 가령 그들은 악마처럼 고약한 악취를 풍기며, 아이들을 잡아먹거나 혹은 아이들을 가지고 독약이나 연고 따위를 만든다고 여겨졌다. 특히 악마학을 연구하는 학자들이 그런 주장을 펼쳤다. 마녀 노파에 관한 이미지는 마을의 여성 민간치료사를 척결하는 계기로 작용했다. 이전까지 마을의 여성 민간 치료사들은 일부 남성 치료사들과 마찬가지로 마을 사람들을 치료하는 유일한 의사 역할을 했다. 이제 교회는 육체를 영혼의 감옥으로 규정하며, 육체에서 벗어나 죽음을 준비하며 살아갈 것을 신도들에게 설파했다.

사회 상층부에서 시작된 마녀사냥…민중은 원치 않아

16~17세기, '마녀사냥'은 수천 명의 여성을 화형대로 이끌었다. 대체 '마녀사냥'의 궁극적 목적은 무엇이었는가?

상당히 어려운 질문이다. 교회가 만들어낸 마녀 판타지는 세속 사회에서 많은 이들이 받아들였다. 15세기 말 여성을 혐오하는 성직자들이 『마녀의 망치(Malleus Maleficarum)』 등 많은 마녀사냥 교본을 생산해냈지만, 정작 이 책을 널리 전파한 것은 일반인들이었다. 교회는 가톨릭 학교가 성황을 누리면서 엘리트층 가운데 많은 신도들을 확보할 수 있었다. 데카르트의 이성론과 함께 사상적 전환이 이뤄지기 전까지 교회는 여성의 본성이 사악하다는 믿음을 강요했다. 그때까지 사회 전체는 마녀 화형에 동조했다. 그러나 일반 민중이 마녀 화형을 원했던 것은 아니다. 대개 마녀는 그들과 같은 농민 출신이었기 때문이다. 오히려 마녀 사냥은 이 여성들이 사회질서와 신의 조화에 해를 끼치는 것은 아닌지 우려하는 사회 상층부로부터 시작됐다. 유럽에서는 악마의 세계지배를 막겠다는 구실로 수천 명의 여성들이 온갖 박해를 받으며 희생됐다.

저서에서, 당시 도덕주의자들은 '악마는 쓰레기 속에 있다'는 이유로 후각을 저열한 감각으로 여겼다는 주장을 전개했다.

그렇다. 후각은 악마의 감각으로 여겨졌다. 부패한 음식, 사체 등 모든 악취 나는 것들이 악마시 됐다. 이런 새로운 사고관은 16세기 중반과 17세기 유럽에 다시 페스트가 창궐한 현상과 관련이 깊다. 의사들은 페스트라는 병을 악마의 숨결로 규정했다. 말하자면 신의 허락 아래, 공기가 유해하게 변질돼 악취를 풍기는 사악한 기체로 변한 것이 페스트라고 여겼다. 죄지은 자들을 겨누는 "신이 내린 페스트의 칼날"이라고도 불렀다. 이 임무를 완수하는 것은 바로 신을 위해 일하는 악마라고 여겼다. 페스트를 이겨내려면, 악취를 좋은 냄새로 바꿀 필요가 있다고 믿었다. 가령 주변에 향기 나는 방벽(조금이라도 페스트에 걸린 더러운 공기와 접촉하지 않도록, 사향노루, 향유고래 등에서 추출한 강렬한 동물향이나 식물 뿌리 등을 입에 물거나 귀에 꽂았다)을 쌓아 자신을 보호해야만 했다. 또한 사악한 페스트 공기를 몰아낼 향기 나는 가죽 제품과 장갑을 착용했다.

후각은 인간의 감각 중 가장 육체적(관능적)이라는 점에서 저열한 감각으로 폄하됐다. 인간은 결코 동물과 같지 않다는 인식을 심어주기를 바랐던 것이리라. 교회는 사람들에게 그들이 신의 사도라면, 땅속에 묻힌 일반 시체와 달리, 시신에서 악취가 나지 않을 것이라고 주장했다. 요컨대 교회는 인간이 육체적인 것에, 자기 자신에게, 자신의 저열한 본능에 부디 무감해지기를 원했던 것이다. 이런 투쟁과 함께 사향노루, 사향고양이, 향유고래 등 동물의 분비물에서 비롯된 세 가지 향이 예방 효과를 지닌 중요한 향으로 부각됐다. 그러다 18세기 상황이 역전된다. 그것은 가히 '향의 혁명'이라고 부를 만했다. 동물향의 시대가 저물고 마침내 꽃과 과일향의 시대가 온 것이다.

이른바 향의 혁명은 계몽시대의 도래와 사탄 신앙의 후퇴를 알리는 전조가 아니었을까?

물론이다. 유럽은 16세기에서 17세기 말까지 거의 1세기 반 동안 참혹한 시대를 거쳤다. 이후 고요한 혁명의 서막이 올랐다. 그것은 이성의 혁명인 동시에, 인간의 가치에 눈을 뜬 인식의 혁명이었다. 정확히 말하면 17세기 중반에 이르면서, 돌연 살인율이 획기적으로 감소했다. 사회는 수십 년에 걸쳐 종교의 이름으로 자행된 학살극에 구역질을 냈고, 마침내 세상 곳곳에 악마가 편재한다는 종교관을 타파했다. 이성을 중시하는 철학 사상이 이 모든 사회적 현상에 큰 영향을 미쳤다. 그러나 오로지 그것만이 패러다임의 변화를 가져온 것은 아니었다. 17세기 말부터 사람들의 삶도 한층 평온해졌다. 의학이 발달하고, 기대수명이 증가했으며, 기아가 사라지고, 인구가 늘어났다. 한 가지 눈여겨볼 점은 에로티시즘이 큰 자리를 차지하는 쾌락주의의 발달과 함께 후각이 다시금 신의 감각으로 부활했다는 것이다. 물론 철학자들은 예외였다. 철학자들은 여전히 후각이 인간의 동물성이 남긴 유산이라고 생각했다.

테러 등 외적 악마, 서구 내적질서 흔들지 못해

많은 이들이 21세기에 종교성(종교적인 것)이 회귀하고 있다고 믿는다. 그렇다면 악마도 다시 회귀하는 것일까?

아니라고 생각한다. 40~50년 만에 프랑스는 상당히 세속적인 사회로 바뀌었다. 기독교 신자들의 수가 점차 줄어들고 있다. 유럽에서 종교성의 귀환은 일종의 잔상효과에 불과하다. 북미는 최근 30년간 종교지형에 많은 변화가 있었다. 여전히 종교가 문화 속에 깊이 녹아들어 있지만, 종교 자체는 점차 퇴조하고 있다. 나는 서구에 악마가 회귀하고 있다고 생각하지 않는다. 악마는 그저 광고에서나 만날 수 있는 유혹적인 미끼상품에 불과하다. 대표적인 예로 퀘벡의 '라 모디트(저주받은)'라는 이름의 맥주를 꼽을 수 있다. 악마는 이미 패배했다. 현대종교는 더 이상 악마라는 공포를 이용하지 않는다. 물론 가톨릭 전례는 여전히 악마의 표상에 애착을 보인다.

그러나 신학자들은 더 이상 악마에 관해 이야기하지 않는다. 악마를 이용하는 것은 이미 '한물간 낡은 게임'을 의미하기 때문이다. 개인의 자기 계발에만 관심이 집중된 서구인은 더 이상 악마를 두려워하지 않는다. 오히려 악마와는 전혀 상관없는 불안감에 휩싸여 있다. 그것이 바로 개성의 상실, 자아에 대한 불안감이다.

그럼에도 지금도 역시 서구인들에게는 온갖 종류의 외적 악마가 실존한다. 대표적인 예가 테러리즘이다. 서구사회가 종종 이 악마들이 심장부에 너무 가까이 접근하지 못하게끔, 때로는 높은 벽을 쌓아 올리면서까지 스스로 보호하려는 것은 그 때문이다. 그러나 이런 위협이 서구사회의 내적질서를 뒤흔들지는 못한다. 비록 테러리스트들이 서구사회를 혼란에 빠뜨리기 위해 테러 시도를 계속 벌인다고 해도 말이다. *Critique M*

번역 · 허보미

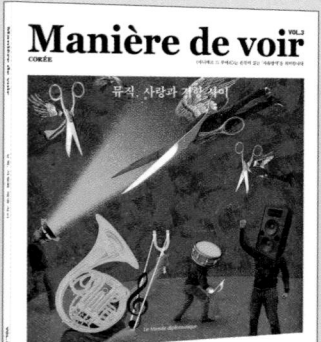

'스탠딩 코미디의 신예' 양리에 대한 마녀사냥

· · · · ·

장저린
Zhang Zhulin

중국계 프랑스 저널리스트. 중국 사회의 다양한 영역에 의문을 제기하면서 중국인들의
실제생활에 대해 조명하고 있다. 〈쿠리에 엥테르나시오날〉, 〈르몽드 디플로마티크〉 등에 기고한다.
저서에 『La société de surveillance made in China 중국제 감시사회』(2023)가 있다.

중국 남성 자존심을 건드린 여성 코미디언

세계적인 남초 국가 중국(여아 100명당 남아 수 114명)은 페미니즘을 곱지 않은 시선으로 바라본다. 중국공산당 중앙위원회 위원 200명 가운데 여성의 비율은 기껏해야 5% 미만이다. 코미디언의 세계는 여성 배척 현상이 훨씬 더 두드러진다. 코미디언 양리의 사례가 대표적이다.

성난 중국 남성 네티즌들이 노트북 제조사 인텔의 공식 〈웨이보〉(중국의 SNS) 계정에 몰려가 불매운동을 벌였다. 인텔의 잘못이 있다면, 최근 중국 스탠딩 코미디의 새로운 장을 연 양리를 새로운 광고 모델로 영입한 것이다. 29세 여성 코미디언 양리는 "중국 남성들의 마음에 깊은 상처와 모욕을 주고 남녀대립을 조장하는 개그를 선보였다"는 이유로 비판에 시달렸다.

하지만 정작 2021년 3월 18일 방송된 짧은 광고영상에서 그녀가 거칠게 남성을 모욕하거나 조롱하는 장면은 찾아볼 수 없다. 양리는 활짝 웃으며 이렇게 말할 뿐이다. "인텔의 취향은 남자를 고르는 내 안목보다 낫지." 그런데도 이 미국 회사는 남성들의 항의에 굴복하고 하루도 안 돼 문제의 광고영상을 내렸다. 게다가 이 코미디언의 모습이 담긴 홍보 게시물을 전부 수거했다.

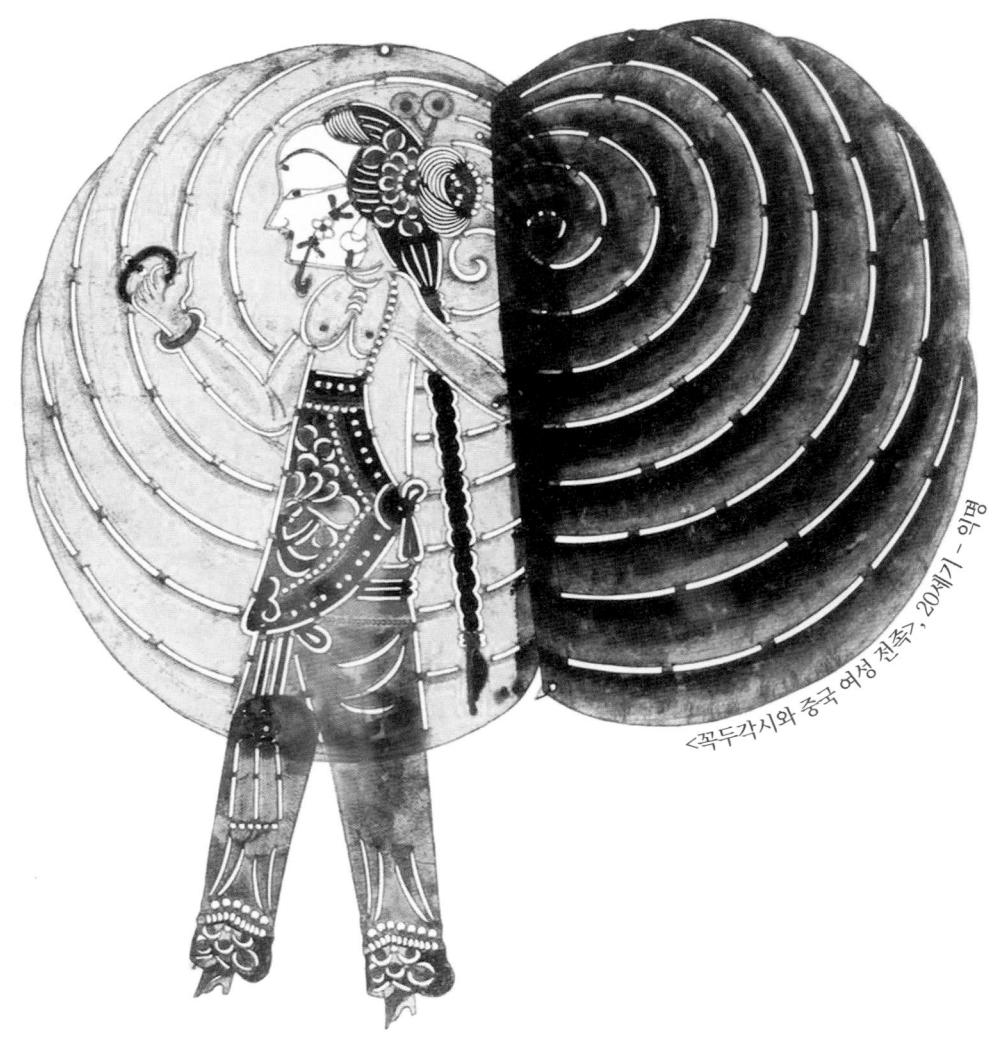

<꼭두각시와 중국 여성 전족>, 20세기 - 임동수

엄청난 광풍을 몰고 온 남성 네티즌의 집단행위 이후 마녀사냥은 더욱 본격화됐다. 엿새가 지나고, 양리가 한 생리대 회사의 제품을 팔기 위해 인터넷 쇼핑 생방송에 출연한다는 소식이 알려지자, 그날 정오부터 남성 네티즌들이 관련 사이트로 몰려가 해당 상품의 불매운동을 벌이겠다며 으름장을 놨다. 남성 군단은 '이 극단적 페미니스트'를 방송에서 하차시키라고 거세게 요구했다. 그러자 이번에는 양리를 열렬히 지지하는 여성들이 대대적인 반격에 나섰다. 양 진영이 팽팽하게 맞서는 가운데 결국 양리는 방송 출연을 강행했다. 오히려 남성 네티즌의 소란 '덕택'에, 평소 수천 명에 불과하던 시청자는 160만 명까지 치솟았다.

21세기 중국 남성들의 마녀사냥

어떻게 코미디언 한 명이 이런 소란을 몰고 온 것일까? 수도 베이징과 인접한 허베이성의 한 농민 가정에서 태어난 양리는 대학에서 디자인을 전공한 후, 본인의 말에 의하면 잠시 두 가지 '지루하기 짝이 없는' 직업경력을 짧게 거쳤다. 그러다 2018년 10월, 마침내 남자들의 직업으로 통하던 코미디언 계에 첫발을 내딛는다. 그녀는 외모 불안에서 자유롭지 못한 여성의 심리를 풍자하거나, 여성이 접하는 성차별·편견·규범 등 사회적으로 금기시되는 주제들을 다루며 반(反)순응주의 기치를 내건 코미디를 선보였다. 그리고 순식간에 스타덤에 올랐고, '남성 차별' 논란을 몰고 왔다. 논란의 원인은 2020년 8월 공연 형식의 코미디였다. 당시 무대에 선 그녀는 "저는 남자들이 참 좋아요. 남자들은 정말 대단하고 더군다나 신비롭기까지 하잖아요. 남자들의 머릿속은 불가사의하죠"라고 말한 후, 의미심장한 미소를 짓고 다음과 같이 덧붙였다. "그토록 평범한 애들이 어쩌면 그리 자신감은 하늘을 찌르는지." 순간 방청석에서는 폭소가 터져 나왔다. "평범하지만 자신감은 하늘을 찌르는"이란 뜻의 짤막한 중국어 문장, 'Pu Que Sin(푸 취에 신)'이 새로운 인터넷 신조어로 선풍적인 인기를 모았다.

많은 중국 여성은 양리의 코미디가 여자들의 마음을 꿰뚫어보고 감동을 준다며 그녀에게 '천재'라는 극찬을 아끼지 않았다. 반면 중국 남성은 그녀가 "의도적으로 남성을 비하한다"라며 분개했다. 2020년 12월 양리는 한 TV 방송에서 자신의 코미디에 불쾌한 감정을 토로하는 중국 남성들을 정조준했다. 그녀가 '남자의 한계'를 시험한다는 한 남성 코미디언의 쓴소리에 양리는 다음과 같이 냉소적으로 맞받아쳤다. "어머나, 그러니까 남자들에게는 넘지 말아야 할 정신적 한계라는 게 있다는 거예요?"

이 말은 또다시 새로운 논란을 몰고 왔다. 양리의 발언은 〈웨이보〉 검색어 1위에 올랐고, 온갖 인신공격과 악성 댓글이 빗발쳤다. 심지어 어떤 이들은 이 예능인을 중국의 라디오·영화·텔레비전 관련 부서인 국가광파전영전시총국에 고발하기까지 했다. 그들은 양리의 코미디가 "성차별에 젖어 모든 남성을 지속적으로 모독하는 한편, 증오를 조장하고 국민 간 갈등을 부추기며 젠더 적대감을 조성하는 것은 물론, 중국식 사회주의 사회가 조화롭게 발전해나가는 데도 바람직하지 않은 영향을

(1) '양리 고발당하다. 대체 남성 네티즌들은 유머 감각이 있는가?', <펑파이>(澎湃), 상하이, 2020년 12월 29일(표준 중국어(만다린).

(2) 2006년 세계경제포럼이 만든 지수.

(3) '양리 "봉쇄" 조치에 대해 말하다', <신징바오>(新京报), 베이징, 2020년 12월 29일(표준 중국어(만다린).

(4) '중국의 페미니즘', <뉴욕타임스> 중국어판, 2017년 2월 2일(표준 중국어(만다린).

미친다"**(1)**라고 비판했다.

하지만 정작 양리는 자신이 페미니스트로 규정되는 데 대해 수없이 불편한 마음을 토로해왔다. 페미니스트란 꼬리표를 달고 사는 것이 얼마나 어려운지 짐작하게 하는 대목이다. 이 젊은 여성이 처음 코미디언 세계에 발을 담갔을 때, 서구를 휩쓴 '미투 운동'은 아직 중국에서 낯설기만 했다. 당시 세계 성(性)격차지수 순위에서, 중국은 149개국 가운데 103위를 차지했다. 3년 뒤인 2021년에는 156개국 중 107위로 순위가 밀려났다.**(2)**

남녀 불평등을 꼬집는 양리의 코미디… 분노한 중국 사회

하지만 이런 후퇴를 애석하게 생각하는 중국인은 드물었다. 중국인들은 오히려 서구를 비판했다. 가령 '서구식의 불공정한 잣대'로 평가한 결과라는 한 네티즌의 목소리에 많은 중국인들이 폭발적으로 호응했다. 당시만 해도 바야흐로 남성 중심적인 규범에 거부감을 지닌 새로운 여성 세대의 등장에 주목하는 중국인은 많지 않았다. 자유주의 성향의 지식인을 주요 독자로 하는 중국 일간지 <신징바오>는 중국 사회에 만연한 성차별주의의 원인을 '공적 공간에서 여성의 발언'을 끊임없이 폄훼하는 중국의 '전통'에서 찾았다. 그리고 이런 전통이 "일정 주제에 대해 여성의 입에 재갈을 물리는 가부장적 사회의 사회문화적 토양에 깊이 뿌리내리고 있다"**(3)**라고 지적했다.

일례로 중국 페미니스트의 기수로 통하는 루핀은 2015년 UN여성지위위원회 연례회의에 참석한 뒤 결국 미국에 눌러앉는 신세가 됐다. 당시 "언제나 중국에서는 페미니스트보다 페미니즘 비판자가 제도적 지원을 더 많이 받는다"라며 자국의 '가부장적 정책'을 비판한 것이 원인이었다.**(4)** 이 발언 이후, 그녀는 막후 실력자로 지목을 받았다. 그리고 중국 내에서 여성활동가 5인이 공안에 체포됐다. 안정을 신앙처럼 추앙하고, 페미니즘을 '사회에 유해'한 사상으로 간주하는 중국에서 "반페미니스트 운동가들은 사실상 '천부적인' 자산을 손에 쥐고 있는 셈"이라고 영국의 공영방송 BBC는 논평했다.(5)

(5) '왜 중국 페미니스트들은 인터넷에서 '공격'당하는가', BBC 중국어 방송, 2021년 1월 11일.

그러나 양리는 자신의 코미디가 유해하다는 비판을 철저히 거부한다. "저는 진짜 남녀 간 이해관계가 걸린 문제들은 사실상 다룬 적이 없어요." 양리의 코미디는 그저 남녀 간의 불평등한 관계를 재확인하는 데 그친다. 가령 수많은 중국 여성이 열화와 같은 반응을 보였던 다음과 같은 유머가 대표적이다. "여러분은 회식 자리에서 다른 직원들과 동등하게 자연스럽게 자리를 잡고 앉을 거예요. 하지만 어떤 남자들은 그런 여러분을 들러리 정도로만 취급하려 하죠." 다소 신중한 이 발언조차 결국 남자들의 레이더망을 피하지 못했다. "예능인으로서 저는 언제나 제 말이 모욕적이지 않은지 끊임없이 저울질하곤 합니다."

심지어 평소 성차별적인 개그로 좌중을 웃기는 데 익숙한 일부 남성 동료 코미디언들조차 그녀를 손가락질한다. 결국 '유머'로 향하는 길은 일방통행에 불과한 것인가. *Critique M*

번역 · 허보미

불에 탄 여인과 사라진 아이

. . . . .

이주라

문화평론가

현실에 대한 불안과 불신은 공포를 소환한다. 사회의 구조적 폭력이 강화되어 개인의 일상이 무기력 상태에 빠질 때, 그렇게 죽음이 도처에서 우리의 일상을 지배할 때, 공포물은 유행한다. 조선시대 임진년과 병자년의 전쟁 이후 혹은 대규모 역병이 지나간 이후 귀신담이 쏟아졌다. 일본의 식민지로 복속되었던 1910년대를 전후하여, 정체를 알 수 없는 권력이자 폭력적인 타자인 정권에 대한 두려움으로, 조선

"우리들의 공포, 그것은 대부분 역사적이고 사회적 공포다."
– 마리아나 엔리케스(소설가)

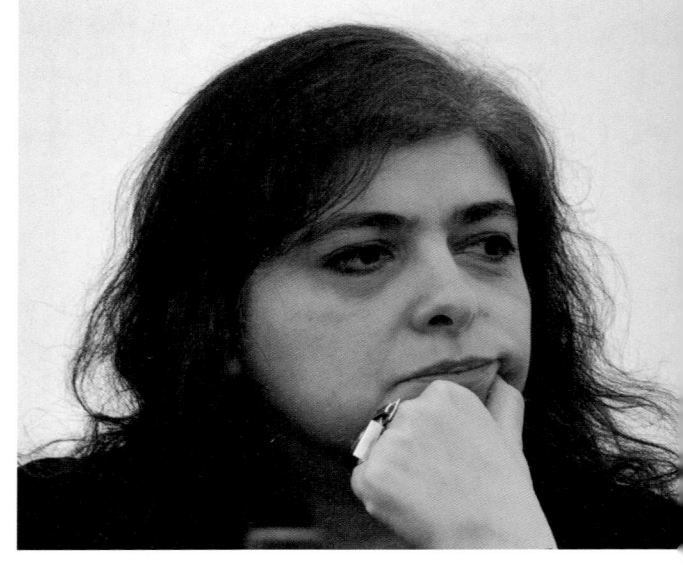

의 골목에는 도깨비불이 횡행했고, 목 잘린 귀신들이 돌아다녔으며, 입이 찢어진 하이카라 여자 귀신이 사람들을 위협하였다. 괴담이 사실처럼 신문에 보도되던 시기였다. 군사 독재가 강화되기 시작하며, 전 사회가 가부장제 이데올로기 아래 보수화되던 1960년대 후반에는 한국 공포 영화의 대표작 〈월하의 공동묘지〉가 큰 인기를 얻

으며, 여성들의 희생과 억압에 대한 원한을 풀어놓았다.

마리아나 엔리케스의 소설집 『우리가 불 속에서 잃어버린 것들』(현대문학, 2020)은 현실의 문제가 어떻게 공포와 결합하는지를 매혹적으로 보여준다. 마리아나 엔리케스의 작품은 현재 아르헨티나를 비롯한 남미 대부분 국가에서 나타나는 독재와 빈곤 그리고 사회적 질서의 부재가 일상을 살아가는 사람들을 어떠한 위험에 처하게 하고 있는지를 그려낸다. 비판적 시선으로 사회 문제를 고발하는 리얼리즘 기법이 아닌 공포물이라는 장르적 기법에 근거한 작품이지만, 오히려 공포와 환상의 문법으로 발화되기에 현실의 문제가 더욱 절실하게 느껴지게 한다.

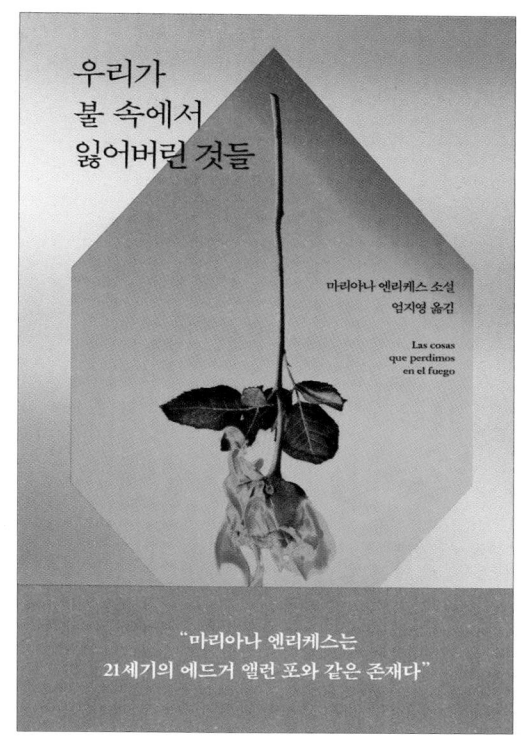

소설 『우리가 불 속에서 잃어버린 것들』 표지.
2020년 현대문학 출간.

가부장제 억압사회에서 불붙은 여성 살해의 모티프

마리아나 엔리케스는 현재 아르헨티나 일간지 『파히나/12』의 문화 및 예술 섹션 부편집장인 언론인이며, 1995년 자신의 첫 장편소설 『내려가는 것이 최악이다』를 발표한 이후 꾸준히 작품 활동을 하는 소설가다. 대표작은 2009년에 발표한 소설집 『침대에서 담배를 피우면 위험한 것들』이다. 『우리가 불 속에서 잃어버린 것들』은 2016년에 발표된 단편집이다. 이 두 소설집 모두 공포물에 기반한 단편 작품들의 모음집이며, 그래서 마리아나 엔리케스는 호러 작가로 알려져 있다.

MARIANA ENRIQUEZ

Las cosas que perdimos en el fuego

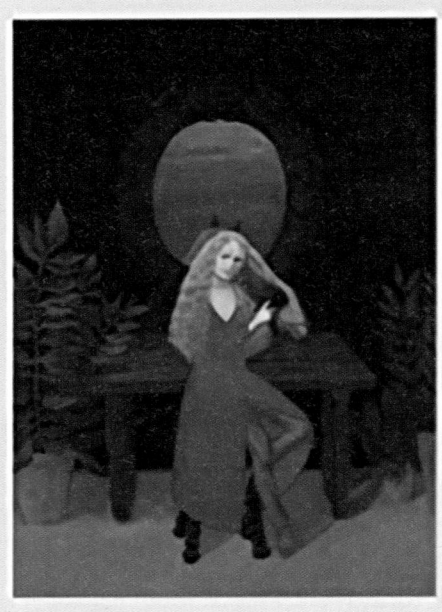

ANAGRAMA
Narrativas hispánicas

2016년 출간된 『우리가 불 속에서 잃어버린 것들』 스페인어 초판본

마리아나 엔리케스의 작품이 현재 우리의 시선을 끄는 지점은 억압적인 가부장제 사회 하에서 이루어지는 '여성 살해'의 모티프를 명확하게 형상화해 내는 부분이다. 표제작인 「우리가 불 속에서 잃어버린 것들」은 불에 타버린 여성들의 삶을 그려낸다. (참고로, 이 작품은 동명의 영화인 수잔 비르 감독의 〈우리가 불 속에서 잃어버린 것들〉(2007)과는 전혀 다른 작품이다) 남편과 애인들이 자신의 아내나 여자친구를 의심하다가 결국에는 그녀들이 자는 동안 알코올을 몸에 붓고 성냥을 그어 그녀들의 몸을 불태운다. 그러나 그 불 속에서도 살아남은 여인들은 흉측하게 녹아내린, 상처 입은 몸을 전시하며 길거리를 활보한다. 그리고 말한다. "앞으로 상황이 바뀌지 않으면, 남자들은 습관적으로 그런 짓을 저지르게 될 겁니다. 그러면 대부분 여성은 나처럼 되고 말 거예요. 목숨을 건진다면 말이죠. 그렇게 되면 꽤나 멋있지 않을까요? 새로운 시대의 아름다움이 될지도 모르잖아요."

그리고 생명에 위협을 느끼는 수많은 여성은 스스로 자신의 몸에 불을 지르기로 결심한다. 경찰들이 여성의 분신 사건을 막으려 경계를 강화하지만, 여성들은 경찰을 피해 조직적으로 움직이며 스스로 분신하고 살아남아 괴물이 된 채 거리로 나선다. 여성들은 중세 시대 마녀사냥으로 불에 타 죽은 여성의 숫자만큼(누군가는 4만 명, 다른 누군가는 수십만 명이라 추정) 여성들이 분신하지 않으면, 이 분신 의식이 끝나지 않을 것이라 말한다. 분신은 세상에 대한 여성의 분노의 표현이다. 여성의 신체를 가졌다는 이유로 쉽게 폭력에 노출된다면, 차라리 스스로 여성의 신체를 포기하는 것이 오히려 주체적인 삶을 살아갈 수 있는 방법이라는 것이다.

「학기말」에 나오는 여학생 또한 머리에 포마드를 바른 난쟁이 남자의 명령에 조종당하고 있다. 물론 난쟁이 남자는 여학생의 환각이다. 환각 속의 남자는 여학생 스스로 자신의 몸을 자해하도록 명령한다. 여학생은 그 남자에게서 달아나려고 하지만 언제나 붙들린다. 그녀는 손톱을 물어뜯어 뽑아버리고 턱을 면도날로 긋는다. 그리고 자신의 신체를 헐렁한 옷으로 가려버린다. 그녀의 환각은 다른 여학생에게도 전염된다. 다른 여학생은 허벅지에 상처를 낸다. 이렇게 자신의 몸을 훼손하며 여성으로서의 신체를 스스로 부정한다.

엔리케스 소설 인물들, 젠더 구별없이 불안과 공포에 시달려

폭력 속에 노출된 여성의 삶은 역시 폭력으로 희생되는 아이들의 삶과 맞물린다. 아이들은 빈민가 지역에서 실종되거나 살해당한다. 「더러운 아이」, 「검은 물속」, 「아델라의 집」은 마약 조직과 경찰에 의해 살해당하는 아이들의 이야기를 그려낸다. 이 작품들의 화자는 중산층 여성이며, 그녀들은, 일 때문에든 우연한 기회이든, 빈민가 지역의 아이와 연결되면서 현실에 노출된 공포와 직면한다. 아이들의 살해 원인을 찾으려고 하는 과정 속에서 마약과 주술과 무기력과 폭력이 팽배한 빈민가의 전모를 마주하게 되고, 여기에서 극도의 불안을 경험한다. 경찰에 의해 살해당했다가, 한 사회의 모든 쓰레기가 모여 있는 '검은 물속'에서 살아나온 청소년의 유령은, 빈민가의 모든 기형아와 마약중독자를 불러 모아 길거리를 휩쓸게 한다. 빈민가에서 발원한 무기력한 분노가 공포를 불러일으킨다.

빈부격차가 격심하여 공공의 치안이 특정 지역에만 집중되는 도시에서 빈민가는 그 자체로 폐허이자, 폐가이며, 그래서 온갖 괴담의 온상이기에, 모두에게 공포를 유발한다. 가난 그 자체가 공포인 것이다. 마리아나 엔리케스의 호러 단편소설은 불평등한 사회 구조에서 비롯되는 사회적 불안이 심화되는 현실의 문제를 공포의 문법으로 풀어낸다. 「아델라의 집」은 전형적인 폐가 모티프를 가지고 왔지만, 과거와 현재를 교묘하게 교차시키며 폐가에 대한 공포가 현재 사회 속 빈부격차, 치안 불안, 불평등의 문제와 연결되어 있음을 상기시킨다.

작중 화자는 여름 저녁 오빠와 함께 동네 폐가에 들어가 보기로 한다. 집에서 빠져나오는 것은 어렵지 않았다. 여름밤이면 동네 아이들이 골목에서 놀았기 때문이다. "여름에는 늦게라도 집을 나오기가 그다지 어렵지 않았다. 우리 동네 아이들은 저녁 늦게까지 골목에 나와 놀았기 때문이다. 물론 지금은 사정이 다르다. 이제는 위험한 빈민가로 변해, 해가 지면 주민들은 일절 바깥출입을 하지 않는다." 어린 시절 폐가로 들어가는 위험이 이제는 골목 자체로 나가는 위험으로 대치되고 있다.

불평등한 아르헨티나 사회…우리의 보편적 분노와 공감대

과거에 존재했던 폐가에 대한 공포는 현재의 일상을 둘러싼 치안에 대한 불안, 안정적 삶의 불가능에 대한 공포로 변화하였다. 이제는 빈민가, 더 나아가 일상의 생활공간 자체가 불안과 공포에 휩싸여 있다. 아이들은 실종 당하고, 여인들은 살해당한다. 마리아나 엔리케스는 표면적으로는 사회적 약자에게 가해지는 폭력의 문제를 다루고 있지만, 그 이면에는 검은 물속에서 살아나는 유령들처럼, 사회가 포기해버린 것들, 그래서 인간적으로 살 수 없게 만들어버린 것들이 사회 전체를 불안정하게 만들고 있다는 점을 폭로한다. 즉 극도의 빈부격차, 불평등한 사회 구조, 그로 인한 사회 안전망의 상실이 현재 우리 모두의 삶을 공포로 만들고 있다는 것을 보여준다.

그래서 마리아나 엔리케스의 소설 속 인물들은 젠더와 관계없이 불안과 공포에 시달린다. 마리아나 엔리케스는 역시 자신의 삶을 정상적으로 유지할 수 없는 남성들의 힘겨움도 그려낸다. 「파블리토가 못을 박았다: 페티소 오레후도를 떠올리며」나 「초록색 빨간색 오렌지색」에는 그러한 남성들이 나타난다. 「파블리토가 못을 박았다」의 주인공은 범죄 투어 가이드인데, 아이가 태어난 이후, 가부장으로서의 가지는 부담감 속에서 아내와 아이와 소통의 통로를 잃어버리고, 아이들을 골라 연쇄 살인을 했던 살인자의 유령을 계속 보게 된다. 억압적 가부장제 하에서 남성에게 주어지는 사회적 압박이 잘 드러난 작품이다. 「초록색 빨간색 오렌지색」의 남성은 어쩌면 이러한 이유 때문인지 사회에서 아예 도피해 버린다. 일본에서 말하는 히키코모리가 된 남성은 인터넷 속 범죄 세계에 점점 빠져든다. 이들 남성 또한 현실 사회에서 살아갈 활력을 상실하였다.

공포는 언제나 사회적 불안을 반영한다. 마리아나 엔리케스의 소설에 나타난 여성들의 분노, 아이들의 희생, 남성들의 무기력을 따라가다 보면, 아르헨티나 사회를 도저하게 감싸고 있는 불평등의 문제를 만나게 된다. 불평등이 해소되지 않는 사회는 불만족을 축적하고, 그러한 불만족은 한편에서는 무기력을 강화하면서 다른 한편으로는 분노를 심화시킨다. 이러한 무기력한 분노는 현재 한국에서 만들어지고 있는 좀비들의 대유행과 맞닿아있다. 〈부산행〉, 〈킹덤〉, 〈살아있다〉 그리고 〈반도〉로 이어지는 좀비물의 열풍은 좀비라는 존재가 불평등한 사회 구조 속에서 생존에 내몰려 주체성을 잃어버린 우리들의 무기력과 그 안에 내재된 우리들의 분노를 표현하는 것이 아닐까. 마리아나 엔리케스의 호러 단편소설이 그려내는 무기력한 분노가 아르헨티나라는 한 국가의 특수성을 넘어 현재 우리의 보편적 감수성을 자극하는 것도 이러한 이유 때문일 것이다. *Critique M*

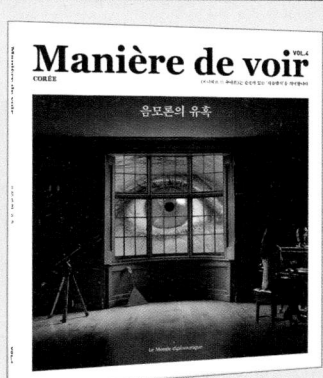

현대미술의 제의적 순간, 마녀와 예술가 사이

김지연

미술비평가. 현대미술과 도시문화에 관한 글을 다수 매체에 기고하며, 대학과 기관, 문화공간 등에서 글쓰기와 현대미술을 강의한다. 책 『당신을 보면 이해받는 기분이 들어요』, 『필연으로 향하는 우연』, 『반짝이는 어떤 것』, 『마리나의 눈』 등을 썼다.

지하의 전시실로 향하는 길에 노랫소리가 들렸다. 전시실 가운데에는 피 묻은 소뼈가 산더미처럼 쌓여 있었고, 시각적 충격을 느끼기도 전에 후각이 먼저 마비되었다. 비릿한 피 냄새 정도가 아니었다. 한여름의 더위에 고기와 지방이 부패하는 악취가 지하에 가득했다. 흰 옷을 입은 여자가 소뼈 더미 위에 앉아 브러시를 들고 뼈에 묻은 피를 닦아내고 있었다. 그가 부르는 노래는 고향인 유고 슬라비아의 민요였다. 노래를 부르며 뼈를 닦다가 울부짖는 행위가 나흘 동안 지속되었다. 1997년 6월, 베니스 비엔날레에서 마리나 아브라모비치가 선보인 퍼포먼스 작품 〈발칸 바로크〉(1997)다.

어떤 사람들에게 이 여자는 마녀 혹은 악마 숭배자라고 불린다. 영적인 에너지를 탐구하고 신체를 적극 활용하며 파격적인 형태를 선보이는 작품들 때문이기도 하지만 결정타는 〈영혼 요리〉(1996) 때문이다. 이 작품은 퍼포먼스 지시문 형태로 지난 2017년 일민미술관에서 열린 전시 〈Do it〉에서도 선보인 바 있다. "신선한 모유와 신선한 정자를 섞어라. 지진이 일어나는 날 밤 그것을 마셔라."로 시작되는 이 지시문은 오컬트 의식으로 오해받을 만큼 낯설고 파격적이다.

사실 아브라모비치의 이 작품은 일부러 강한 충격을 주려고 만든 장치에 불과하며, 그의 작품 중에는 비주류에 속한다. 이와 관련된 요리책도 발간되었지만, 실제로 책을 읽어보면 왜곡과 변주가 가득 담긴 농담에 가깝다. 하지만 어떤 사람들은

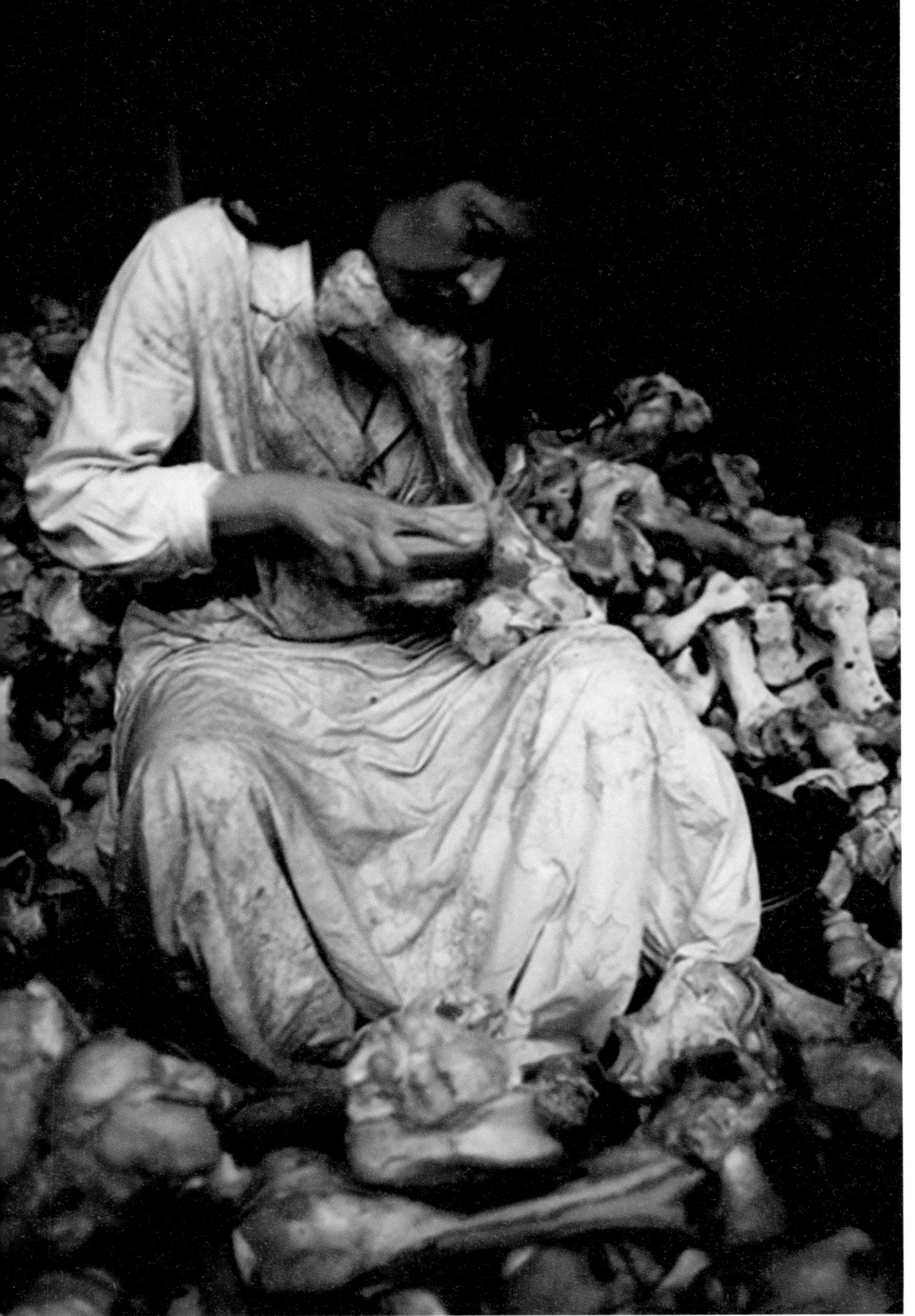

전쟁을 고발한 추모와 속죄의 퍼포먼스, 마리나 아브라모비치의 〈빨간 바로크〉

여전히 그를 마녀라고 여긴다. 몇 년 전 마이크로소프트 사에서는 아브라모비치와 협업하여 만든 VR헤드셋 영상을 자사 유튜브 계정에 올렸다가 그를 악마 숭배자로 여기는 무리들이 누른 어마어마한 '싫어요' 숫자에 별다른 해명 없이 영상을 내린 적도 있다.

물론 아브라모비치는 여전히 퍼포먼스 예술의 대가이자 세계적인 아티스트이고 왕성한 활동을 펼치고 있다. 그러나 오명은 아직도 그의 그림자를 쫓아다닌다. 그의 작품 세계에서 그다지 큰 비중을 차지하지도 않는 어떤 작품 하나 때문에, 어떤 이들은 왜 아직도, 그토록, 그를 끌어 내리고 싶어 하는 걸까.

위험한 여자들

마녀는 위험한 여자다. 알 수 없는 사술을 쓰며 사람들을 악의 구렁텅이로 빠뜨린다. 마녀를 '사냥'하는 것이 정당화되었던 이유다. 그러나 마녀는 현대에 이르러 재평가되고 있다. 마녀라고 불렸던 여성들은 지혜와 지식을 가지고 자신의 힘으로 틀을 깨고 자유를 찾으려 했던 여자들이다. 남성 집단의 문화가 지배적이었던 과거 사회에서는 여성을 남성의 지배 아래 두려 했다. 남성이 원하는 아름다움과 약간의 신비는 갖추되, 그들이 정한 정숙한 여자라는 틀을 깨는 것은 허락되지 않았다. 그러나 남성들이 감추어둔 진실을 깨닫고 지식을 쌓으며 힘을 갖춘 여성들은 자유를 되찾으려 했다. 남성들은 두려웠다. 자유롭고 강력한 여성은 우리 밖의 맹수처럼 위험한 존재였고 사냥의 대상이 되었다.

이탈리아의 정치철학자이자 페미니즘 이론가인 실비아 페데리치는 책 『캘리번과 마녀』에서 이러한 과정을 자본주의의 발달과 연결짓는다. 공유지에 울타리를 쳐 구획하고 토지를 자산으로서 관리하기 시작하면서, 여성의 재생산 능력 역시 국가가 관리하는 대상이 된다. 남성이 임금 노동자가 되면서 여성은 재생산 노동자로 탈바꿈한 것이다. 여성의 몸은 노동자를 재생산하는 도구로서 통제의 대상이 되었다.

또한 새로운 노동 편성에서 여성의 활동은 남성의 생산 노동보다 평가절하되었고, 여성의 활동은 노동 구조의 가장 아래에 위치하게 되었다. 프롤레타리아 남성들은 노동 활동에 도움과 보살핌을 받을 수 있는 결혼을 선호하고 의존했고, 자신들이 구축한 질서에 어긋나지 않는 정숙한 여성상을 원했다. 여성의 성적 활동은 모두 남성을 위하거나 출산이라는 재생산을 위한 것이었으며, 이와 무관한 여성의 섹슈얼리티는 반사회적인 것이라 여겨지며 박탈의 대상이 되었다.**(1)** 빼앗기지 않으려 하거나 되찾으려는 여성은 공격해야 마땅한 마녀였다.

(1) 실비아 페데리치, 『캘리번과 마녀』 갈무리, 2011, p.285

당시 사회에서 나이 든 여성들은 더욱 위험한 존재였다. 세월을 거쳐 삶의 기술을 익히고 지혜와 현명함으로 공동체에서 존경받는 여성은, 남성적 시선에서 보면 성적 매력과 출산 능력이 사라진 쓸모없는 여성이자 권력을 갖추어 남성의 자리를 빼앗을지도 모르는 위협적인 존재였다. 여성의 명예를 빼앗는 가장 쉬운 방법은 도덕적, 성적 공격이었다. 나이 든 여성들의 통찰력과 치유력은 악마를 숭배하여 얻게 된 사술이었고, 자신의 감정이나 욕망에 충실한 젊은 여성들은 남성을 타락하게 만드는 마녀가 되었다.

마녀사냥은 그들의 신체와 권력을 박탈했다. 페데리치는 유럽의 마녀사냥이 "섹슈얼리티와 재생산에 대한 통제력과 치유능력을 통해 여성들이 획득한 권력"과 "자본주의적 관계의 확산을 저지하려는 여성들의 저항"을 공격한 것이라고 했다.**(2)** 이러한 공격 아래 여성적 직관력과 통찰력, 욕망과 자유는 생존을 위해 감추어야 할 요소가 되었다. 현대라고 크게 다르진 않다. 다만 실제로 화형을 당하지 않을 뿐이다. 형태를 달리한 불은 어디에나 있었다. 목소리가 큰 여성들은 언제나 불태워졌거나, 불태워야 마땅한 대상으로 취급되었다.

(2) 실비아 페데리치, 『캘리번과 마녀』 갈무리, 2011, p.249

우리를 마녀라고 불러라

여성 예술가들은 마녀라고 불릴 법한 조건은 모두 갖추고 있다. 직관력과 통찰력, 자유롭고 파격적인 모습. 무엇보다도 여성의 몸, 섹슈얼리티, 생명력, 욕망을 소리내어 말하고 적극적으로 드러내는 행동은 중세 이후 남성들이 그토록 두려

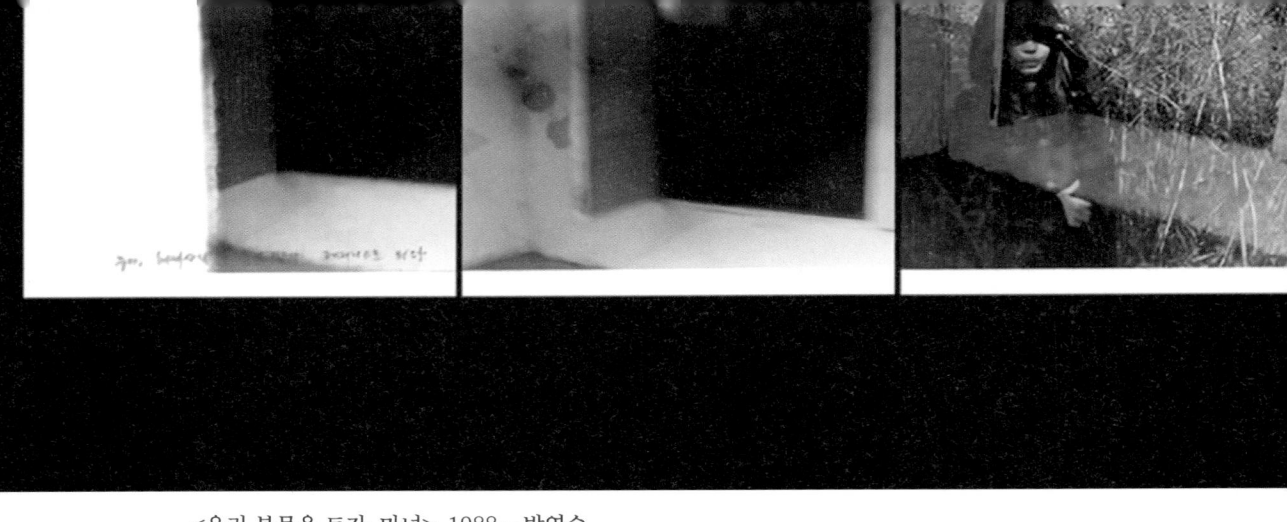

<우리 봇물을 트자, 마녀>, 1988 - 박영숙

위했던 마녀의 모습이다.

　　과거의 여성이 자본주의적 노동 구조의 재편성에서 가장 아래에 위치하며 신체와 권력을 빼앗겼듯이, 산업화 및 권력화된 현대의 예술계에서 여성 예술가의 입지는 남성보다 좁다. 특히 시장의 논리가 개입될 때는 더하다. 여성 예술가들은 다시 자신의 자리를 찾기 위해서 금기를 깨고 저항한다. 그리고 이러한 여성 예술가들은 역시나 마녀와 같은 취급을 받았다. 마리나 아브라모비치 뿐만이 아니다. 뛰어난 개념 예술가이자 행위 예술가인 오노 요코는 존 레논을 예술의 다른 영역으로 이끌었고 그의 삶을 변화시켰지만 일각에서는 비틀즈를 해체하게 만든 요부라고 불린다.

　　한편 대지미술과 퍼포먼스를 통해 라틴 아메리카 여성과 이민자의 정서를 강력하게 드러낸 아나 멘디에타는 남편 칼 안드레와의 다툼 끝에 낙상하여 숨졌고, 남편은 유력한 살해 용의자였으나 세상은 멘디에타의 편이 아니었다. 미국 사회와 예술계는 살해 의혹을 밝히는 데에 힘쓰기보다는, 일개 이민자 여성이 백인 남성 예술가의 전도유망한 앞날을 망치지 않기를 바랐다. 역시나 그는 증거 불충분으로 풀려났고 지금도 활발히 활동하고 있다. 멘디에타를 기억하는 이들은 여전히 시위를 벌인다. "칼 안드레는 구겐하임에 있다. 아나 멘디에타는 어디 있는가."라고.

　　그럼에도 여성 예술가들은 여전히 마녀이기를 자처한다. 우리나라의 1세대

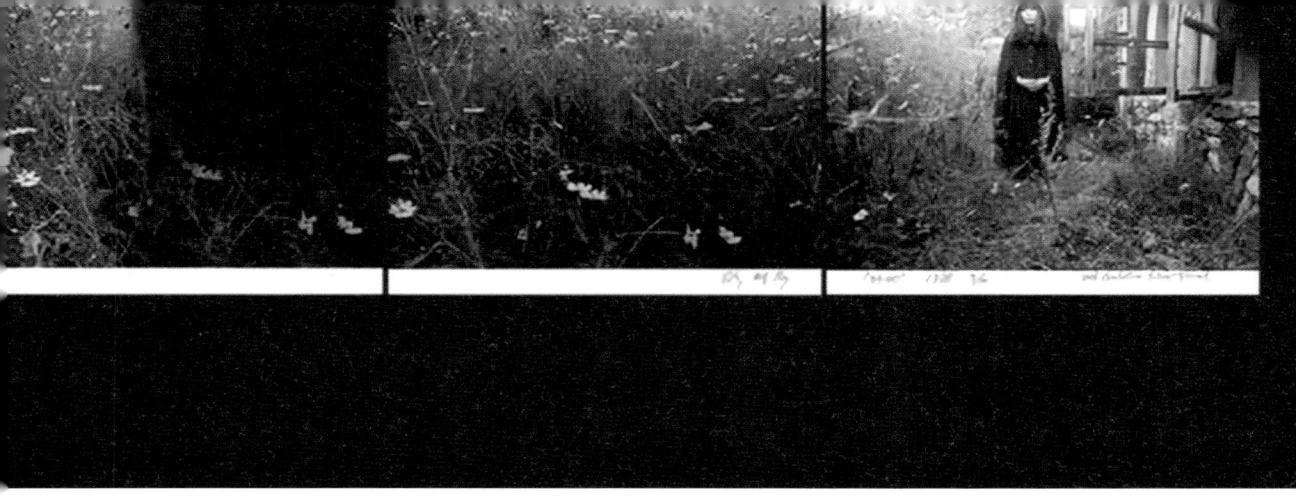

여성주의 사진가 박영숙은 2005년 성곡미술관에서 열린 개인전 〈미친년 프로젝트〉에서 페미니스트 예술가와 운동가들의 마녀성을 드러낸 초상 사진들을 전시했다. 그는 김혜순의 시 〈마녀 화형식〉의 마지막 행 "몸 전체에 불길을 매단 채..."라는 구절에서 이러한 작업을 처음 시작했다고 말했다. 지혜롭고 창의적이며 주체적인 여성들을 마녀라는 이름으로 억압하고 적대시한 과거를 떠올리며, 몸이 부르르 떨렸다고, 그들의 실천과 사유를 극대화하여 꺼내 놓음으로써 이를 치유해 내고 싶었다고.(3)

동시대의 젊은 여성 예술가들은 더욱 넓고 다양한 활동을 보인다. 여성의 신체와 생명력을 주제로 회화와 조각 등을 선보이는 권군 작가, 가족 내의 가부장적인 언어를 강력한 시각적 효과로 드러내고 이를 지우고 재구성하는 작업을 하는 안다혜 작가, 가정 내 성폭력이라는 주제를 전면에 드러내고 피해자의 목소리에 힘을 더하는 이시마 작가, 사회의 변두리로 밀려난 무당과 마녀에 대한 리서치를 담은 책 〈그릇-됨에

(3) 전시 <우리 봇물을 트자: 여성해방 시와 그림의 만남> (1988) 중 박영숙의 작가노트 http://geonhi.com/korean/%ec%9a%b0%eb%a6%ac-%eb%b4%87%eb%ac%bc%ec%9d%84-%ed%8a%b8%ec%9e%90_%eb%a7%88%eb%85%80-1988/

관하여〉를 펴낸 김산탈 작가 등, 2030 여성 작가들의 목소리는 더 개인적이고 구체적이다. 또한 여성 예술가들은 단체 '루이즈 더 우먼'을 결성하여 실천적인 면모 또한 보이고 있다.

한편 세종문화회관에서 열린 〈발푸르기스의 밤: 한국의 마녀들〉(2023)은 우리나라 여성주의 미술의 계보를 조명하는 전시였다. 이 전시는 박영숙과 같은 1세대 작가들과 현재의 4세

모나 숄레의 『마녀』(2021).
저자는 마녀를 이상과 길을 보여주는 존재로 서술했다.

대 여성주의 미술계 사이의 변화와 공통의 문제의식을 탐구함으로써 연대의식을 꾸리고자 크라우드 펀딩으로 마련되었다. '발푸르기스의 밤'은 실제로 북유럽에서 봄에 열리는 민속축제로, '마녀들의 밤'이라고도 불린다. 마치 보름달이 뜨는 밤 늑대인간이 힘을 얻듯, 발푸르기스의 밤은 마녀들의 힘이 정점에 이른 시기라고 한다. 과거의 어느 때보다 여성 예술가들의 힘이 강력한 시기다. 스스로를 얼마든지 마녀라고 부르라며, '미친년'이기를 서슴지 않는 예술가들 덕분이다.

불태워도 여전히 그 자리에

마리나 아브라모비치의 〈발칸 바로크〉는 1990년대 발칸 반도에 피바람을 불러온 전쟁의 참혹함을 고발하고, 고향인 유고 슬라비아가 자행한 대량 학살의 희생자들을 추모하는 속죄의 퍼포먼스였다. 완전한 외부인이 아니었던 그는 전쟁과 인종 청소에 대해 강력하게 발언하기도, 그렇다고 외면할 수도 없었기에 피를 닦아내고 노래하는 행위를 통해 자신의 삶에 쌓인 업을 지워내고 희생자들의 안녕을 빌었던 것이다. 그해 베니스 비엔날레의 최고상인 황금사자상을 수상한 이 작품 〈발칸

바로크〉는, 예술인 동시에 일종의 제의적 행위였다.

그렇다. 굳이 말하자면 이것은 제의다. 마녀의 주술이 깃들었을지도 모르겠다. 그러나 그 주술이 어디를 향하는지 확인할 필요가 있다. 이것은 악마를 소환하거나 타인을 해하려는 제의가 아니라, 동족의 잘못을 연대로써 속죄하고 더 나은 공동체를 기원하는 제의였다. 아브라모비치는 마녀가 아니라 한 인간으로서 거기서 울고 있었다.

인간은 작은 존재다. 때문에 모르는 것을 늘 두려워한다. 마녀를 두려워해 온 이유도 모르기 때문이다. 그러나 정확히는 알고 싶지 않았던 것, 알려고 노력하지 않았던 것에 가깝다. 마녀라고 불리는 여성들, 주술처럼 느껴지는 예술은 낯설고 이상한 것이 아니라 그저 여기 살아서 존재하는 여성, 인간의 목소리일 뿐이다.

그렇다면 여성 예술가들의 파격적인 작품은 어쩌면 지금까지 여성의 삶과 예술에 끼었던 마를 제거하는 일종의 살풀이가 아닐까. 털어내고 새로 시작해야 한다. 그들의 제의는 지금 여기 이 자리에 존재해온 여성의 생명을 다시 소환하는 행위, 아무리 불태워도 다시는 사라지지 않도록 염원하는 제의가 될 테다. 모나 숄레는 책 『마녀 - 남들보다 튀는 여자들의 목을 쳐라』에서, '마녀'라는 주변에서는 지식, 생명의 힘, 경험과 같은 에너지가 들끓는다고 했다. "마녀는 모든 지배와 제약에 얽매임이 없는 여자"이며, "나아가야 할 이상과 길을 보여주는 존재"라고.**(4)** 이제 마녀는 사냥의 대상이 아니라 미래를 먼저 걷는 선지자다.

마녀들이 일어나는 발푸르기스의 밤이 왔다. 여성 예술가들의 힘은 그 어느 때보다 강력하다. 마법은 이미 시작되었다. 페데리치가 언급했듯 마법이란 "우리가 안다는 것을 아는 것"이다.**(5)** 지금 이 발푸르기스의 밤이 정점이 아니기를, 이것이 더 이상 특별한 밤이 아니기를 바란다. *Critique M*

(4) 모나 숄레, 『마녀 - 남들보다 튀는 여자들의 목을 쳐라』 마음서재, 2021, pp.16-17

(5) 실비아 페데리치, 『우리는 당신들이 불태우지 못한 마녀의 후손들이다』 갈무리, 2023, p.87

(한국) 여자는 한 달에 한 번 마녀가 된다
- 다큐 〈피의 연대기〉

김민정

중앙대 문예창작학과 교수. 문학과 문화, 창작과 비평을 넘나들며 다양한 글을 쓰고 있다. 구상문학상 젊은
작가상과 르몽드문화평론가상, 그리고 2022년 중앙대 교육상을 수상하였다.
저서로 『드라마에 내 얼굴이 있다』외 다수가 있다.

(한국) 여자들은 한 달에 한 번 마녀가 된다. 〈오즈의 마법사〉나 〈해리포터〉에 나오는 마법사의 흥미진진한 모험 이야기가 아니다. 의지와 상관없이 피 흘리는 존재로 태어나 "한 달에 5일, 큰 숟가락 세 개 분량. 1년으로 치면 300밀리리터(ml), 10년에 1.5리터(l) 생수 두 병을 채우고 평생을 모두 합치면 10리터에 달하는 피"를 흘려야만 하는 '생물학적' 여성들의 이야기다. 생리를 생리라고 부르지 못하고, 대자연, 그날, 홍양, 멘스, 달거리, 그리고 마법으로 불러야 하는, '마법' 없는 마법사들의 이야기.

다큐 〈피의 연대기〉는 모든 여성을 위한 '생리백과사전'를 표방하며 이제까지 금기시되고 터부시되어온 생리 이야기를 사회 공론장에 대담하게 꺼내놓는다. 이름하여, 생리 '커밍아웃'.

생리란 무엇인가

생리의 사전적 정의는 간단하다. 성숙한 여성의 자궁에서 주기적으로 출혈하는 생리현상. 하지만 그 단순함 안에 담긴 역사적, 문화적 의미는 절대 단순하지 않다. 생리에 대해 모두 알고는 있다. 하지만 생리에 대해 잘 아는 사람은 드물다. 심

지어 여성들도 생리와 관련해서는 좀처럼 대화를 나누지 않는다. 생리는 특수하지도 보편적이지도 않다는 점에서 굉장히 다루기 어려운 소재다.

모든 창작품은 창작자의 인위적인 간섭과 관여가 전제된 가공된 예술이다. 때문에 작가의 주제 의식을 가장 효과적으로 전달하기 위한 치밀한 서사전략이 필수적이다. 논픽션의 모든 서사전략은 '사실' 너머에 있는 '진실'을 드러내기 위함이다. 다큐 〈피의 연대기〉는 1인칭 '주인공' 시점과 1인칭 '관찰자' 시점을 번갈아 오고 가며 개인의 특수한 경험으로부터 사회 보편적 경험으로의 확장을 시도한다. '나' 개인에서 '우리' 여성, 그리고 보편의 인류 전체를 대상으로 하는 우리 몸에 관한 인식의 전환, 그것이 바로 〈피의 연대기〉가 '생리 커밍아웃'을 통해 전달하고자 하는 '진실'이다.

'전지적 1인칭 시점'의 다큐

지난 2015년 가을, 김보람 감독은 샬롯이라는 네덜란드 여성을 우연히 만나 초경 때부터 생리대 대신 탐폰을 사용했다는 사실을 알게 된다. 그 일은 '우리는 모두 똑같이 피를 흘리는데 왜 다른 생리용품을 쓰고 있는 걸까?'라는 궁금증과 함께 〈피의 연대기〉를 작업하는 계기가 된다. 1인칭 주인공 '김보람' 시점으로 시작한 다큐는 네덜란드 샬롯을 거쳐 영국과 미국 등 세계 각지로 뻗어나간다. 국적뿐 아니라 나이와 직업이 각각 다른 여성들이 서로 다른 얼굴의 '1인칭 주인공'이 되어 인터뷰에 등장한다. 엄마와 딸, 교사와 학생, 감독과 스텝이 '1인칭 주인공'의 자격으로 자신만의 생리 경험을 진술하게 털어놓는다.

1인칭 '나'가 모여 1인칭 '우리'가 되어가는 과정. 다큐에 나오는 사람들이 부모로부터 부여된 '성'을 빼고 이름으로 존재하는 것도 그 때문이다. 누군가의 자녀가 아닌 오로지 '나', '1인칭 주인공'으로서 존재한다. 큰 이야기에서 작은 이야기로 분파되어 나오지 않고, 작은 이야기들이 모여 '거대한 하나의 작은 이야기'가 만들어지는 것, 그것이 바로 다큐 〈피의 연대기〉가 보여주는 진정한 '연대'의 기록이다.

〈피의 연대기〉는 생리와 생리대의 역사를 다룬 연대기(年代記)인 동시에 '피 흘리는 존재'인 여성들의 연대기(連帶記)다. 김보람 감독은 직접 '고프로 카메라'를 이마에 달고 생리컵에 담긴 피를 세면대에 헹구는 모습을 그대로 다큐에 담아

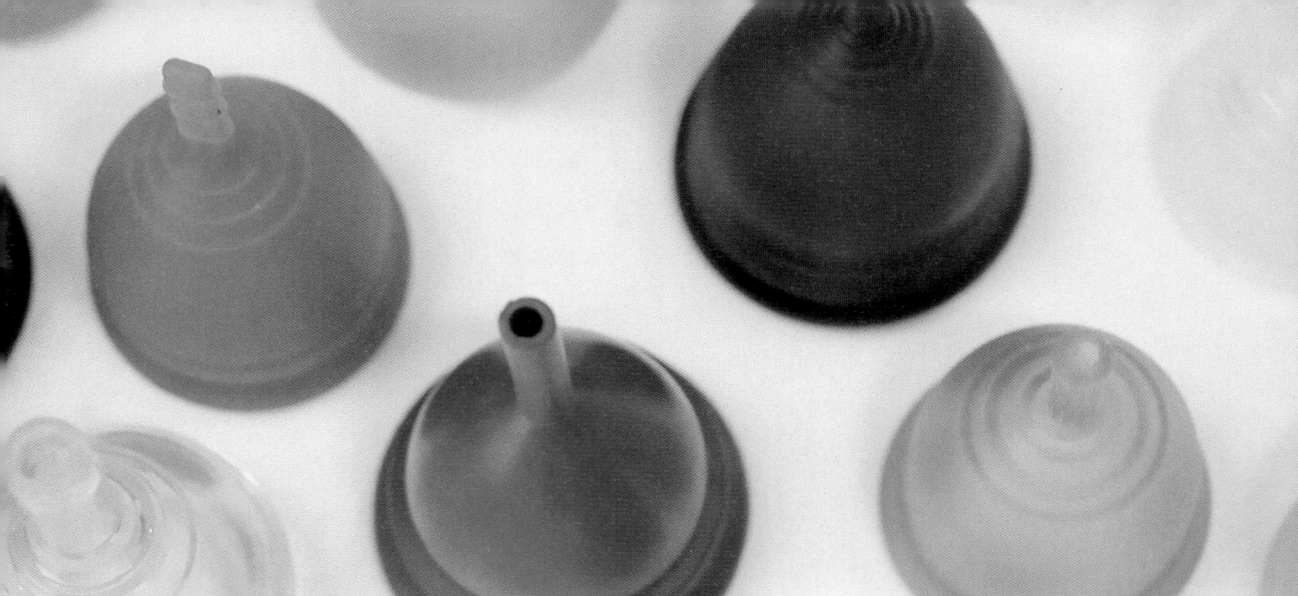

다큐 <피의 연대기> 포토

낸다. 그 과정에서 김보람 감독은 1인칭 주인공이자 1인칭 관찰자로서 자유롭게 시점 전환을 이루어내고, 다큐 안과 밖의 경계를 허물며 '전지적 1인칭 시점'의 다큐를 새롭게 창작해낸다.

1인칭 '사적' 경험의 생리

1인칭 시점의 다큐가 관객에게 선사할 수 있는 최고의 선물은 '살아있는 현장감'이다. <피의 연대기>에는 생리용품에 관한 '1인칭 나'의 '사용후기'가 나이별 용품별로 다양하게 등장한다.

"쓰고 버릴 거라고 생각을 하게 되니까 별로 그렇게 중요하게 여기지 않는 것 같아요."
(일회용 생리대를 사용하는 10대)

"생리혈, 내 질을 더럽고 냄새나는 것으로 보지 않게 됐어요. 생리대에 묻은 피가 냄새가 나는 건 산화됐기 때문이에요. 생리컵에서 방금 뺀 피는 정맥을 흐르는

피와 똑같아요. 변기에 버리면 빨간 물감처럼 예쁘게 번져요. 그걸 보는데 쾌감이 들었어요. 처음으로 생리가 끔찍하지만은 않다는 생각을 했죠."

(생리컵을 사용하는 20대)

1인칭 주인공의 사적 경험은 단순히 생리대에 관한 단편적인 체험담에 머물지 않는다. 일회용 생리대로 시작해 탐폰, 생리컵에 이르는 각양각색 생리용품 후기를 통해 생리를 대하는 '지금 여기' 우리의 태도를 예리하게 짚어낸다. 일회용 생리에서 천 생리대로 바꾼 다음, 직접 생리대를 빨아 쓰고 재활용함으로써 생리를 자연스러운 생리 현상으로 받아들이게 되었다는 '1인칭 나'의 고백. 생리는 더럽지 않다. 생리대는 버리지 않는다. 생리대 재사용 경험은 생리와 우리 몸, 그리고 자아정체성에 관한 인식에 긍정적인 영향을 준다.

여기서 한 걸음 더 나아가 다큐 〈피의 연대기〉는 우리가 그동안 몰랐던 대안 생리대로써 생리컵을 제시한다. 생리컵의 종류, 생리컵 사용법 그리고 질에 손가락을 넣고 길이를 재 자신에게 맞는 생리컵을 찾아가는 과정을 친절하게 설명해준다. 나에게 맞는 생리용품을 찾아가는 과정이 곧 나의 몸을 있는 그대로 인정하는 일이기 때문이다.

"이제 몸 그 자체의 고유함을 처음으로 만족하고…"

'1인칭 나'의 감동적인 고백은 다큐 밖에 있는 또 다른 '1인칭 나'에게 생리와 생리대에 관한 건강한 경험을 촉구한다. 그리고 다큐 안과 밖, 주인공과 관찰자, 감독과 관객의 경계를 허물며 '전지적 1인칭 시점'의 세계로 초대한다. "이 화면을 보고 있을 당신까지도."

1인칭 '공적' 경험의 생리

다큐 〈피의 연대기〉는 '사적인' 1인칭의 세계에 머물지 않고 공적인 세계로의 비약에 도전한다. 세상의 모든 '1인칭 나'에게 건강한 경험을 제공할 수 있는 법안 제정. 김보람 감독은 한국 최초로 2016년 무상 생리대 법안이 미국에서 통과된 과정을 직접 가서 취재하여 다큐에 담아낸다.

"새 학기가 시작되는 9월부터 학생들은 학교 모든 화장실에서 여성 위생용품을 무료로 사용할 수 있습니다. 6월에는 불가능했던 일들이 9월에는 가능해질 겁니다. 중요한 문제이기 때문에 시급한 변화가 필요합니다."

2016년 뉴욕시는 세계 최초로 공립학교, 노숙인보호소, 시립교도소에 무상 생리대와 탐폰을 지원하는 법안을 통과시켰다. 그 당시 빌 드블라시오 뉴욕시장이 법안 통과를 발표하는 모습, 그리고 그것과는 대조적인 한국의 열악한 상황이 적나라하게 폭로됐다. 저소득층 여성 청소년이 생리대를 살 돈이 없어 신발 깔창과 휴지를 쓴 '깔창 생리대' 사건 그리고 '일회용 생리대 유해성' 논란. 과연 이런 상황에서 우리는 생리와 생리대, 그리고 우리 몸과 우리 자신에 대해 건강한 태도를 취할 수 있을까.

김보람 감독은 '전지적 1인칭'으로서 다큐 밖에 있는 또 다른 '1인칭 나'를 찾아 나서며 아직 오지 않은 미래를 향한 희망의 불씨를 꼼꼼히 기록해놓는다. 2016년 마포을 국회의원 선거에서 노동당 하윤정 후보가 무상 생리대 지급을 선고공약으로 내세워 길거리 홍보에 나선 모습, 2016년 이재명 성남시장이 지자체 최초로 저소득층 여자 청소년 생리대 무상 지급을 시행한 사례, 그리고 2017년 한국국회 청소년 복지 지원법 개정안 의결까지.

마법의 시간은 지금부터 시작이다

생리혈이 묻은 천 생리대가 있다. 선홍빛으로 물든 생리대를 찬물에 담근다. 얼마 지나지 않아 핏물이 빠지고 천 생리대는 다시 새하얗게 된다. 그렇게 새로운 생리혈을 건강하게 맞이할 수 있는 모든 준비는 '간단하게' 끝난다. 다큐 〈피의 연대기〉는 마법 없는 마법사들의 이야기지만 그 안에는 진짜 마법의 비밀이 숨겨져 있다. 바로 천 생리대 '재'사용법이다.

수백 수천 년 전부터 시작되어 온 마녀사냥의 역사. 다큐 〈피의 연대기〉의 도입부로 돌아가 보면 고전문헌 속 '마녀사냥'이 있다. 언제부터 생리가 부끄러움과

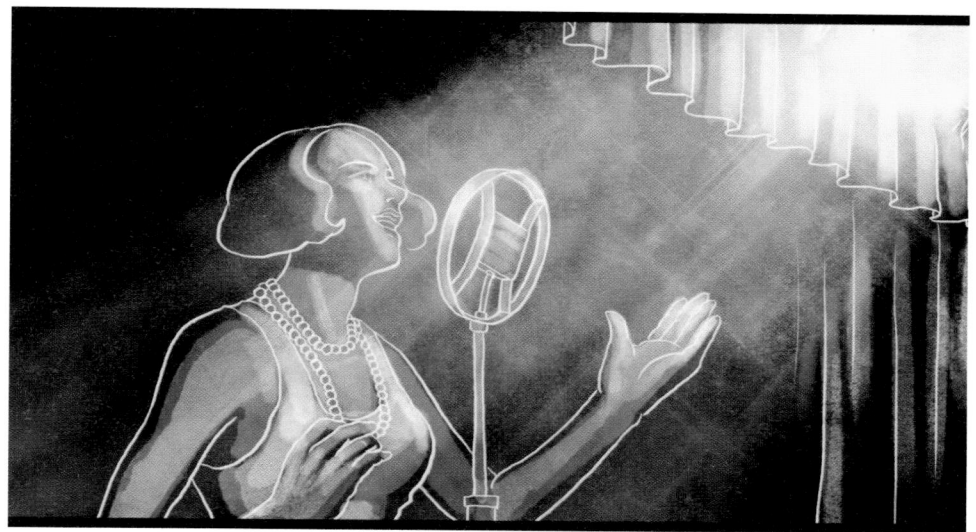

다큐 <피의 연대기> 포토

수치로 금기시되고 터부시되었는지, 지금 여기의 생리 인식에 관해 기원을 집요하게 추적한다. "여자가 몸에서 피를 흘릴 때 그것이 여자의 몸에서 흐르는 월경이면 그 여자는 이레 동안 불경하다"는 구약성경 『레위기』 15장 19~21절 말씀, 여성이 생리와 출산 중 흘린 피로 강을 오염시켰기 때문에 '혈분경'을 읊고 용서받아야 한다는 동아시아 경전 『혈분경(血分經)』… 여성의 생리와 여성의 몸에 남긴 낙인과 편견을 집요하게 파고들며 '사적' 생리에 덧입혀진, 혐오와 배제의 '공적' 역사성을 날카롭게 파헤친다.

　　　오랜 역사의 마녀사냥 앞에 김보람 감독은 다큐 <피의 연대기>를 생리와 생리대에 대한 대항 기억으로서 내놓는다. 오래 방치되어 산화된 생리혈을 지워내고 새로운 생리혈을 맞이하듯. 시간이 지나면 또 하나의 문헌자료가 될, 그리하여 생리와 우리 몸 그리고 자아정체성에 관한 건강한 토론의 장을 열어줄 새로운 생리혈, 그것이 '생리 커밍아웃'이라 불리는 다큐 <피의 연대기>의 또 다른 별칭이다. (한국) 여자들은 한 달에 한 번 마녀가 된다. 그리고 마법의 시간은 지금부터 시작이다. *Critique M*

아마조네스는 더 이상 마녀가 아니다

· · · · ·

김정은

평론가. 숙명여대 겸임교수. 무용철학으로 박사학위를 받았으며,
서울교대와 창원대에서 무용미학을 강의하고 있다.

블랙 팬서, 미스틱, 블랙위도우, 원더우먼까지, 그리스 신화에 등장하는 여전사 아마조네스(Amazones)의 전사적 이미지는 초능력과 강한 힘을 지닌 여성 히어로물의 모티브가 되고 있다. 역사가들에 따르면 신화 속 아마조네스는 전쟁의 신 아레스의 후손답게 사냥과 전투력에 능했다고 기록하고 있다. 철저한 모계중심사회를 유지하기 위해 자녀 중 여자아이만 종족의 일원으로 받아들였으며 종족 번식을 목적으로 남성들을 납치, 이후 살해하거나 노예로 삼았다고 한다. 그리스 신화를 배경으로 한 아마존 데미스키라 왕국과 원더우먼은 아마조네스를 원형으로 탄생한 캐릭터이다. 그런데 DC코믹스의 원더우먼보다 아마조네스를 설명할 수 있는 대명사는 따로 있다. 바로 '젖이 없는 여인'이다. 활과 방패 사용 시 불편함을 없애기 위해 한쪽 가슴을 도려냈다는 설화 속 기록은 전사의 모습을 더욱 압축적으로 잘 그려내고 있다. 당시 그리스에서는 완벽한 남성의 특징으로 탄탄한 근육과 분절된 관절, 그리고 작은 음경을 꼽았다. 서열이 높을수록 음경의 크기는 작게 표현되었는데 그 이유는 작은 음경이 탁월한 인격을 나타낸다고 믿었다. 실제로 그리스 전사들은 체육활동 시 나체로 겨루기 시합을 함으로써 성적 욕망에 대한 절제술을 익혔다고 한다. 그렇다면 여성은 어떠했을까?

한쪽 가슴을 도려낸 아마조네스처럼 그리스 여신들의 동상이나 부조 역시 성적인 특징을 나타내는 가슴이나 음부 등은 식별되기 어렵게 감춰져 있거나 삭제되어있다.

필자가 보기에 아마조네스의 가슴 절단은 여성주의적 관점에서의 저항이라기보다 전사로서 자신의 몸을 스스로 가공하는 영예로운 방출로 해석해 볼 수 있을 것 같다.

동여맨 가슴을 풀고 고정된 여성의 육체적 지형을 바꾼 여전사 아마조네스는 여성의 규범적 섹슈얼리티로 기존 가치관을 뒤엎어버리는 제의식을 행한 최초의 여전사로 호명될 수 있을까?

스스로 한쪽 가슴을 도려낸
여전사 아마조네스

고대 스포츠 제전에서 여신은 남신과 함께 인간에게 찬양을 받는 존재인 동시에 인간적인 면모를 가장 많이 드러내는 신으로 묘사되고 있다. 예를 들어 사냥을 주관하는 여신인 아르테미스는 활을 메고 야수들을 총괄하는 전사이지만 외관과 다르게 유독 처녀의 순결에 집착하는

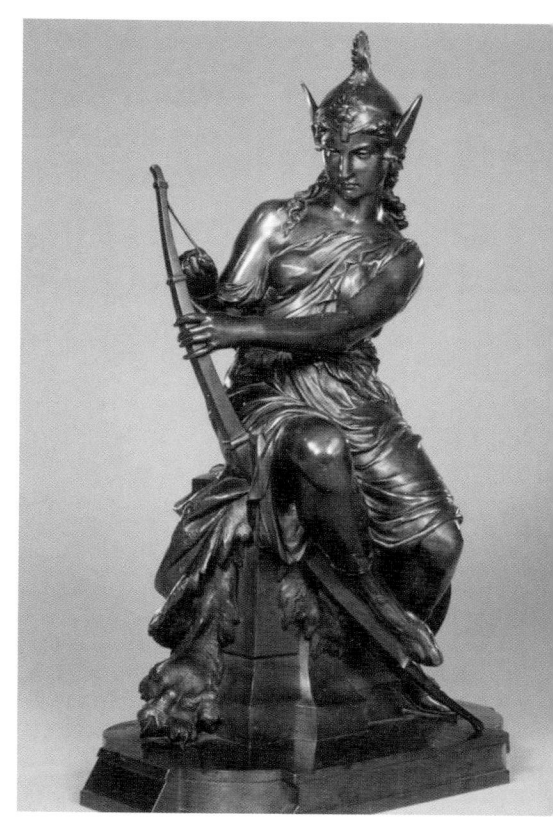

<전투를 준비중인 아마존 전사>, 1860
- 피에르-외젠-에밀 에베르

여신으로 등장한다. 아테나는 신과 인간 사이에 중재를 하는 지혜의 여신이자 전쟁의 신이지만 정작 전쟁을 싫어해서 갑옷과 창을 항상 아버지인 제우스에게 맡겨두는 수동적 면모를 지녔다. 아테나와 관련된 이 같은 설화는 제우스의 머리에서 태어났다는 출생 이야기와 덧붙어 남성과 여성에 대한 '젠더 지도'가 고대 신화와도 연결되어 있음을 짐작하게 한다.

스포츠 제전에서 인간의 섬김을 받았던 천계의 여신 헤라의 경우 제우스를 쩔쩔매게 할 만큼 강력한 힘과 매혹적인 신체를 지녔지만 남편 제우스의 애인들을 시샘하는 질투의 화신으로 자리매김된다. 순종적이지 않은 그녀의 태도가 흡사 사악한 저주를 내리는 마녀술을 연상시키기 때문이다. 남근중심의 가부장적 제도에서 헤라는 악처 이미지의 원형이 되었다.

하지만 그리스인들의 스포츠 제식 행사에서 재현된 신 숭배의식은 남성들의 신체를 통해서만 재현되었다. 특히 스포츠 행사는 그리스, 로마, 스파르타 등 남성중심의 권위주의적인 우생학을 더욱 강화시켰고 상대적으로 여성의 유전적 자질은 탁월한 신체, 강한 육체가 아닌 치유, 출산과 같은 성적 신비술에 초점을 두고 이상화되었다. 때문에 남성의 성(나신)을 보는 유일한 창구인 스포츠 제전 역시 순결한 처녀들만 관람할 수 있도록 법으로 규정되었다. 기혼여성에 한해 금지된 경기관람은 남성들의 신성한 기예와 은혜로운 투쟁을 고귀한 형태로 칭송하고자 함이었는데 만약 올림피아 경기에 결혼한 유부녀가 몰래 관람했을 시에는 티파온(Typaon)절벽 아래로 떠밀어 죽이는 사형식이 이루어졌다.

스포츠 제전 기간 동안 여성에게 행해진 고대 의식과 규범들은 보름달이 뜬 밤 검은 솥에 마법의 약을 타고 비밀 의식을 행하는 마녀술이나 부정하고 타락한 마녀를 화형하는 종교의식과 밀접하게 연관되어 있다. 그러나 그럼에도 불구하고 지중해 연안에서 여신과 마녀에 대한 설화가 특별한 신앙으로 남아있는 까닭은 지상으로 내려와 인간과 자연을 관장하며 영생을 누린 신들이 주로 여신이었기에 사회적으로 여성을 신비로운 존재로 여겼다. 이는 올림포스 최고의 여성 스포츠인 헤란 경기(Heran Games)를 통해 알 수 있는데 범그리스 제전에서 헤라를 위한 여성 경기가 열렸다는 것은 고대 스포츠가 제도화되는 과정에 있어 여성이 종교적으로 중요한 위치와 권력자로서 권위를 인정받았다는 예다. 물론 여기에도 여성에 대한 이중적인 잣대가 작동했지만 말이다.

그리스 철학자 아리스토텔레스가 『정치학』에서 "여자는 낮은 발달단계에 머물러 있으며 남성에게 지배받길 원한다"는 황당무계한 우생학을 펼쳤을 때만 하더라도 여성에 대한 신화와 남성성의 자부심이 주술과 미신, 생물학에 사로잡혀 혐오의 토대가 될지는 그 누구도 예상하지 못했다.

계절을 관할하고 생식력과 출산을 주관하는 여성신을 위한 스포츠 제의식은 남자들이 누린 스포츠 참여에 비하면 존재감이 너무나도 빈약하지만 정작 스포츠 제전에서의 주술적 행위와 신전에서 신의 인격화가 여성의 신체에 의해 받아들여졌다는 사실은 흥미로운 이야기이다. 일상에서 떠올리는 친숙한 마녀의 이미지가 무덤과 제단 주위를 맴도는 사악하고 무시무시한 존재라면, 사실에 가까운 가설로는 신탁과 신전을 운영하던 피티아(여사제)가 초기 마녀의 원형이었을 것이라는 설이 있다. 테브너(Tavenner, 1916)에 따르면 그리스 문학에는 이미 수많은 마녀가 등장하고 있으며 일상생활에서 주술과 마녀술은 신과 인간의 간극을 메우는 중요한 심리적 행위였을 가능성이 크다고 주장하였다.(1) 또한 스포츠 제전에서 '성화'는 여성들이(여사제) 돌보았다는 문헌기록이 있는데 중세 마녀술에 있어 불이 빗자루 만큼 자주 등장하는 이유도 스포츠 제전에서의 '성화'와 화덕을 관리하던 여성의 역할에서 출발했는지도 모르겠다.

(1) Fred E. H. Schroeder, (1980). 노승영 역(2017). 대중문화의 탄생, 서울: 시대의 창

신에 대한 믿음과 주술의 원형, 마녀에 대한 미신은 신을 대신해 명예의 상징이 되고 신화 속 전사들의 모델이 될 만큼 비범함을 지닌 여성들…. 그리고 신의 창조력을 재현하는 변신의 장, 마녀술의 공식적 배경인 올림피아 제전을 빼놓고는 이야기할 수 없다.

여성의 몸은 정말로 열등할까?

기독교 문명이 뿌리내린 중세시대에 신체는 원죄와 공포가 담긴 부정한 그릇이었다. 무엇보다 스포츠에 적대적이던 기독교는 스포츠를 우상숭배 활동으로 보고 금지시켰는데 사회적 '규범'에 구애받지 않고 남성보다 더 큰 존재감을 발휘하는 여성들에게는 흡혈귀, 유령, 마녀, 괴물로 규정지음으로써 여성이 지닌 힘에 대한 두려움을 나타냈다. 『창세기』에서 여성은 하나님의 원형인 아담과는 달리 아담의 갈비뼈에서 태어난 불완전한 창조물이다. 여성이 양성적인 근육을 통해 남성과 동등한 혹은 남성을 능가하는 운동 경기력을 펼친다면 이때의 여성은 마녀와 다름없다.

중세 프랑스 역사에서 영국과의 100년 전쟁을 승리로 이끈 잔 다르크 역시 그녀의 치솟는 위엄을 시기 질투하던 왕에게 마녀로 몰려 화형을 당했다. 중세시대 강인함을 지닌 여

성들의 이야기가 비극적 신화로 결말을 맺는 까닭은 팔루스 중심의 문화를 유지하기 위해 남성과 여성 모두가 문화적으로 기이한 공모를 벌였기 때문이다. 바로 '길들여질 수 있는 여성'에 한에서만 여성의 권리, 여성의 자질이 인정되었기 때문이다. 스포츠 역시 성 정체성에 맞게 남성과 여성의 경기들이 구분 지어지면서 마상시합, 투석전과 같은 격한 격투기 시합은 여성 스포츠에서 배제되었다. 대신 여성들은 구기 스포츠 위주로 경기에 참가 하였는데 이러한 사실은 중세 스포츠가 남성중심의 편향성에 기여했음을 말해준다. 그러나 어느 시대에서도 남성문화를 교란하고 해체해 신기원을 이루는 마녀같은 존재들은 늘 있어왔다. 1767년 28세의 마르고라는 여성은 파리에서 열린 테니스 시합에서 모든 남성 선수들을 꺾고 우승을 차지했는데 이 사건은 그녀를 테니스계 잔 다르크로 불리우게 했다.**(2)** 남성 선수들을 능가한 그녀의 테니스 실력을 두고 '마법의 힘', '주술의 힘'이라 모함한 이는 없었지만 스포츠 경기에서 남성성의 주요 기표인 전투성을 공격했다는 것만으로도 그녀의 정체성은 검열의 대상이 됐을 것이다. 그래서였을까, 그녀의 말년은 평생 쓸쓸했고 불행했다고 한다.

(2) Wolfgang Behringer, Arena and Pall Mall(2009). Sport in the Early Modem Period, in: German History 27. 331-357.

 스포츠 현장을 비롯해 사회적으로 '강철같은 여인', '마녀', '여전사'라는 명칭들은 그렇게 불리는 여성에게 관심과 숭배의 팬심을 드러내지만 정작 여성의 외모와 신체를 끊임없이 검열한다. 이것은 마치 아름다웠던 금발의 메두사가 자신의 아름다움 때문에 저주를 받아 기괴한 얼굴과 뱀의 머리를 갖게 되는 것처럼 역사적으로 여성에게 강인한 투지는 저주이자 혼돈의 초능력으로 작용해왔다.

 여성 신체를 향한 히스테리한 도덕적 규범들은 중세 스포츠에 있어 일종의 신들림처럼 여성의 몸에서 꿈틀대는 근육들을 제거하고 오직 남성의 시선에 인질로 잡힌 관능적인 성만을 부각시켰다. 고대 로마에서 여성 검투사들이 상반신을 탈의한 채 난쟁이와 시합을 가졌던 것처럼 중세 뮌헨에서도 여성들이 가슴을 드러낸 채 육상경기를 펼치며 남성들에게 볼거리 스포츠를 제공하였다. 투구와 방패에 가문을 새겨 경기에 참여하는 남성과는 달리 자신의 가슴을 거리낌 없이 드러내고 스포츠 경기에 참여하는 여체는 그저 전쟁 시 상대 세력들의 정신을 혼미하게 하기 위한 군사적 도구일 뿐, 그 어떤 신체적 역량도 투쟁적 의지도 여성의 몸에 기입하려 하지 않았다. 이는 여성을 상당히 우둔하고 야만성에 젖은 존재로 조건 지으려는 그 당시 사회적 태도가 투영된 결과로서 성스러운 전쟁에서 죽음을 맞는 종교적인 남성상을 적극적으로 구현하기 위해 여성은 기꺼이 열등한 존재가 되어야 했다. 여성을 향

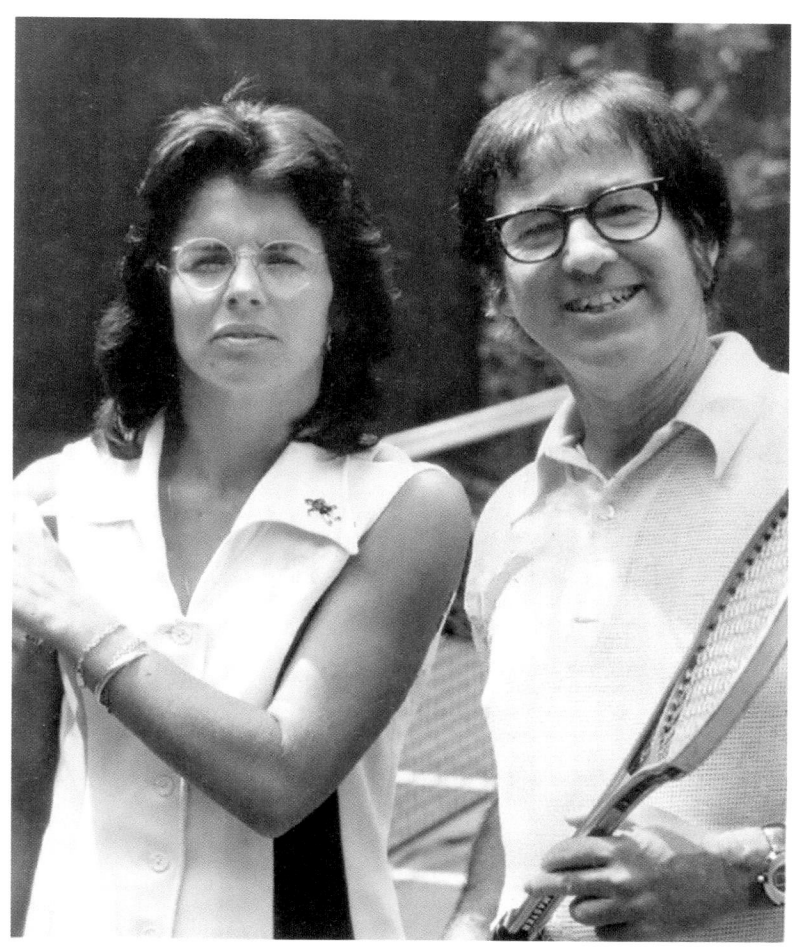

1973년 테니스 성 대결을 펼쳤던 빌리 진 킹(왼쪽)과 바비 릭스

한 이러한 시각은 근대 스포츠에 접어들어서도 크게 달라지지 않았다. 물론 중세 말, 여성들의 종교적 활동이 남성을 넘어서면서 여성의 사회적 지위가 높아지는 듯 보였으나 여성의 신체에서만 일어나는 처녀성에 대한 종교적 신성과 모성에 대한 지나친 숭배는 근육질의 여전사들을 언제든지 마녀, 흡혈귀, 괴물과 같은 혐오의 대상으로 만들 수 있었다.

중세의 시기를 넘어 근대의 길목에서도 여성들에 대한 신체적 비하는 여전했다. "남녀 간의 동등함은 존재하지 않는다"는 루소의 주장과 "진짜 남성은 결코 남성성에 축소되지 않는다"(3)는 19세기 성 담론 역시 스포츠 남성 제국을 공고히 했다.

(3) Thomas Kühne(1996). 조경식, 박은주 역(2001). 남성의 역사, 서울: 솔출판사.

1876년 영국 초등학교에 여학생 필수 과목으로 체육 과목이 도입되었고, 1885년 베리만이 설립한 영국 최초의 여성체육전문학교에서 전문적인 여성체육교사 양성이 본격적으로 이루어졌다.(4) 이후 여성 스포츠클럽이 생겨나고 아마추어 선수들이 등장함에 따라 여성의 신체적 '우월성'은 남성들을 위협하기 시작했다. 1973년 미국 휴스턴 애스트로돔에서 펼쳐진 빌리 진 킹과 은퇴한 바비 릭스의 테니스 성 대결은 2017년 스포츠 영화로 만들어질 만큼 경이적인 사건으로 기록되고 있다.

(4) Wolfgang Behringer (2012). 강영옥 역(2021). 스포츠의 탄생: 고대 올림피아부터 현대 올림픽까지, 서울: 까치글방

"여자가 코트에 없으면 공은 누가 줍죠?", "여성 테니스는 열등하다"는 여성 혐오적 발언은 이후 빌리 진 킹이 3세트를 연속으로 이기면서 그간 스포츠계에서 불변적이었던 여성 혐오적 논평들을 남성을 향한 애도로 단박에 바꿔버렸다.

문화적 아이콘이 된 현대판 마녀들

스포츠에서 마녀는 두 가지의 상징성을 담고 있다. 혐오나 폭력과 같은 부정적 의미로 쓰이거나 현실에서 진취적인

여전사 이미지를 강조할 때 종종 사용되곤 한다.

실제로든 가상이든 마녀는 스포츠 역사 속, 다양한 모습과 이름으로 존재해 왔다. 대지의 여신 가이아를 시작으로 그리스를 포함해 지중해 연안에서 최고의 신으로 숭배되었던 여신 아테나, 질투의 화신 헤라와 들판의 여신 아르테미스 등, 올림포스 신전에서 숭배되었던 수많은 여신들은 모두 강력한 마법과 탁월한 육체를 지닌 신이자 마녀였다.

여성을 향해 주문처럼 외우던 주술의식과 환각, 마법의 매듭들은 매혹적이면서도 때로는 저주 같은 축복으로, 때로는 합리적인 저주로 무수한 이름의 마녀들을 여전히 등장케 한다.

스포츠 예능TV에서 다리를 걷어붙이고 축구 골대를 향해 달려가는 여성 선수들의 진지함은 볼거리 예능이라 하기에는 사뭇 감동적이다. 넷플릭스 시리즈인 〈피지컬 100〉과 〈사이렌〉에서 체력의 한계에 도전하는 여성들의 흠뻑 젖은 땀에서 아마조네스의 전사적 이미지를 발견해본다. 더 이상, 마녀가 아닌 주체적인 인간으로 말이다. *Critique M*

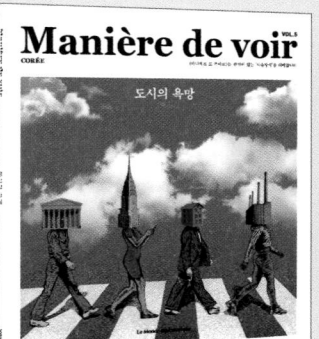

Manière de voir

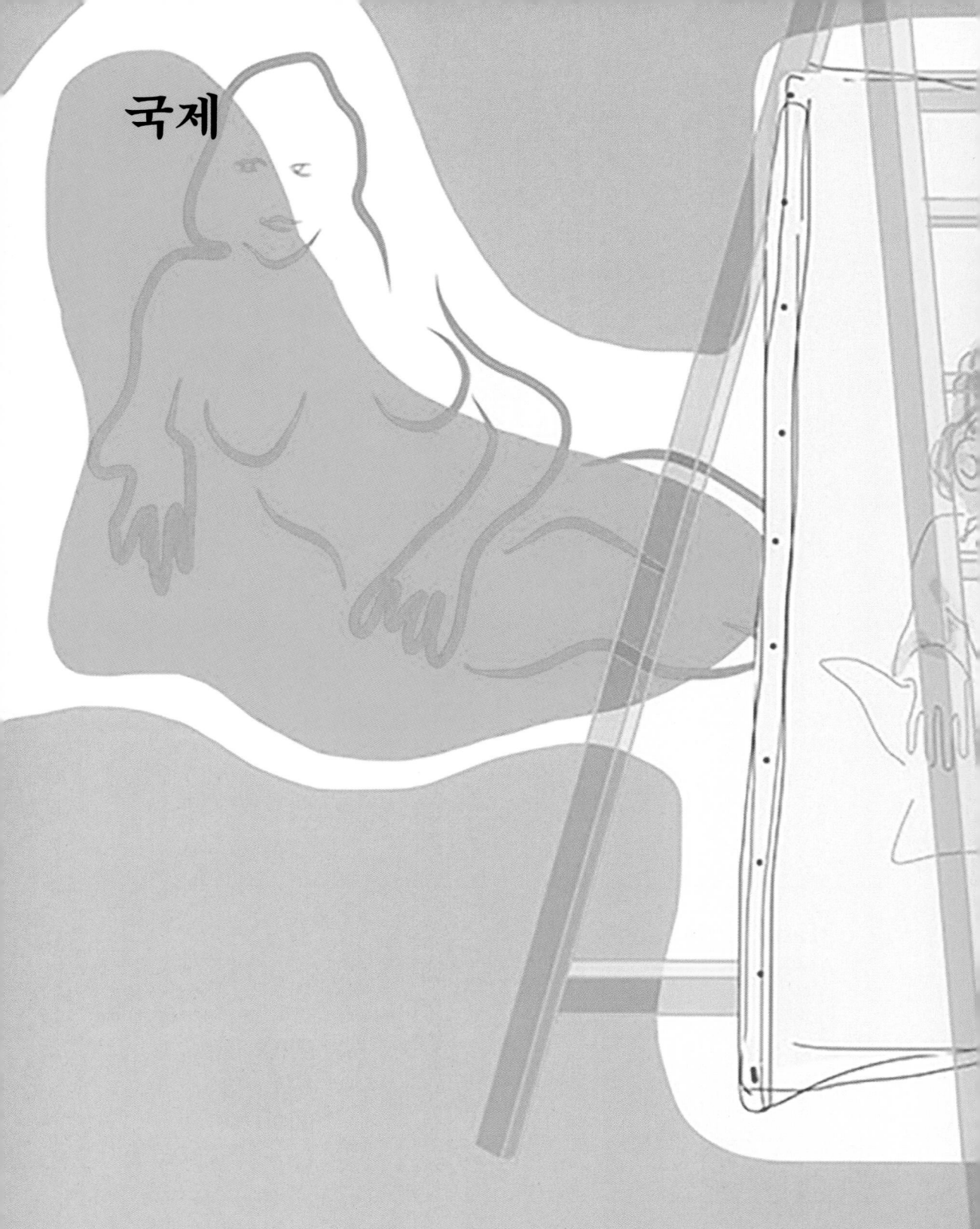

<고비를 넘겨야 한다>, 2017 - 이반 메삭_관련기사 88면

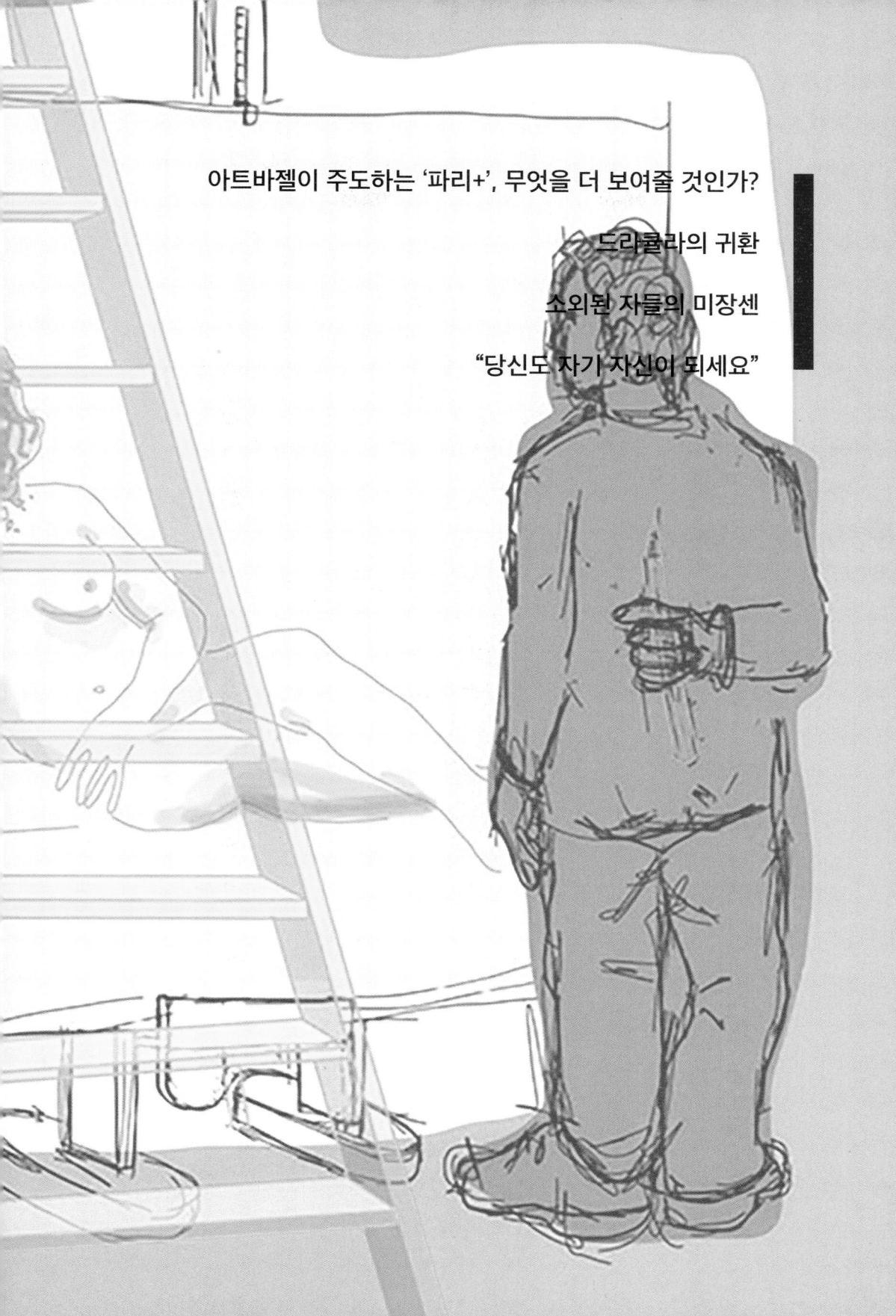

아트바젤이 주도하는 '파리+', 무엇을 더 보여줄 것인가?

드라큘라의 귀환

소외된 자들의 미장센

"당신도 자기 자신이 되세요"

아트바젤이 주도하는 '파리 +', 무엇을 더 보여줄 것인가?

마리노엘 리오
Marie-Noël Rio

작가, 저널리스트, 예술평론가. 최근 저서로는 『Hambourg Hansaplatz n° 7, quatre ans dans la misère allemande 함부르크 한자플라츠 7번, 독일 참사 4년 후』(Delga, 2021)가 있다.

갤러리스트 루돌프 츠비르너가 주최한 최초의 미술 박람회인 쾰른 아트페어는 1967년 개최됐다. 이어 유명한 상인 바이엘러가 주도한 아트바젤이 1970년 스위스 바젤에서 열렸고(2002년부터 아트바젤 마이애미비치, 2013년부터 아트바젤 홍콩 개최), 1974년 파리에서 현대미술박람회(FIAC)에 이어 2003년 런던에서 프리즈 아트페어가 열렸다. 이들 아트페어에는 (독일의 카셀도큐멘타와 이탈리아 베니스비엔날레 등 대규모 미술 전시회와 달리) 판매용 근현대 미술작품을 소개하는 국제적인 갤러리들이 모인다.

2000년에 전 세계에 총 60개 남짓 있었던 아트페어는 2019년에 300개가 넘었다. 이 아트페어는 (아시아인들이 특히 선호하는) 온라인 판매와 경매(프랑수아 피노가 소유주인 고가 경매로 2017년 다소 의혹의 여지가 있는 '살바토르 문디'의 초고가 낙찰 기록을 보유한 크리스티 또는 소더비 경매 회사)와 더불어 미술품 매매 시장의 큰 몫을 담당한다. 이들 민간 기업은 예술계 전문가들을 고용해 후보군 중 갤러리를 선정한다. 명망 있는 갤러리들이 늘 넘쳐나기 때문에, 투자금이 많이 들어도 이미지와 수익성 측면에서 선호도가 높다.

전시기획업체 리드 엑스포지션 프랑스(RX France, 영국-네덜란드계 그룹 RELX의 지사)는 FIAC(1994년부터)과 파리 포토(2011년부터) 등 두 아트페어를 주최했다. FIAC은 2003년 제니퍼 플레이를 예술감독으로 영입하기 전까지 영욕의 시간을 보냈다. 그러던 중 플레이가 총감독이 돼 디자인 작품을 도입하고 '신진' 아티스트들을 영입하면서 2010년부터 놀라운 성공을 거두게 됐다. FIAC은 2006년 문화부 산하 공공건물인 그랑팔레로 되돌아왔다가 2021년부터는 다시 수리가 시작된 그랑팔레 대신 그랑팔레 에페메르에 둥지를 틀었다. RX 프랑스도 코로나19로 인해 손해를 입었지만, 크게 걱정할 필요는 없었다. FIAC이라는 '브랜드'는 국제적으로 공고히 자리 잡아 성공 가도를 달리고 있었기 때문이다.

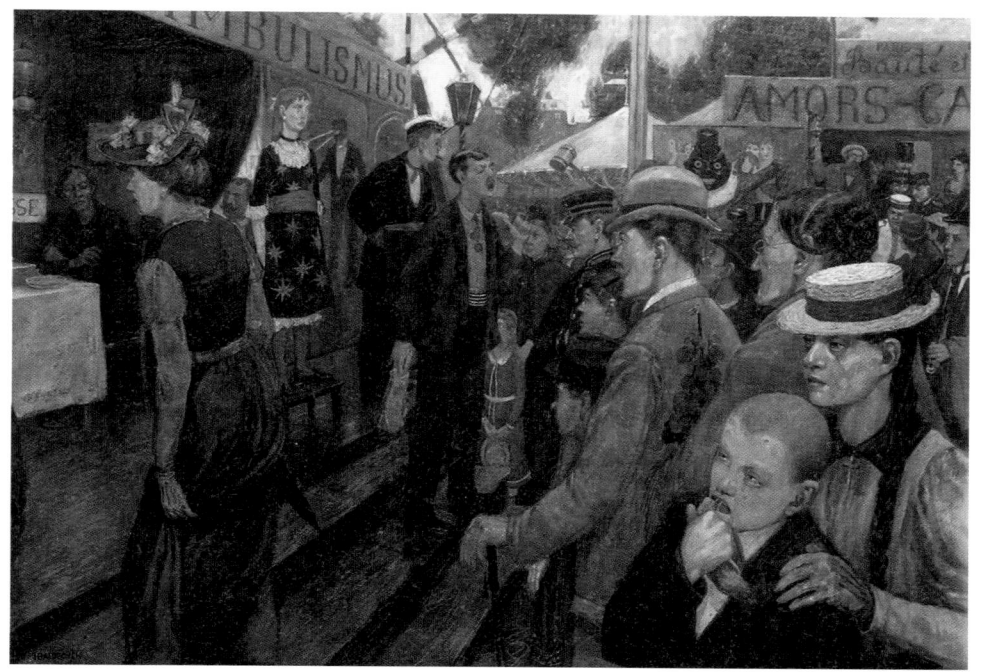

<알트 하센하이드 공원>, 1895 - 한스 발루 세크

그러나, 2022년 1월 26일 예술계는 새로운 소식을 접했다. RMN-그랑팔레가 1060만 유로에 7년 계약을 맺고 FIAC을 아트바젤과 다른 행사를 소유한 스위스 MCH 기획사 그룹에 넘겼다는 것이었다. FIAC은 가고 아트바젤 파리가 등장하였고, 그해 10월 20일부터 23일까지 행사를 진행했다.

2020년 겨울 MCH가 재정적 어려움으로 미국-인도계 미디어 엔터테인먼트 업체인 루파 시스템즈를 새로운 투자자로 영입한 사실을 되새겨봐야 한다. 언론계의

(1) "전국박물관연합-그랑팔레는 문화적 주체로서 프랑스 전역은 물론 이를 뛰어넘어 문화 접근성을 높이는 사명을 지닌다. RMN-그랑팔레는 전시 기획, 대중 안내, 언론 활동, 예술사 수업, 출판, 아트숍 운영, 문화상품 출시, 예술체험, 사진 관리, 국가 보존용 예술품 매입, 문화 매니지먼트, 디지털 혁신 등 예술문화 분야에서 뛰어난 전문성을 보유하고 있다…"(출처: RMN-그랑팔레 사이트)

거물 루퍼스 머독의 아들 제임스 머독이 주인인 이 회사는 이제 MCH의 지분 49%를 보유하고 있고, 향후 적어도 몇 년 동안은 바젤의 MCH 그룹 경영과 모든 아트페어의 운영 권한을 유지하겠다고 밝혔다.

RX 프랑스의 CEO 미셸 펀치는 이에 대해 "성급하고 일방적인 결정"이라며 RMN-그랑팔레(1)를 상대로 소송을 걸었다. RMN과 그랑팔레의 대표인 크리스 데르콩은 2021년 11월 말에 있었던 경쟁에 어떤 부정도 없었다고 일축했다. 그 경쟁에서 MCH는 '파격적'이고 매력적인 제안을 했고, RX 프랑스

2023년 바젤에서 열린 아트 바젤의 전시장

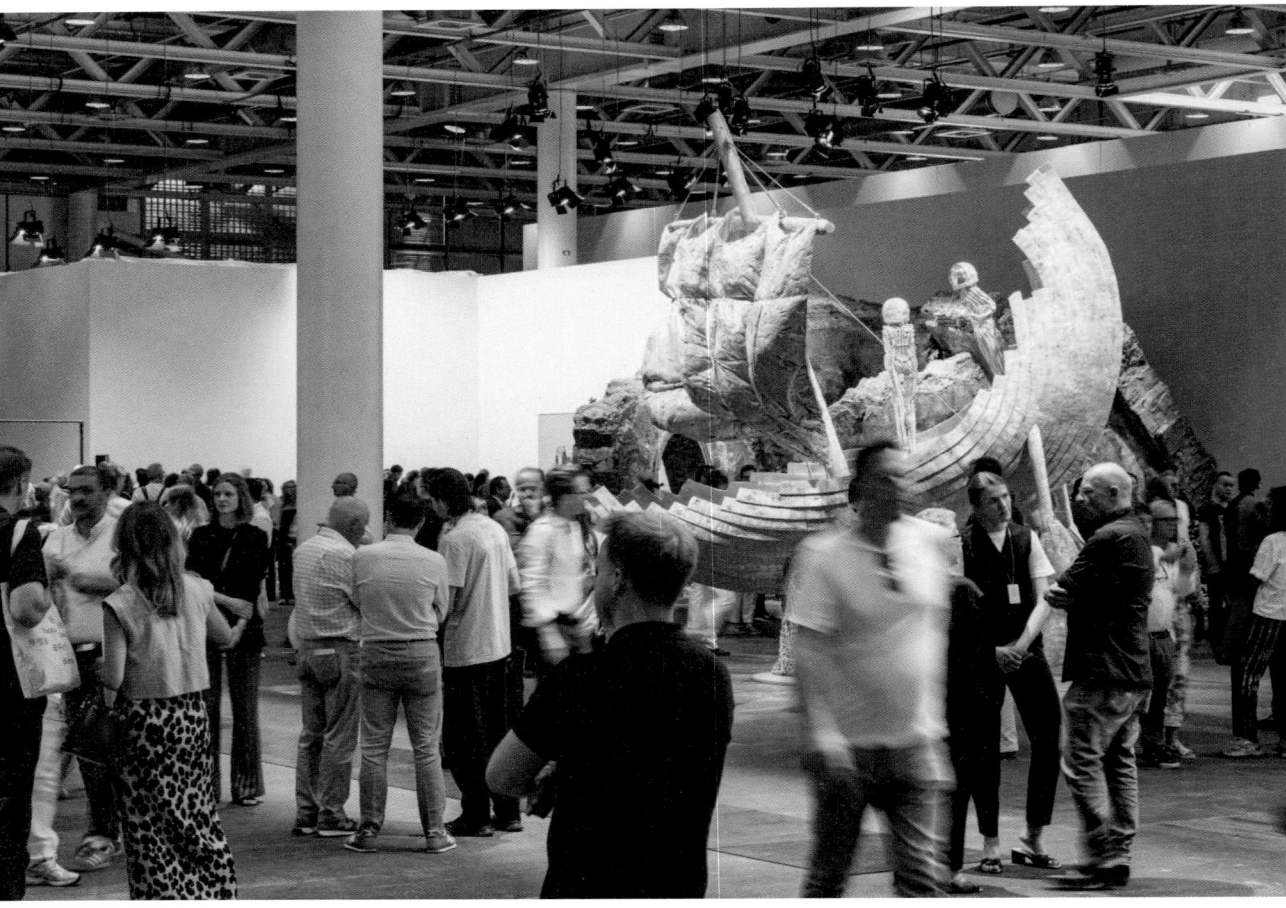

는 그 결과에 놀랄 수밖에 없었다. 이에 대해 로즐린 바슐로 문화부 장관은 어떤 언급도 하지 않았다.

런던 '프리즈 위크'의 반사이익을 기대하는 '파리+'

마크 슈피글러 아트바젤 총감독은 FIAC이 여전히 파리에서 운영될 것이고 명칭은 아트바젤 및 다른 행사와 달리, 마치 와인하우스나 명품업계에서 새로운 라인의 이름을 붙이듯 '파리+, 아트바젤 주최'가 될 것이라고 밝혔다. 그렇지만 행사 자체가 파리에서 열리는 만큼, 프랑스의 매력을 십분 활용할 것이다. 행사 목표가 "현대미술과 프랑스 문화산업, 즉 패션, 음악, 디자인, 영화 등 사이의 가교를 구축해 파리를 넘어 영향력을 미치는 행사를 기획"하는 것이기 때문이다.

지난해 3월 24일, 아트바젤은 '파리+'의 구성팀 목록을 공개했다. 구성팀은 젊어졌지만 FIAC의 예전 협력사들 이름을 여럿 확인할 수 있었다. 프랑스인 3명이 운영진에 포함됐고, 갤러리선정위원회는 파리 갤러리 3곳과 뉴요커 3명, 네덜란드인 1명, 신진 아트 분야를 담당하는 파리, 프랑크프루트, 뉴욕 출신 갤러리스트 3명으로 구성됐다. 제니퍼 플레이는 RX 프랑스와 계약이 만료되는 2023년에 선정위원회의 대표 자격으로 '파리+'에 합류한다.

마크 슈피글러는 "기존 아트페어가 콘텐츠 그 자체에 집중했다면, 이번 세대 교체로 콘텐츠는 더 맥락화되어 원활하게 소통된다. 그것이 우리가 추구하는 바이다"라고 기뻐했다. 즉, '취하기만 한다면 술병이 무슨 상관이냐'는 것이다. 이 말은 예술을 기술적으로 운영해 높은 부가가치를 생산하고, 엄청난 수익을 올린 명품업계의 프랑스인 거장 두 명의 행보를 연상시킨다. 새로운 아티스트를 발굴해 명성을 쌓게 하고 사립 미술관(파리의 상업거래소 피노 컬렉션, 베니스의 팔라조 그라시 및 푼타 델라 도가나)에서 전시하는 프랑수아 피노, 예술과 산업의 경계를 허무는 데 천재로 대표적인 창구인 루이뷔통 재단 미술관을 건립한 베르나르 아르노가 바로 그 거장들이다.

그들만의 욕망, 그들만의 소비

2021년 리들리 스콧은 영화 '하우스 오브 구찌'에서 글로벌 명품업계 투자자들이 과거 유명한 장인 브랜드(이 영화에서는 피노 그룹 소유가 된 메종 구찌)를 매입해 빈껍데기만 남아 있던 브랜드에 홍보 및 맥락화 활동을 통해 큰 이익을 얻어서 되파는 방법을 적나라하게 해부했다. 전직 소더비 유럽 관계자는 최근 익명으로 "더 이상 예술이 관건이 아닙니다. 브랜드로 기능하는 이름을 판매하면서 구매자들에게 성장성 있는 투자를 했다고 납득시키는 게 중요합니다"라고 털어놨다.

이 과정에서, 진짜 상품은 무엇일까? 브랜드 '파리+'는 당연히 패션, 디자인, 삶의 즐거움, 영혼이 깃든 '예술'과 얽혀 전 세계 부자들의 욕망의 대상이 된 '프렌치 시크', 반짝이는 도시, 호화로운 도시다. 욕망의 대상은 곧 소비의 대상이기도 하다. 아트바젤의 검증된 노하우와 전문성은 수익성을 보장해준다. 주목할 점은 이 시장의 VIP들이 (익숙한 국제적 수집가라면) 런던 '프리즈 위크'에서 미래 가치가 돋보이는 작품을 구입하고 (권력을 지닌 사회적 계층임을 인정받는 새로운 지표를 찾는 새로운 인물이라면) 현재 유행하는 갤러리스트들이나 아티스트들과 점심을 하며 예술품 수집을 어떻게 시작하는지 배우고 DJ들이 선별한 음악에 맞춰 춤을 추고 도슨트를 제공하는 전시(지난 페어에서는 원하는 전시를 선택할 수 있었다)에서 예술과 패션의 풍요로운 관계에 대한 이해를 넓힌 후, 이틀 뒤 영불해협 건너편 파리에서 열리는 '파리+, 아트바젤 주최'가 어떤 모습인지, 무엇인지 보러 가고 싶어질 것이냐는 점이다.

이는 마크 슈피글러가 공공연히 드러내는 기대이자, 주주들의 마음이며 공공기관인 RMN-그랑팔레 운영진의 속내다. *Critique M*

번역 · 서희정

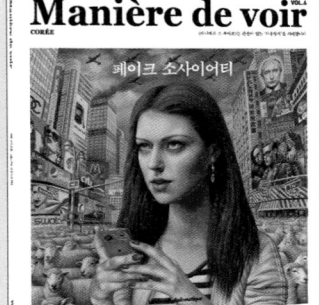

드라큘라의 귀환

· · · · ·

아가트 멜리낭
Agathe Mélinand

극작가이자 연출가. 2008~2017년 툴루즈 국립극장의 공동경영자를 역임했다.
1997년에는 그르노블 소재 알프스 국립연극센터에서 예술감독을 맡았다.

뱀파이어는 현대사회가 창조해낸 몇 안 되는 신화적 인물 중 하나다. 뱀파이어는 19세기의 일부 소설에도 등장하며, 이전에도 트란실바니아에 악명 높은 드라큘라가 있었다는 이야기가 전해진다. 그러나 뱀파이어가 본격적으로 성적, 사회적 타락의 상징으로 알려진 것은 1800년대 말부터였다.

1895년 5월 25일, 대영제국-아일랜드 연합왕국과 캐나다의 여왕이자 인도의 황제였던 빅토리아 여왕이 최초로 배우에게 작위를 수여했다. 이날 기사 작위를 받은 헨리 어빙은 연출가 겸 런던 라이시엄 극장의 소유주였다.

다음날 극장에서는 파티가 열렸다. 정계와 문화계의 내로라하는 유명 인사들이 다 모였다. 자유주의를 표방했던 전 총리 윌리엄 글래드스턴, 엘런 테리, 어빙과 24년을 함께한 영국의 배우 사라 베른하르트, 무대장식가 조셉 하커, 평론가이자 극작가인 조지 버나드 쇼, 드라마로도 제작된 소설 『타임머신』의 작가 허버트 조지 웰스, 아서 코넌 도일, 서머셋 모옴, 토마스 하디, 그리고 단골 공연 관람객들이 참석했다. 오스카 와일드는 동성애 혐의로 강제노동형 선고를 받는 바람에 이날 오지 못했다.

파티 참석자들 중 키가 크고 붉은 머리칼을 가진 한 남자가 있었다. 라이시엄 극장의 관리자이자 어빙의 절대적인 신임을 받는 친구였던 그는 2년

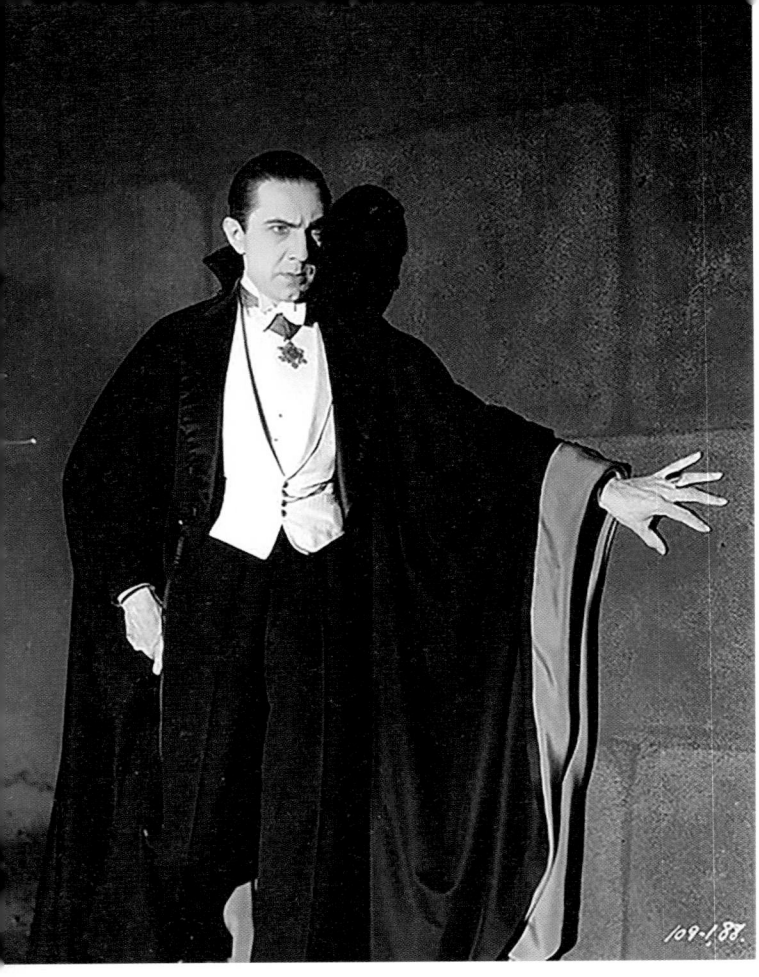

후인 1897년 세계적인 공포 소설 『드라큘라(Dracula)』를 낸 아일랜드 작가 브램 스토커(Bram Stoker, 1847~1912)였다. 그날에 모인 사람들 중, 이 붉은 머리 남자가 무려 27년 동안 라이시엄 극장의 운명을 좌우할 것이라는 사실을 예측한 사람은 아무도 없었다.

아일랜드 대기근과 콜레라 유행이 남긴 공포

브램 스토커는 1847년 11월 8일, 태어나자마자 알 수 없는 병에 걸려 7세까지 자리에서 일어나지 못했다. 아일랜드 대기근으로 곳곳에 죽는 사람이 넘쳐났던 시절이었다. 노균병이 돌면서 5년 만에 인구의 1/8이 사망했다. 스토커의 어머니 샬롯은 1832년 콜레라가 유행했을 때는 관마다 시체들이 넘쳐나고 죽은 사람과 산 사람이 뒤엉켜 아비규환이었다는 이야기를 하면서, 가족의 죽음을 알려주는 요정 밴시의 울음소리를 떠올렸다.

어머니 샬롯은 여성의 참정권을 주장하고 미혼모를 도왔다. 공무원이었던 아버지의 유일한 취미는 연극 관람이었다. 유년기에 병을 회복한 스토커는, 성인이 된 후 더블린 성에서 공무원으로 일했다. 그러나 운명은 왕립 극장에서 스토커를 기다리고 있었다. 1867년 8월 28일에 스토커는 호리호리하고 마른 체형의 천재 배우 헨리 어빙에게 첫눈에 호감을 느끼게 됐다. 둘은 곧 친구가 됐고 어빙도 스토커를 좋아했다. "사랑의 모든 형태가 그렇듯, 그들의 우정은 죽는 날까지 이어졌다."(1)

그들은 여러 차례 함께 식사하고, 아일랜드를 여행하면서 우정을 키워갔다. 스토커는 극장 리허설에도 참석했고,

(1), (2) Personal reminiscen -ces of Henry Irving, Bram Stoker, Heinemann LTD, London, 1906.

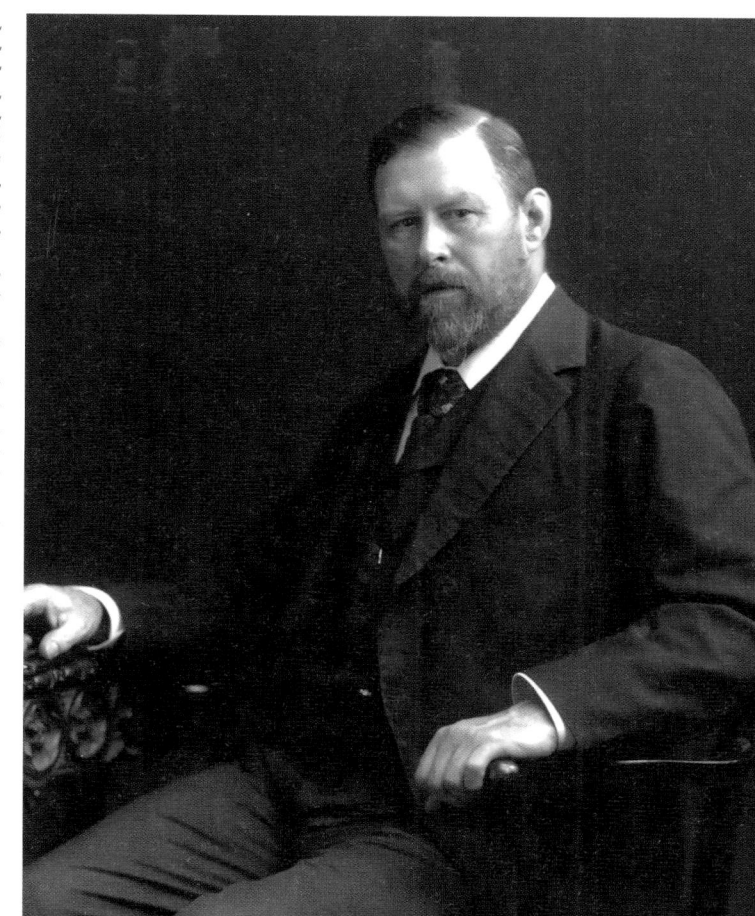

연단과 세계를 충격에 빠뜨렸던 드라큘라의 원작자 브램 스토커의 생전 모습

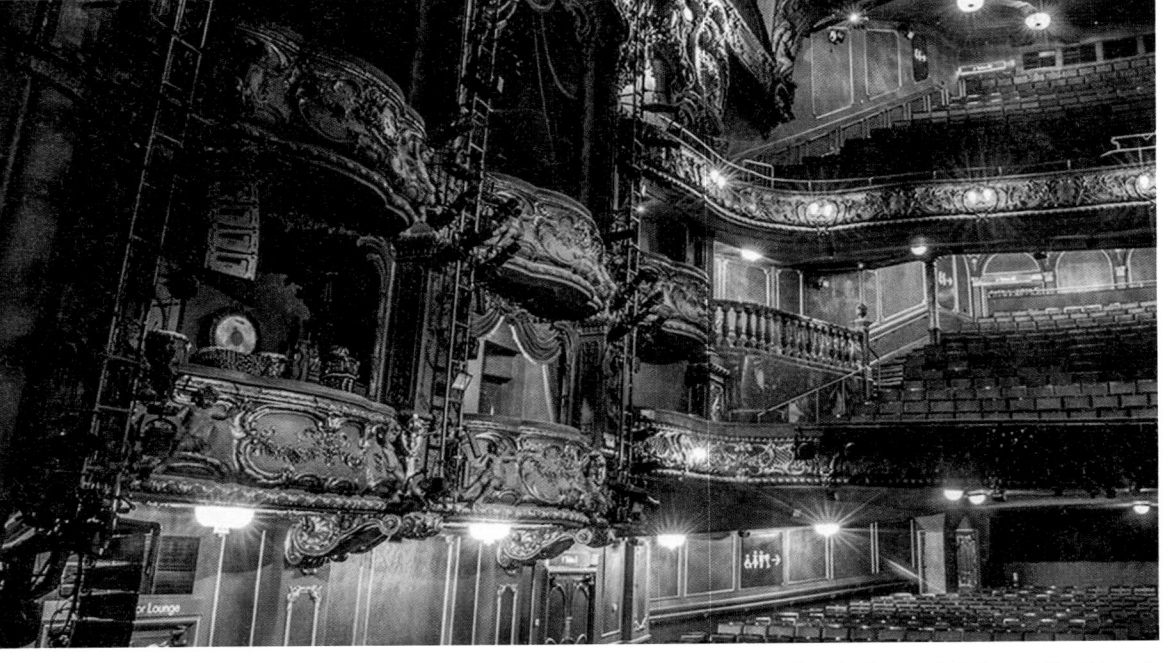

영국 런던에 있는 라이시엄 극장의 내부 모습

1855년에 『풀잎(Leaves of Grass)』을 출간한 미국의 유명 시인 월트 휘트먼의 작품도 읽었다. 휘트먼이 "오늘은 남자들의 사랑에 관한 노래만 부르겠다"라고 과감하게 선언한 자작시 '창포(Calamus)'에 대해, 미국 평단과 사교계는 "외설 덩어리", "동성애를 향한 예찬론에 불과하다"라고 혹평했다. 그러나 스토커는 휘트먼을 지지한다는 서신을 보냈다.

스토커가 열정으로 쌓아올렸던 피난처, 라이시엄 극장

1878년, 스토커는 자신의 운명에 더 가까이 다가갔다. 라이시엄 극장의 소유자인 친구 어빙이 관리자 자리를 제안한 것이다. 스토커는 과거 오스카 와일드의 청혼을 받기도 했던, 미모의 플로렌스 발콤브와 결혼을 앞두고 있었다. 스토커는 이 제안을 받자 급히 결혼식을 올린 후, 신혼여행도 포기하고 런던으로 왔다.

당시 런던은 거대한 산업 도시이자 만국박람회를 두 번이나 치른 당대 최고의 도시였다. 온 사방이 건물을 허물고 새로 짓느라 난리였다. 화려한 궁과 슬럼가,

가난과 부가 공존했다. 윌리엄 터너의 작품 '비, 증기 그리고 속도' 속의 풍경 그대로 였다. 남편을 잃은 빅토리아 여왕은 검은 옷을 입고서 세계에서 가장 큰 제국을 통치 했다. 수도인 런던은 끝없이 확장됐고, 그에 따라 증기와 냄새도 확산됐다. 으르렁거 리는 세계, 인구 6백만의 도시, 끝나지 않는 전쟁. 아편 전쟁, 보어 전쟁, 페르시아와 아프간을 상대로 한 전쟁, 여기에 크림 전쟁 까지…

19세기 말에 극장들이 밀집해있던 런던의 웨스트엔드는 어떤 모습이었을 까? 귀족들이 즐겨 찾던 이 구역은 쓰레기, 안개, 마차, 파이 장수, 고함소리, 불평, 웅덩이, 음악가, 왕진 의사, 창녀로 가득 차 있었다. 곱게 화장한 댄디 보이가 사륜마 차에서 내리면 페티코트가 진흙탕에 젖었다. 하수도 시설이 이제 막 갖춰졌을 때다. 당시 시사주간지 〈이코노미스트〉는 공공 자금으로 하수도 시설을 건설하는 것에 반 대했다.

6개의 코린트 양식 기둥과 황금색 돌이 있는 라이시엄 극장은 주변의 혼란 스러운 환경과 대비되는 피난처 같은 곳이었다. 빨간색과 황금색으로 된 좌석 2,000 여 석은 인상적이면서도 마음을 안정시켰다. 오늘 저녁, 헨리 어빙과 엘런 테리는 햄 릿 공연으로 관객들의 박수갈채를 받을 것이다. 어빙은 평생에 걸쳐 햄릿을 연기했 다. 스토커는 미친 사람처럼 일에 몰두했다. 기획자, 비서, 홍보 담당자, 그리고 때로 는 놀림의 대상으로 일인다역을 소화했다. 쉴 때는 고딕풍으로 장식된 극장의 방 한 개를 빌려 '비프 스테이크 모임'을 주최했다. 어두운 색 가구와 스테인드글라스, 성 당용 의자가 있는 방이었다.

스토커는 아내 플로렌스가 출산하자 아이의 이름을 어빙 노엘이라 지었다. 아이가 태어난 후, 부부 사이는 소원해졌다. 스토커가 극장 일과 클럽에 빠져 가정에 소홀했기 때문이다. 1881년, 스토커는 첫 저서를 출간했다. 아동을 위한 8개의 이야 기를 담은 단편집 『Under the Sunset』이다. 출간 후 반응이 좋았고, 스토커는 뒤이 어 장편 소설 12편과 중단편 소설 30여 편을 냈다.

찰스 디킨스, "이 극장의 좌석은 다이빙대의 공간"

1880년대에는 매일 밤 극장에서 공연이 열렸다. 공연은 별로 달라진 게 없 었으나, 관객의 좌석 위치가 달라졌다. 노동자와 서민들은 1층 입석에서 밀려나 가

파른 맨 꼭대기 좌석을 차지했다. 소설가 찰스 디킨스는 『런던의 밤(Londres la nuit)』(Payot-Rivage, 2013)에서 이런 좌석들을 "다이빙대의 공간"에 비유했다. 부르주아 계급은 그 아래 좌석에, 귀족들은 2층 정면 좌석이나 칸막이 좌석에 앉았다.

빅토리아 시대에는 계층 간 격차가 심했다. 열악한 환경에서 일하고 살아가는 영국 노동자들의 평균수명은 28세를 넘기지 못했다. 그럼에도 맨 꼭대기, 가장 높은 좌석에 앉은 노동자와 서민들의 목소리는 높았다. 그들은 쉽게 흥분했으며 파업과 시위를 벌이고, 참정권을 요구했다. 그들은 결국 참정권 획득에는 성공했다. 1884년 제정된 세 번째 선거법으로 성인 남성의 60%가 투표권을 얻었다.

독일에서 추방돼 런던으로 간 카를 마르크스는 영국국립도서관에서 온종일 시간을 보냈고, 마르크스의 친구이자 작가인 윌리엄 모리스는 수공업의 부활을 꿈꾸며 '미술과 공예 운동'을 조직했다. 아일랜드 출신의 작가 오스카 와일드는 여기서 새로운 사회를 꿈꿨다. "앞으로는 아무도 악취가 풍기는 누추한 곳에 살지 않고 냄새 나는 누더기를 입지 않는 세상이 올 것이다."(2)

이 모든 시대적 변화로부터, 브램 스토커는 멀리 떨어져 있었다. 그는 오직 극장 일에만 주력했으며, 믿을만한 사람들만 곁에 뒀다.

1885년에 어빙은 괴테의 『파우스트』에 나오는 메피스토펠레스 역을 맡아 연극 무대에 올랐다. 웨스트민스터 궁전에서 영국식 전원주택에 이르기까지 네오고딕 건축 양식이 크게 유행했던 시기였다. 프랑스에서는 건축가인 외젠 비올레르뒤크가 카르카손 지역을 재건하고 파리 노트르담 대성당의 첨탑을 작업했다. 그러나 '고딕' 소설 독자들은 점점 줄었다. 1830년도부터 지하 예배당, 성, 묘비, 잠옷을 입은 영웅 등에 대한 관심도 줄어들었다.

"피에 굶주린 괴물이 런던 거리를 배회한다"

그래도 현대적이고 환상적인 세계와 공상과학의 세계를 보여주는 메리 셸리의 『프랑켄슈타인』은 여전히 인기가 많았다. 1819년에는 존 폴리도리의 『뱀파이어』 속의 모험에, 1872년에는 쉐리단 르 파누의 레즈비언 뱀파이어 『카밀라』의 절망에 사람들은 열광했다. 뱀파이어는 언제나 그 자리에 있었다. 뱀파이어는 낭만적이었다. 사람들은 두려움에 떨면서도 뱀파이어 이야기를 읽었다.

당시 런던은 공포에 휩싸여 있었다. "새로운 종족의 피에 굶주린 괴물이 거리를 배회했다." 연쇄살인범 '잭더리퍼(Jack The Ripper)'는 창녀들의 목을 조르고 배를 갈랐다. 희생자가 속출했지만 수사는 더디게 진행됐고, 온 사방에 살육의 냄새가 진동했다. 범인은 끝내 찾을 수 없었다. 살인사건이 벌어지기 2년 전에 등장했던 로버트 루이스 스티븐슨의 소설 『지킬 박사와 하이드(The Strange Case of Dr.Jekyll and Mr.Hide)』에서 지킬 박사가 환생한 것일까? 여왕의 의사, 인상주의 화가, 폴란드의 이발사일까? 경찰은 범인의 서명이 포함된 100여 통의 서신을 받았지만, 진짜와 가짜를 가릴 수 없었다. 범인은 어느덧 유명인사가 됐고 영국 최초의 연쇄살인

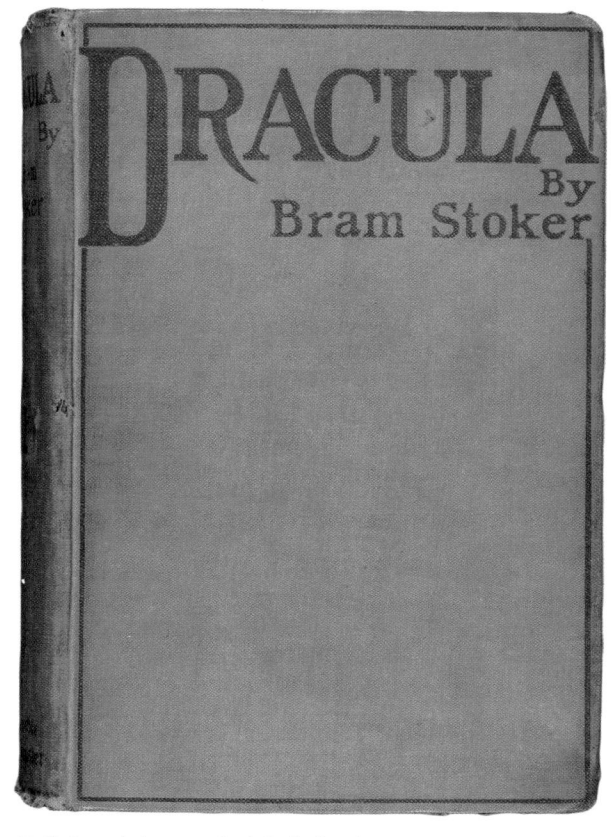

브램 스토커가 1897년 세상에 내놓은 공포 소설 『Dracula』 첫 간행본

범으로 기록됐다. 경찰은 희생자들의 목에 물린 자국이 있는 것을 발견했다. 창녀 두 명은 고객이 자신들의 목을 물고 도망갔다며 소송을 제기했다.

1890년 1월 1일, 기묘하고 퇴폐적인 예술이 지배하는 '외설스러운 90년대(The naughty nineties)'가 시작됐다. 빅토리아 여왕이 재위 60주년을 맞이하면서, 빅토리아 시대는 끝을 맞이하고 있었다. 이 시기에 스토커는 리처드 버튼 경을 만났다. 동양 여행가이자 인류학자인 버튼 경은 여러 언어에 능통한 매력적인 인물로, 고대 인도어로 쓰인 『카마수트라』 무삭제 버전을 최초로 영어로 번역했으며 인도 설화집 『비크람과 뱀파이어』를 각색했다. 버튼 경의 외모에 대한 묘사가 인상적이었다. "버튼 경이 말할 때면 윗입술이 말려 올라가, 긴 송곳니가 마치 단검의 날 같았다."**(3)**

(3) Oscar Wilde, L'âme de l'homme sous le socialisme 사회주의 하에서의 인간의 영혼, Fayard/ Mille et Une Nuits, Paris, 2013.

스토커는 헝가리 출신의 동양학자로 아랍과 중앙아시아 국가들의 전문가이면서 여왕의 첩자였던 아르미니우스 방베리와도 교류했다. 그는 스토커에게 요한 크리스티안 폰 엥겔의 『몰도바와 왈라키아 공국의 역사』를 가져다줬다. 왈라키아 공국은 트란실바니아의 알프스 산맥 기슭에 위치한 국가로, 블라드 드라큘(드라큘라)의 아들인 가시 공작 블라드가 다스리는 왕국이었다.

모든 준비가 끝났다. 라이시엄 극장은 6번째 미국 순회공연을 마치고 돌아왔다. 지쳐버린 스토커는 휘트비로 휴가를 떠났다. 휘트비는 영국 요크셔에 있는 작은 고기잡이 항구로, 성녀 힐다가 세운 귀신이 나올 것 같은 수도원으로 유명했다. 선원들이 묻혀 있는 묘지가 음산한 분위기를 풍겼다. 해변에는 선원 전원이 사망한 러시아의 배가 정박했었다는 말도 돌았다. 모든 준비가 끝났다. "카르파티아 산맥에 오신 것을 환영합니다."(4) 스코틀랜드의 크루든 베이에 도착한 스토커는 스테인즈 성에서 묵었다. 성주 에롤 백작은 이 성에서 상류층 인사들과 교류했다. 밤이 깊어지자 개들이 울부짖었다. "내가 드라큘라다."

(4) Dracula, Bram Stoker 브램 스토커의 드라큘라, J'ai lu, Paris, 2012. Archibald Constable 1897. 이후의 인용문구도 이곳에서 발췌함

드라큘라, 영국 상류층을 위협했던 외국인

지금으로부터 126년 전인 1897년 5월, 스토커는 뱀파이어 이야기 중에서 가장 유명한 『드라큘라(Dracula)』를 출간했다. 이 작품은 큰 성공을 거뒀고, 스토커를 저명한 추리소설가인 에드가 앨런 포우에 비견할 만한 작가로 끌어올렸다. 이 작품의 서간체를 싫어하는 독자들도 있었으나, 스토커의 다른 작품들이 묻혀버릴 만큼 인기를 끌었다. 스토커는 어빙이 드라큘라 백작을 연기하기를 원했다. 그러나 작품을 읽어본 어빙의 첫 마디는 "끔찍하군!"이었다. 이후 둘은 이 작품에 대해서는

더 이상 이야기하지 않았다.

어빙은 드라큘라에게서 자신과 닮은 점을 발견했을까? 뱀파이어의 포로였던 조녀선 하커가 스토커였다는 사실을 눈치챘을까? 뱀파이어의 키스가 성적인 행위, 욕망, 쾌락을 의미한다는 것을 알고 있었을까? 엘런 테리가 루시, 스토커의 부인, 그리고 뱀파이어의 키스에 중독된 현명한 미나에게 영감을 줬다는 사실을 알았을까? 최면 상태, 몽유병, 기억상실증… 스토커는 장 마르탱 샤르코의 강의를 참고했음이 틀림없다. 조셉 브로이어와 지그문트 프로이트의 '히스테리 연구'도 이 소설이 나오기 2년 전에 발표됐다.

스토커는 드라큘라 작품을 통해 자신의 꿈, 욕구불만, 열망을 가감 없이 표출했다. 남성 간의 동성애, 여성 간의 동성애, 쓰리썸, 오럴 섹스, 소아성애 등이다. 뱀파이어는 음탕한 것을 좋아한다! 뱀파이어는 포로의 피를 오염시킨다. 뱀파이어에게 물린 사람은 뱀파이어처럼 해롭고 타락한 존재로 변한다. 뱀파이어는 외국인이다. 아일랜드인 또는 아랍인 또는 동유럽의 공산주의자가 트래펄가 광장에서 망토를 휘날리며 영국의 상류층을 위협한다. 그는 야만적이고 정체불명의 대상이며, 폐허 속에 살면서 휘파람 소리를 내는 박쥐다. 그는 죽음과의 키스이고, 과거에는 매독을 오늘날에는 에이즈를 의미한다. 그는 예수의 수난상을 무기로 휘두르는 적대적인 사회에 반기를 드는 유일한 존재다.

1905년 10월 13일, 헨리 어빙은 무대 위에서 연기를 하는 도중 뇌출혈로 쓰러져 사망했다. 브램 스토커는 청교도주의, 매독, 폐렴을 겪으면서 살다가 1912년 4월 20일 사망했다. 그로부터 10년 후인 1922년, 역사상 최초의 드라큘라 영화인 프리드리히 빌헬름 무르나우의 〈노스페라투〉가 개봉했다. 이 영화의 제작에 대해 이야기를 듣지 못했던 플로렌스 발콤브 스토커는 재판을 통해 모든 복제 필름의 폐기처분 결정을 받아냈다. 그러나, 실제로 그렇게 되지는 않았다. 왜냐하면 드라큘라의 신화를 창조한 것은 브램 스토커가 맞지만, 드라큘라의 이야기에 영원한 생명력을 부여한 것은 무르나우와 토드 브라우닝을 비롯한 여러 뛰어난 감독들이기 때문이다. *Critique M*

번역 · 김소연

소외된 자들의 미장센

베르나르 아이젠시츠
Bernard Eisenschitz

영화사학자. 최근 저서로 『Douglas Sirk, né Detlef Sierck
본명 데틀레프 시에르크, 더글라스 서크』(l'Œil, Montreuil, 2022)가 있다.

더글라스 서크 감독, 절망과 희망의 변주자

더글라스 서크 감독의 '멜로'는 영화팬들 사이에서 뒤늦게 호평을 받으며 대중적으로 큰 성공을 거두었다. 하지만 나치 독일의 망명 예술가로 이름을 알리기 전에 이미 그는 독일 내에서 독특한 사실주의를 추구한 연극 연출가였다.

1958년 가을, 더글라스 서크(1897~1987) 감독은 라나 터너 주연의 영화 〈슬픔은 그대 가슴에〉 촬영을 마무리했다. 컬러 영화로 제작돼 이듬해 초 개봉된 이 멜로드라마는 서크 감독의 최대 흥행작이 됐고, 그 덕에 유니버설 스튜디오는 파산 상태에서 구제됐다. 하지만 작품이 성공을 거둔 그때, 이 감독은 이미 아내와 함께 미국을 떠난 후였다. 스위스 루가노 호숫가에 거처를 마련한 그는 15년이 흐른 뒤에야 미국으로 돌아왔다. 대학에서 그를 영화사의 한 주역으로 초청했기 때문이었다.

서크 감독의 갑작스러운 항로 변경은 이때가 처음은 아니었다. 예술가로서 그는 여러 차례 인생의 전환점을 마련했다. 1937년 12월에도 그는 독일에서 잘나가던 영화감독으로서의 삶을 접고 미국으로 떠났다. 나치 정권의 괴벨스 선전장관이 독일 문화계를 장악했기 때문이다. 이후 수년간 단계적으로 발판을 마련한 끝에 서크 감독은 낯설었던 미국 땅에서 재기에 성공했다.

그는 왜 이렇게 갑작스러운 선택을 했을까? 연극에서 영화로 갑자기 전향한 것도, 독일 영화계의 정점에서 돌연 미국행을 택한 것도 쉽게 설명되지 않는다. 더군다나 미국에서 독립적인 길을 추구하다가 동료들조차 꺼리던 7년간의 '노예계약'에 매여 있지 않았나? 그것도 '메이저' 스튜디오 중 제일 작은 곳이었다. 게다가 그는 돌연 영화 일을 접고 은퇴해 스위스로 떠나, 그곳에서 몇 년간 칩거했다. 이후 간간이 연극을 연출하거나 뮌헨 영화학교에서 세 편의 단편 영화 지도를 한 게 전부였다. 뮌헨 재직 시절에는 존 할

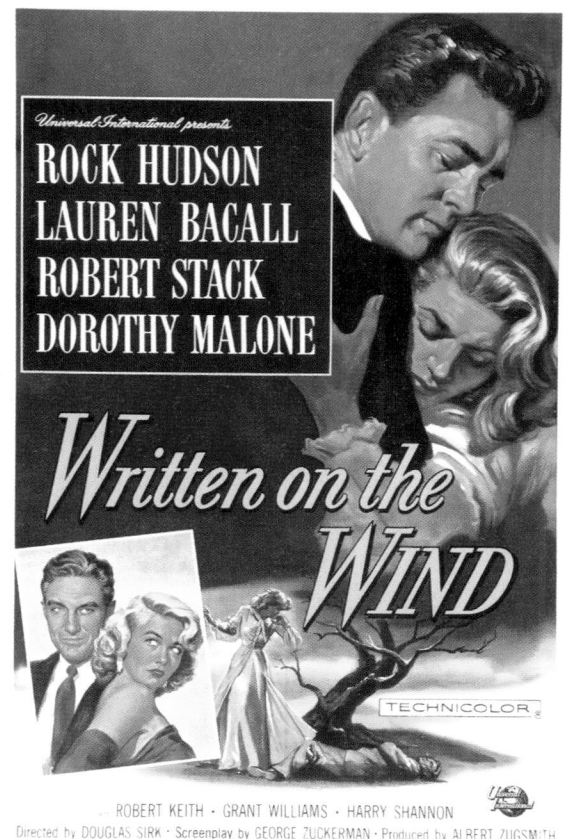

더글라스 서크 감독의 작품으로 1956년 개봉된 영화 <Written on the WIND>의 포스터

리데이, 라이너 베르너 파스빈더 등 영화인들의 인터뷰에 기꺼이 응하며 영화에 관한 주옥같은 자료를 남겼다.(1)

스위스 시네마테크가 보관한 서크 감독 관련 자료를 보면, 그의 굴곡진 인생을 짚어볼 수 있다. 알고 보면 작품 수도 상당한데, 독일에서만 이미 100여 편의 극작품을 무대에 올렸던 그는 유럽과 미국에서 25년간 40편의 영화를 제작했다. 여기에 유니버설 스튜디오에서 지낸 8년 동안 무려 21편의 작품을 추가로 만들었다. 중단된 기획이나 미완성 영화를 마무리 짓는데도 여러 번 힘을 보탰다. 말년에 가서야 비로소 팬들과

(1) Jon Halliday, <Conversations avec Douglas Sirk 더글라스 서크와의 대담>, Cahiers du cinéma, Paris, 1997 / Rainer Werner Fassbinder, 'Mirage de la vie. Sur les films de Douglas Sirk 인생의 신기루 : 더글라스 커크 감독의 영화에 관해', <Les films libèrent la tête(원제 : Film befreien den Kopf)>중, L'Arche, Paris, 1985.

평단의 인정을 받은 서크 감독은 이후 영화계의 관심을 한 몸에 받았다. 하지만 그에 대한 찬사는 1955~1958년 제작된 일부 멜로 작품에 집중됐다.

화려한 거울로 현실을 비추는 '마술적 사실주의'

함부르크 출신 더글라스 서크의 본명은 데틀레프 시에르크였다. 그는 1919년 독일 군대에서 제대한 후 연극계에 발을 들여 연출가로서 큰 성공을 거뒀으며, 바이마르 공화국 하에서 독일이 문화적 전성기를 누린 14년간 재능 있는 예술가로 승승장구했다. 고향 함부르크에서 무대감독으로 활동한 그는 이후 캠니츠, 브레멘, 라이프치히 등지에서 연극연출가 겸 예술감독으로 활약했고, 1933년에는 베를린에서도 경력을 쌓았다.

그는 농촌 풍경을 연출할 때 모든 예술 장르를 결합해 종합 예술작품을 선보였다. 물론 극예술의 선구자 베르톨트 브레히트와 에르빈 피스카토어의 나라에서 종합 예술을 추구한 인물은 많다. 하지만 작품을 선정하고 대본 작업을 책임지며 각색을 하고, 때에 따라서는 번역도 맡는 동시에 인물의 역할을 배분하고 무대 장식을 총괄하는 등 그는 마치 훗날 영화를 만들 때와 마찬가지로 연극 무대를 연출했다. 표현주의자도, 그렇다고 (현실의 객관적 묘사에만 치중하는) 신즉물주의자도 아니었던 그는 '매직 리얼리즘', 즉 마술적 사실주의를 추구했다.

비현실적인 동화에서 벗어나 현실이 반영된 시대극을 보여주고, 아울러 셰익스피어식 연극에서 탈피해 음악적 요소가 풍부한 공연을 제공한 것이다. 전쟁을 치른 스스로의 경험과 당시의 시대적 위기는 고전 문화에 대한 그의 확신을 흔들기에 충분했고, 지지 기반이 약했던 독일 제1공화국 시절 열렬한 공화주의자였던 그는 격동의 1930년대에 서서히 현대극으로 선회했다. 1927년 미국에서 처형당한 무정부주의자 사코와 반제티 사건, 그리고 당시 여성들의 시대상과 결혼 등에 관심을 둔 것이다. 이에 서크는 주로 게오르크 카이저, 알프레드 되블린, 프란츠 테오도어 초코르, 에리히 캐스트너 같은 작가들의 작품을 선정했다.

(브레히트가 대본을 쓴 〈서푼짜리 오페라〉의 작곡가) 쿠르트 바일과 게오르크 카이저의 반(反) 나치 우화 〈은의 호수〉 초연 당시 나치 조작 스캔들로 이목이 집중되자 그는 신 정권에 충실한 작품을 선보여야 하는 처지가 됐다(〈은의 호수〉는 특

히 의회 화재로 상연 자체가 중단된 작품). 자신이 지지하던 공화정도 실패하고 엘리트 중심의 '고급' 문화도 무너지자 서크는 영화로 관심을 돌렸다. 연극은 곧 나치의 수중으로 들어갔지만, 영화는 그 대중적 속성이 연극과 은근히 대비됐기 때문이다. 그러나 그의 영화 작업에 바탕이 된 것은 1924~1934년의 연극 연출이었다. 그는 이후에도 미장센(프랑스어로는 mise en scène. 영화감독이나 연극 연출가가 무대 위의 모든 시각적 요소들을 배열하는 작업)이 드라마의 핵심이라는 점을 잊지 않았다.

독일 연극 · 영화계 정상에서… 유대인 아내를 위해 미국 망명

유럽 최초의 영화사 우파에는 1933년 이전 독일 영화에 대한 기억이 고스란히 간직돼 있다. 당시 독일 영화계는 유대인의 축출로 거의 초토화됐지만 그래도 연극만큼은 아니었고, 서크는 영화계에서 빠르게 두각을 나타냈다. 첫 작품인 희극 〈에이프릴, 에이프릴〉 때부터 이미 할리우드 영화의 피가 흐르고 있었고, 이후 현실과의 타협 없이 일곱 편의 작품을 제작한 그는 다섯 편의 놀라운 수작을 내놓았다. 그중에서도 최고는 〈9번 교향곡(Schlussakkord)〉으로, 자녀를 둘러싼 다툼이나 아내의 부정 등 멜로드라마의 모든 요소가 동원됐다.

감독은 '멜로드라마(Mélodrame)'는 선율(Mélodie)이 있는 드라마임을 거듭 강조했는데, 이 작품에서도 음악의 비중이 두드러지는 가운데 미국에 대한 환상과 함께 여러 가지 볼거리가 제공됐다. 이에 더해 더글라스 서크는 1933년 이후 독일에는 없던 세계적 스타를 만들어냈다. 중후한 목소리로 중성적 매력을 뿜내는 가수 차라 레안더가 탄생한 것이다.

유대인도, 공산주의자도, 사회주의자도 아니었던 더글라스 서크는 그때까지만 해도 해외로 이주하지 않았다. 그는 새로운 정권이 오래 지속되지 않으리라 생각했고, 따라서 현실과의 타협 없이 계속해서 작품 활동을 이어갈 수 있을 것이라 믿었다. 신분이나 사상에 뚜렷한 문제가 없었던 만큼 서크는 나치 독일 하에서 몇 년간 더 지낼 수 있었으며, 작품 활동도 상당히 활발했다. 그러나 이런 그의 자유도 그리 오래 지속되진 않았다. 1937년 괴벨스가 우파 영화사를 장악하면서 이 영화사가 나치의 나팔수로 전락한 것이다. 그해 7월에는 '퇴폐 미술' 전시회가 개최됐고, 9월엔

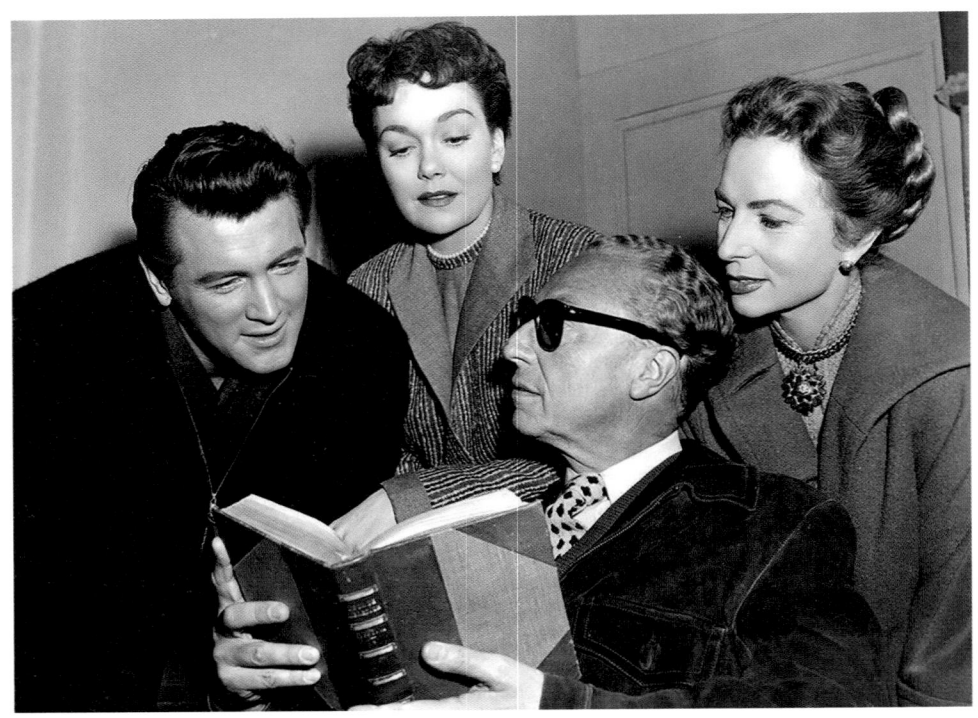

록 허드슨(맨 왼쪽)을 비롯한 유명 미국 영화배우들에게 연기를 지도하는 서크 감독(앉은 사람)

나치 전당대회가 열리면서 유대인 학살이 가속화됐다.

이후 독일 문화예술계에서는 유명 스타들 또한 아리아인이 아닌 배우자나 연인과 헤어져야 했는데, 문제는 서크 감독의 아내 또한 유대인이었다는 점이다. 서크 감독은 자신의 성공으로 아내를 보호할 수 있으리라 여겼지만, 다름 아닌 본인의 유명세 때문에 아내의 신분이 노출됐다. 결국 두 사람은 차라 레안더 주연의 영화 〈라 하바네라〉가 크게 대중적 인기를 끈 1937년 말, 미래에 대한 구체적인 전망 없이 독일을 떠나 망명길에 오르는 모험을 감행했다. (이후 서크 감독은 그로부터 5년이 지나고 난 후에야 비로소 미국에서 첫 메가폰을 잡았다.)

캘리포니아로 간 그는 미국식 이름인 '더글라스 서크'로 개명하고 아내와 함께 농장을 경영하며 영화와 거리가 먼 삶을 살았다. 서크는 마음속 깊이 이 나라와 국민에 대한 애정을 품었지만, 그렇다고 미국에 대한 맹목적 환상을 갖지는 않았다. 해외 교민들의 지원을 받아 반(反)나치 영화 〈히틀러스 매드맨〉을 작업하면서 영화계로 돌아온 그는, 어느 쪽에도 속하지 않은 채 외길을 걸었다. 시즌당 15편 정도의 작품을 무대에 올리던 독일에서처럼, 미국에서도 유니버설 '전속 감독'으로 의뢰에 따라 작업하던 서크 감독은 척박한 환경에서 주어진 한정된 재료로 각 장르에 맞는 다양한 작품을 쏟아냈다.

저예산으로 만들어진 그의 영화는 그 정교한 기술에 있어서나 배경 장식의 활용 면에 있어서나 가히 놀라운 수준이었고, 공간에는 인물의 사회적 무의식이 투영됐다. 뿐만 아니라 그의 작품에선 일정 규칙에 따른 화려한 색이 풍부하게 사용됐다. 바바라 스탠윅이나 잭 팰런스 등 배우의 역량을 끌어내는 탁월한 감독으로서 그는 록 허드슨, 로버트 스택, 도로시 말론 같은 배우들의 재능을 일깨워줬고, 제임스 딘도 은막 위에 데뷔시켰다.

현대사회의 '이방인' 주인공들, 그리스 비극 연상케

할리우드에 입성한 더글라스 서크는 일종의 인간 희극을 구상했는데, 소도시가 모여 이룬 대국 아메리카의 모순된 모습을 아래에서 조명해 보여주는 것이었다.**(2)** 이민자 출신의 이 감독은 여러 작품 속에서 미국의 정신세계와 자화상을 그려냈고, 당시로선 보기 드물게 내부의 편협함이나 여성혐오주의, 물신 숭배 사상, 계급에 대한 멸시, 인종주의에 이르기까지 사회의 어두운 면모를 고스란히 담아냈다. 그리고 이를 기반으로 그의 유명한 멜로 영화들이 탄생한 것이었다.

이런 서크의 작품들은 소위 '여성 영화'다. 여기서는 아버지라는 존재가 없거나, 있더라도 자식이 없는 모습으로 그려진다.**(3)** 아버지가 센트럴 파크에서 과로로 사망한 이후 이야기가 시작되는가 하면(1936년 〈9번 교향곡〉), 자녀들이 죽은 아버지를 위해 어머니의 사랑을 방해하기도 한다(〈거대한

(2) Thomas Brandlmeier, 『Douglas Sirk und das ironisierte Melodram』, Edition text + kritik, Munich, 2022.

(3) 서크 감독에 대한 다큐멘터리 소설에서는 그의 성장 배경에서 이 같은 이유를 찾았다. Denis Rossano, 『Un père sans enfant 자녀가 없는 한 아버지 이야기』 Allary Éditions, Paris, 2019.

강박관념〉, 〈순정에 맺은 사랑〉). 또 게슈타포 장교(〈사랑할 때와 죽을 때〉의 클라우스 킨스키 분)가 주인공에게 전해준 작은 상자 외에는 그 존재를 찾을 수 없는 아버지도 있었다. 영화 〈슬픔은 그대 가슴에〉에서도 아버지는 이미 고인이 된 후였고, 이 백인 아버지에게 흰 피부를 물려받은 딸이 흑인 어머니의 혈통을 부정하며 생기는 갈등이 다뤄졌다.

사람이 (사회적으로가 아닌) 인간 대 인간으로서 평등하다는 전제하에 인종주의와 소외 현상을 간접적으로 다룬 서크 감독의 화법은 그 당시 급변하던 미국 사회에서 등장한 소위 '경향 영화'보다 더 급진적인 메시지를 담고 있었다. 1945년 승전 이후 베트남전 때까지 미국에서는 반미 운동이나 리틀록 흑인 학생 차별 사건**(4)**으로 사회적 파장이 일었고, 그에 따라 선전이나 계몽 목적의 경향 영화도 많이 등장했다. 서크는 이런 경향 영화보다도 더 효과적으로 이에 대한 메시지를 우회적으로 설파했다.

그의 작품에서 두드러지던 주인공들은 모두 사회에서 소외된 이들로, 기존 사회 속의 이방인이자 주위로부터 '이상'하다는 낙인이 찍혀 있었다.**(5)** 의도적으로 소외됐건 피치 못하게 주변인으로 살았건 그 삶은 모두 비극적이었다. 〈순정에 맺은 사랑〉에서 헨리 D. 소로의 신봉자 론 허드슨도 그랬고, 〈빛바랜 천사〉에서 퇴물이 된 전투 비행사들이나 〈사랑할 때와 죽을 때〉의 유대인 불법 체류자 조셉, 〈슬픔은 그대 가슴에〉의 혼혈아 사라 제인과 〈바람에 쓴 편지〉에서 각각 사랑과 권력에 집착한 오누이 역시 삶이 비극으로 얼룩지긴 마찬가지였다.

영화계에서 은퇴한 후 서크 감독은 그리스 비극의 전형적인 모델들을 끊임없이 곱씹었다. 그의 초창기 영국팬에서부터 최근의 현대 철학자 로버트 피핀에 이르기까지 그를 좋아하던 팬들은 서크가 형식이나 서사를 뒤집는 영화인이라 생

(4) 1954년 미국에서는 대법원 명령에 따라 공교육 기관에서의 인종 분리가 금지됐다. 그럼에도 1957년 아프리카계 미국인 학생 9명의 입학이 거부되자 사회적으로 크게 반향이 일었다.

(5) Hans Mayer, <Les Marginaux 소외된 자들>, Albin Michel, Paris, 1994.

각했다. 운명론자처럼 체념하듯 숙명을 받아들이지는 않지만 그렇다고 변화의 가능성을 믿지도 않기 때문이다.**(6)** 이에 파스빈더도 "서크의 작품은 굉장히 절망적"이라고 쓴 바 있다.

하지만 지난해 방영된 그에 대한 다큐멘터리 〈절망과 희망의 동시 변주자, 더글라스 서크〉에서는 서크의 이런 이중성을 강조했다.**(7)** 그의 작품에서 순간의 덧없는 행복이 고통과 함께 양면적 이미지로 그려지고(〈사랑할 때와 죽을 때〉), 포탄에 맞아 반쯤 불탄 나무가 활활 타오르며 불꽃으로 소생하는 이유도 바로 여기에 있지 않을까. *Critique* **M**

(6) Laura Mulvey & Jon Halliday 제작, <Douglas Sirk>, Edinburgh Film Festival, Edinburgh, 1972. / Robert B. Pippin, <Douglas Sirk : Filmmaker and Philosopher>, Bloomsbury Academic, London, 2021

(7) <Douglas Sirk, Hope as in Despair>, Roman Hüben 제작 다큐멘터리, 76분, 2022.

번역·배영란

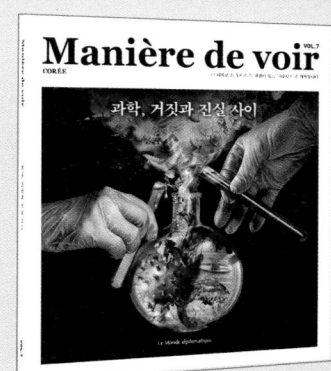

"당신도 자기 자신이 되세요"

모나 숄레
Mona Chollet
〈르몽드 디플로마티크〉 프랑스어판 기자

(1) https://becomingmichelle
obamashop.com

(2) Michelle Obama,
『Becoming』, Penguin
Random House, New York,
2018(프랑스어판: 『Devenir』,
Fayard, Paris, 2018).

"당신의 불꽃을 찾으세요, 그리고 그 불꽃을 밝혀 두세요"라는 문장으로 장식된 향초, "당신의 목소리를 찾으세요"라는 문장이 새겨진 머그컵, 2016년 미국 민주당 전당대회에서 언급됐던 유명한 문장 "그들이 저급하게 가더라도 우리는 품위 있게 간다(When they go low, we go high)"가 쓰인 티셔츠, '내가 되다' 공책, 같은 슬로건이 쓰인 분홍색과 하늘색 배내옷. 미셸 오바마의 자서전과 연결된 온라인 상점에서**(1)** 판매 중인 이 제품들은 전 미국 영부인이 자기계발의 여왕으로 변신했음을 보여준다. "무에서 시작해 세계 정상에 오른" 이 여성만큼 신뢰와 영감을 주는 인물이 있을까?

자서전의 제목 『비커밍(Becoming)』**(2)**은 우리가 모두 자기 자신을 찾도록 격려한다. 미셸 오바마는 2018년 11월 출간에 맞춰 세계적 록스타에 버금가는 월드투어를 계획했고, 프랑스에서는 지난 4월 15일 아코르호텔 아레나(구 팔레 옴니스포 드 파리-베르시)를 다녀갔다. 그녀가 무대에 오르자 대형 화면에는 진지하지만 유머러스하게 '자기 자신'에 대해 말하는 여러 사람들의 목소리가 나오기 시작했다.

미셸 오바마, 스토리텔링 끝없이 신뢰해

미셸 오바마는 말투를 재치 있게 바꿔가며 성공의 가능성과 불가능성에 대해 이야기했다. 그녀는 스스로를 때로는 특별한 존재로, 때로는 지극히 평범한 존재로 소개하며 존경과 공감을 동시에 이끌어냈다. 유머와 카리스마를 겸비한 그녀는 자신이 생각하는 이상적인 가족을 위한 노력에 대해 이야기하면서도, 남편을 간신히 부부 클리닉에 데려갔던 일화나 사랑하는 사람들 사이의 질투에 대해서도 이야기했다.

"우리의 이야기를 함께 나눠봅시다", "당신 이야기의 가치를 높이세요", 미셸 오바마의 연설과 책에 '이야기'라는 단어는 끊임없이 등장한다. 책에서는 "대학 진학을 쉽게 생각한 적은 한 번도 없었지만, 이제 나 자신의 이야기에 좀 더 집중하고 신념을 품어야 한다는 것을 깨달았다"고 쓰기도 했다. 또 2008년 대선 운동에 대해서는 "이야기를 반복할수록, 내 목소리는 스타일을 갖춰갔다. 나는 내 이야기가 좋았고, 내 이야기를 들려주는 것이 편했다"고 적기도 했다.

그녀는 버락 오바마가 공동체 조직가로 일하던 시절, 시카고의 한 빈민 지역에

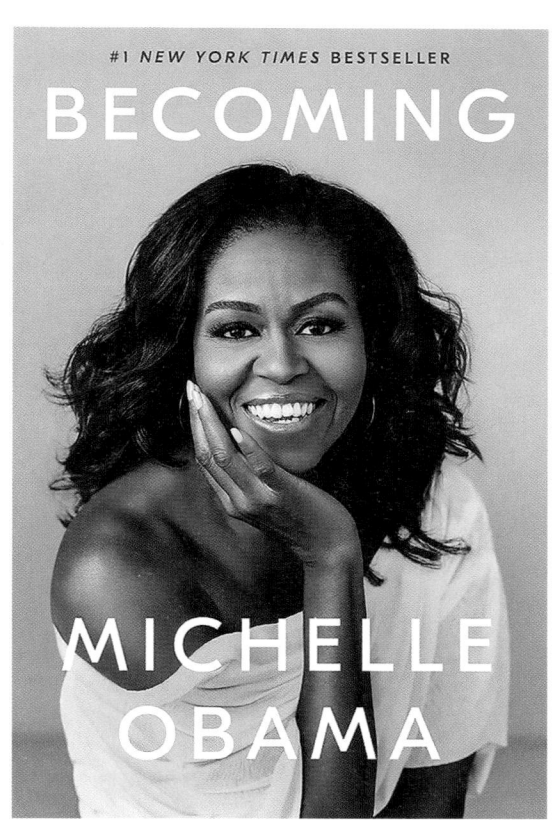

미셸 오바마가 집필해 베스트셀러가 되었던
『Becoming』 표지.

(3) Michelle Obama, 『Becoming』op. cit. 특별한 언급이 있는 경우를 제외하고 모든 인용은 해당 저서에서 발췌했음(한국어 인용 부분은 한국어판 『비커밍』 웅진지식하우스, 2018'에서 발췌함-역주).

(4) Christian Salmon, 'Une machine à fabriquer des histoires 이야기 만드는 기계', <르몽드 디플로마티크> 프랑스어판 2006년 11월호. .

(5) 마르세유의 한 직업 고등학교에서 포착된 <사회폭력 3분>을 들어볼 것, Pascale Pascariello, <Voix de garage>, Arte Radio, 2013년 5월 28일, www.arteradio.com

(6) Stéphanie Le Bars, 'Les très riches heures du couple Obama 오바마 부부의 아주 값비싼 시간들', <M le Magazine du Monde>, 2019년 4월 13일.

서 주민들과 진행했던 회의에 대해서도 이야기했다. "그는 사람들에게 우리 각자의 사연이 우리를 이어줄 수 있고, 그렇게 우리가 공동체로 연결되면 지역에 대한 불만을 생산적인 결과로 변화시킬 수 있다고 말했다."**(3)** '스토리텔링'에 대한 그녀의 신뢰는 무한하다.**(4)** 그녀는 매혹적인 자신의 이야기를, 끊임없이 가치를 생산해내는 자산으로 만드는 데 성공했다. 『비커밍(Becoming)』은 출간 6개월 만에 전 세계적으로 1,000만 부가 팔리며 자서전 분야 판매에서 신기록을 세웠다.

이 책은 노예의 후손이자 시카고의 낙후된 지역 사우스사이드에 살던 서민층 가정의 딸로서, 프린스턴 대학교와 하버드 대학교에 입학해 변호사가 됐으며, 전도유망한 동료를 만난 미셸 로빈슨 오바마의 이야기다. 1992년 그녀의 결혼식에서 그녀의 친구는 스티비 원더의 노래 'You and I We Can Conquer the World(당신과 나, 우리는 세상을 가질 수 있어요)'를 부르기도 했다.

백악관의 첫 흑인 안주인이 된 후 그녀의 이야기는 다시금 큰 화제를 모았다. 그녀가 프린스턴 대학교에 다닐 때, 백인 룸메이트의 어머니가 딸의 방을 바꾸게 한 일이 있었다. 자기 딸에게 흑인 룸메이트가 배정된 데 불만을 품었던 것이다. 이 대목에서 독자들은, 그 어머니가 자신의 딸이 미래의 영부인과 친해질 기회를 차버렸다는 사실에 안타까워할 것이다. 미셸 오바마는 인종차별적 사회 구조에 대해서도 냉철하게 증언한다. "네가 프린스턴에 갈 재목인지 잘 모르겠구나." 거의 40년이 지난 일이지만, 고등학교 진학 상담사의 이 말은 그녀에게 상처로 남아있다.

이런 모욕은 수많은 소수민족과 서민들이 흔히 겪는 일임을 우리는 잘 알고 있다.**(5)** 미셸 오바마는 이렇게 적었다. "패배감은 실제 결과가 나타나기 한참 전에 엄습한다." "원하면 할 수 있다?" 이것은 미셸 오바마가 전하려는 메시지가 아니다. 그녀 역시, 가족이나 친척들이 열심히 노력했음에도 불구하고 꿈을 이루지 못한 경우를 봐왔기 때문이다. 그녀와 그녀의 오빠에게는 이 좌절된 야망을 다시 일으켜 세워야 할 의무가 있었다. "두 분(부모님)은 해변에 놀러 가거나 외식을 하는 일도 없었다. 집도 사지 않았다. 나와 오빠에게 투자했다. 모든 돈이 우리에게 들어갔다." 주변 사람들에게 닥친 비극 때문에 일찍이 미셸 오바마는 인생은 때때로 부당하고, 미덕이 전부가 아니라는 사실을 깨달았다. 하지만 그녀는, 이런 개인적인 경험들 덕분에 어려움을 잘 헤쳐나간 듯하다.

'더 나은 세상'을 만들기 위한, 설득력 있는 방식

현재의 남편과 교제를 시작했을 무렵, 남편이 돈에 대해서는 완전히 무관심했었다는 사실을 미셸 오바마는 책에서 여러 차례에 걸쳐 강조했다. 마치 덕행의 끝에 진정한 보상이 온다는 점을 암시하고자 한 듯하다. 그녀는 "어쩌면 그가 돈을 한 푼도 못 벌지 모른다는 생각도 번쩍 들었다"고 썼다. 그녀는 버락 오바마를 만나면서 새로운 생각을 가지게 됐다. "개천에서 난 용이 되는 것은 물론 훌륭한 일이지만, 개천을 살기 좋은 곳으로 바꾸는 것은 전혀 다른 일이었다."

버락 오바마와 만난 후, 그녀는 그동안 일했던 변호사 사무실을 그만뒀다. 일하는 내내 자신이 쓸모 있는 사람이라는 성취감을 느끼게 해 준 곳이었다. 가끔 그녀의 연인은 밤에 침대에 누워 천장을 응시하곤 했다. 그녀가 무슨 생각을 하는지 묻자 그는 이렇게 대답했다. "아, 소득 불평등에 관해 생각하던 중이었어요."

어쨌든 이 '이상을 좇은 고행자'는 살아남았다. 오바마 전 대통령은 이제 월스트리트의 직원들을 대상으로 하는 강연 1회당 40만 달러를 받는다. 출판사 펭귄랜덤하우스는 오바마 전 대통령의 자서전(집필 중)과 영부인의 자서전에 6,500만 달러라는 선금을 지불했다. 2009년 백악관 입성 이후 이들 부부의 재산은 30배, 100배까지 늘어났다.**(6)** 미셸 오바마는 파리에 왔을 때 "큰 노력을 하고 좋은 교육을 받는다면, 모든 것이 가능하다. 대통령이 되는 것도 가능하다"고 말했다. 그녀의 말에서 '대통령'은 마치 유명 스타나 대기업 설립자보다 나은, 최고의 성공모델처럼 보인다.

하지만 그녀의 연설에서, 이상적일지라도 국민의 상황을 나아지게 하겠다던 대통령 당선자의 사명은 보이지 않았다. 물론 가끔 "더 나은 세상을 만들자(이 문구가 쓰인 스웨트셔츠가 온라인 상점에서 60달러에 팔렸다)"라는 이야기를 한다. 그러나 그녀는 남편의 대통령 임기에 대해서는 무대에서나 책에서도 단 몇 줄로만 평가했고, 실패는 모두 공화당원들의 방해 탓으로 돌렸다.**(7)** 미셸 오바마는 정치 세계에 속하기를 원한 적이 없었다고 변론했다. 어쩔 수 없이 끌려 들어간 그 세계를 좋아하지 않는다고도 말했다. 그녀에게 민주당원과 공화당원 사이의 대립은 불필요한 분열을 조장하는 것처럼 보였다.

(7) Benoît Bréville, Serge Halimi, 'Les limites du symbolisme 상징주의의 한계', 'Affrontements américains 미국의 대립', <Manière de voir>, nº 149, 2016년 10-11월호

그래서 그녀는 상당한 인기에도 불구하고 2020년 대통령 선거 입후보라는 제안을 거부했다. 또한, 보수적인 체제 순응자들이 그녀를 '성난 흑인 여자'라고 깎아내리고 악마 취급을 했음에도, 그녀는 조지 W. 부시 전 대통령에 대해서도 놀라운 교감 능력을 발휘했다. 2005년 허리케인 카트리나가 미국을 강타했을 때, 부시는 뉴올리언스의 흑인 주민들과 가난한 주민들을 방치해 비난을 받은 바 있다.

미셸은 교육에 대한 강박관념을 갖고 있지만, 교육을 장려하기 위해 순수한 의지주의("자기 자신을 믿기", "열심히 공부하기")에도 만족했다. 미셸 오바마가 백악관에 있을 때 출범시킨, 대학 입학 독려 프로그램 '리치 하이어(더 높은 곳에 도달하자)'는 학생들에게 부과되는 과도한 등록금에 대해서는 문제 삼지 않았다. 그런데 단순히 교육이라는 목표로 충분할까?**(8)** 대학에 진학하지 않을 사람들에 대해서는 어떻게 생각해야 할까?

(8) John Marsh, 'L'éducation suffira-t-elle 교육은 '점령'할 수 없다', <르몽드 디플로마티크> 프랑스어판·한국어판 2012년 1월호

"자기 이야기의 가치를 높이자"에 대해 말해보자면, 전혀 다른 방법으로 이를 실현한 경우가 있다. 민주당 급진주의 진영의 떠오르는 별이자 민주당 뉴욕 하원의원인 알렉산드리아 오카시오-코르테스의 이야기다. 바텐더로 일하다 연방 하원의원이 된 그녀는 카리스마가 넘쳤고, 그녀의 이력 역시 다른 이들에게 미국 민주주의의 희망을 꿈꾸게 했다. 그리고

2019년 5월, '임금 인상법'(9) 지지를 위해 밤에는 다시 레스토랑의 카운터 앞에 서기도 했다. 그해 7월 18일 미 하원은 임금 인상법을 통과시켰고, 이에 따라 연방 최저임금은 패스트푸드점 노동자들이 처음 요구했던 대로, 현재 시간당 7.25 달러에서 2024년까지 15달러로 인상된다.(10)

미셸 오바마와 버락 오바마 부부만큼 매력적인 알렉산드리아 오카시오-코르테스(사회주의 성향의 뉴욕 주 하원의원이자 미 역사상 최연소 하원의원), 버니 샌더스 그리고 그들의 동맹들이 주도하는 이런 흐름이 더욱 강력해진다면, 민주당은 틀림없이 훨씬 유리한 변화를 맞이할 것이다. 샌더스는 자신들의 추종자들에게 승리자 집단에 들어오는 방법을 보여줬고, 오카시오-코르테스는 더 이상 패자가 생기지 않도록 분투하고 있다. 이는 '더 나은 세상'을 만들기 위한, 가장 설득력 있는 그들 나름의 방식인 셈이다. *Critique M*

(9) Fernanda Echavarri, 'Alexandria Ocasio-Cortez walked into a bar and poured scorn on the minimum wage', Mother Jones, San Francisco, 2019년 6월 1일.

(10) Thomas Frank, 'Révolte américaine contre les ogres du fast-food 패스트푸드에 저항하는 미국인들', <르몽드 디플로마티크> 프랑스어판·한국어판 2014년 2월호.

번역 · 김자연

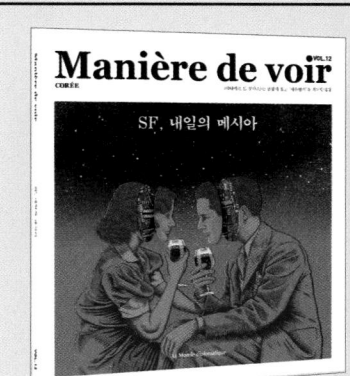

뉴 커런츠

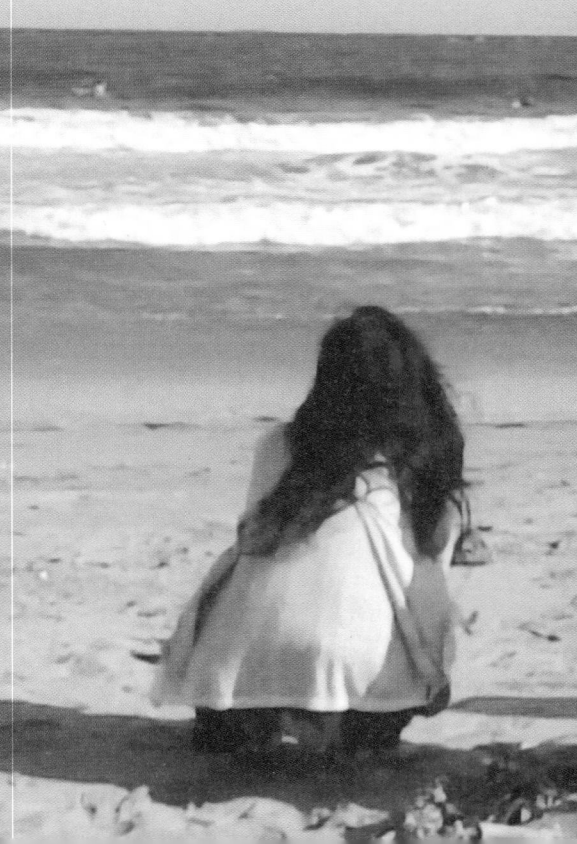

<불온한 당신>_관련기사 122면

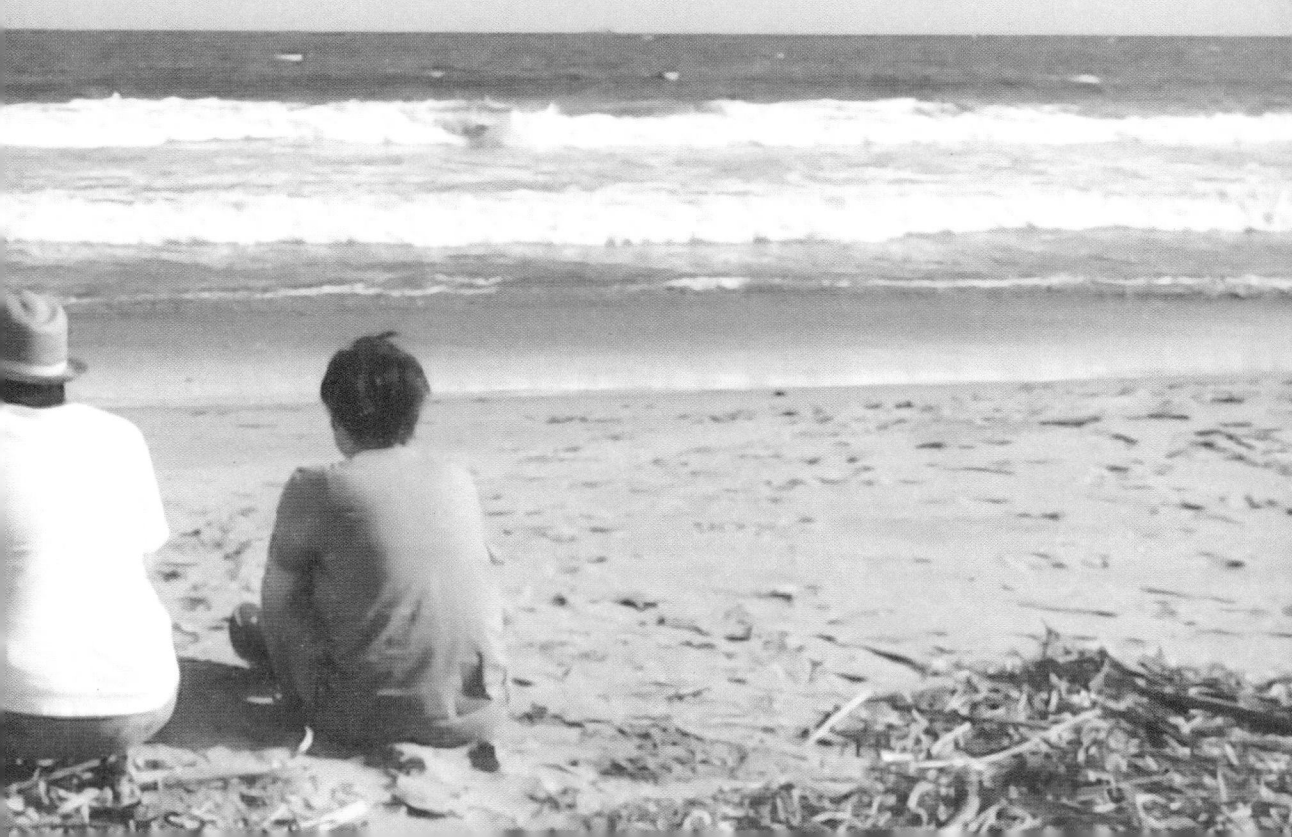

수동태의 슬픔과 호명되지 못한 소외가 만나면

안치용

〈크리티크M〉 발행인. 문학, 영화, 미술, 춤 등 예술을 평론하고, 다음 세상을 사유한다.
다양한 연령대 사람들과 문학과 인문학 고전을 함께 읽고 대화한다. ESG연구소장.
(사)ESG코리아 철학대표, 아주대 융합ESG학과 특임교수, 영화평론가협회/국제영화비평가연맹 회원.

리움미술관, 김범 개인전 '바위가 되는 법'

나무 위에 돌이 얹혀 있다. 나무는 뿌리를 땅에 내린, 즉 살아있는 상태가 아니다. 벌목 당해 생명의 자격을 잃은 바이오매스로서 나무조각. 그리고 성인이 들기에 어렵지 않은 크기의 그냥 평범한 돌. 이곳이 아니었다면 목재가 아닌 폐목에 불과하였을 어떤 나무토막이 용도 불명의 돌을 만났다.

2023년 7월 27일부터 12월 3일까지 리움미술관에서 열리는 김범 개인전 '바위가 되는 법'에 전시된 작품의 하나이다.

나무는 생명이지만, 죽은 나무는 물질이다. 수종이 무엇인지 확인되지 않는 Y자 모양의 나무토막은 잘림으로써 바로 그 순간에 하나의 물체가 된다. Y자는 위에, 그 벌어짐의 중간에 돌을 얹은 채 직립한다. 직립한 다음에 돌을 인 나무가 되었겠지만, 나무의 사정을 속속들이 알 수 없다. 돌이 그곳에 내려앉았는지, 아니면 나무가 돌을 이고 선 것인지 판단하기 어렵다. 무엇보다 판단할 이유가 없기도 하고. 나무로 된 탁자 위에서 질감이 다른 두 물체가 어우러져 균형을 유지하며 존재를 제시한다. 거기로 조명이 쏟아져 발아래 검은 그림자가 뚜렷하다. 존재는 직립하고 그림자는 하강한다. 전시물을 지지하는 탁자와 나무로 보이는 Y자는 바이오매스라는 공통점을 가진다. 후자는 배우이고 전자가 무대라는 게 차이이다. 폐목과 목재라는 인간 중심의 구분법을 적용할 수도 있다. 배우 역할을 하는 직립 바이오매스 Y가 진

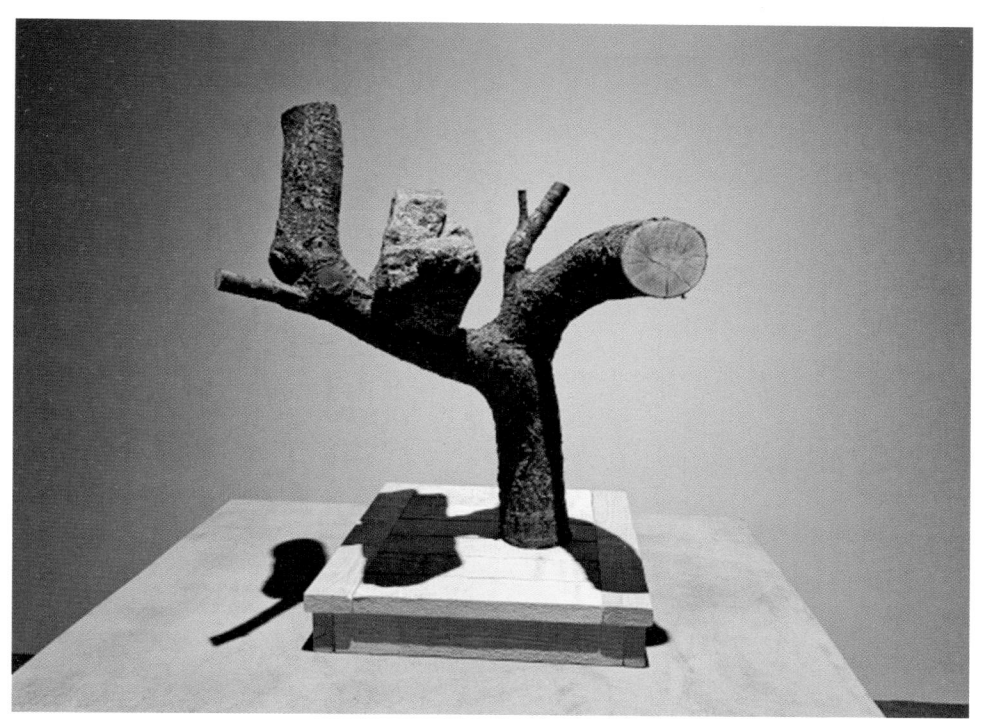

'자신이 새라고 배운 돌', 김범

돌덩이는, 폐목의 두 팔 사이에서 숨은 듯 자는 듯 풍경에 긴장을 형성한다.

　　이 전시물은 당연히 전시물 자체로 감상할 수 있고, 그렇게 감상하면 된다. 그때는 관람객 숫자만큼 다양한 반응과 해석이 나온다. 이 예술품을 보고 가령 '발기불능'을 형상화했다고 보는 게 한 방법이다. '발기불능' 대신 '임포텐츠'라고 하면 같은 뜻이지만 해석의 결이 달라진다. 이것의 현존을 확정하고 무엇인가 다른 별개 의미를 산출하는 것은 창작자의 권리이다. 김범 작가는 이 전시물에다 '자신이 새라고 배운 돌'이라는 제목을 붙인다. 이제 유기물(나무토막)과 무기물(돌)로 구성된 비(非)생명체는 생명을 부여받는다. 돌은 새가 되어야 하고, 언급되지 않은 폐목은 새가 깃든, 그러므로 살아있는 나무가 되어야 한다. 돌이 새가 됨으로써 나무는 다시 생명을 획득한다.

　　이러한 명명으로 역전이 일어난다. 과거에 분명 생명이었던 Y라는 유기물은, 새롭게 비상하려는 무기물을 보좌하여 생명성을 부여하는 중요한 역할을 수행하지만 무대의 중심에서 멀어진다. 무대를 꽉 채우지만, 한없이 투명해진다. Y가 제목

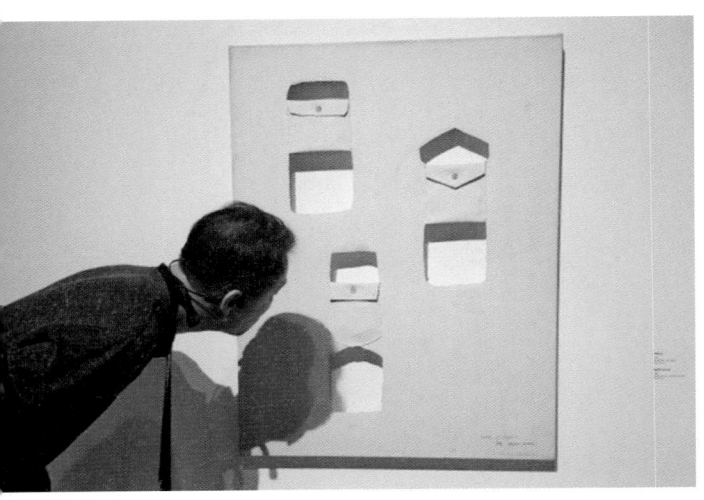

필자가 리움미술관에서 전시중인 김범의 '자화상'을 들여다보고 있다.

에서 소거되었기 때문이다. 자상한 관람객은, 네가 없었다면 '자신이 새라고 배운 돌'의 형상화가 불가능했을 것이란 위로를 Y에게 건넬 법하다.

중력에 굴복해야 하는 만만한 무엇에서, 완전히는 아니지만 중력의 지배를 꽤 덜어내 가장 큰 비약을 성취한 돌은 대체로 만족스럽다. 굳이 흠을 잡자면 존재 규정이 수동태라는 것과 함께 존재가 여전히 미확정 상황이라는 걸 들 수 있다. 결정적으로, 돌은 자신이 새라고 배웠을 뿐 여전히 새가 아니다. "새라고 생각하는" 식으로 만일 수동태가 아니었다면, 그나마 우격다짐으로 돌파하는 존재의 틈새를 모색할 수 있었으련만, 그에게 이 전시에서 돌파는 없다.

세 가지 질감과 그 아래 인위적 질감까지 포함해 이 조형물에서 인간 실존의 투사를 엿본다. 실존주의의 실존은 최대 긍정 속에서도 수동태에 머문다. 의미 있는 비약은 비상하지 못한다. 마침내 다시 중력에 굴복하고 말 돌의 수동태의 슬픔과 돌의 (실현되지 않은) 비상을 추앙하였지만 전혀 호명되지 못한 Y의 소외는, 이 조형물의 조형과 '자신이 새라고 배운 돌'이란 명명을 통해서 도저해진다.

리움미술관에서 열린 김범 작가의 개인전 '바위가 되는 법'은 회화, 조각, 설치, 영상 등 다양한 장르의 작품을 산출하며 그만의 독특한 작품 세계를 연 김범의 지난 30여 년 작품활동을 엿볼 수 있는 기획전이다. 대표 전시관인 그라운드갤러리와 블랙박스에서 '자신이 새라고 배운 돌'을 포함해 그의 작품 70여 점이 공개된다. 개인전으로는 13년 만이며 최대 규모 전시이다.

리움은 1963년생인 작가의 1990년대 초기작부터 대표 연작 '교육된 사물들', '친숙한 고통', '청사진과 조감도' 등과 함께 처음 공개되는 작품들까지 한자리에 모았다. 대중에게 모습을 잘 드러내지 않는 작가의 신비주의 성향을 독창적인 작품성과 연결지으며 미술계에서 입지를 굳힌 그의 전시를 보는 게 재미있는 경험이 될 것이다.

'자신이 도구에 불과하다고 배우는 사물들'은 '자신이 새라고 배운 돌'과 같은 맥락에서 작품이해가 가능하다. '배우는'과 '배운'의 시제 차이와, '사물들'과 '돌'이라는 수의 차이가 사람에 따라 큰 차이가 될 수도 있다. 어떤 이는 현재진행형(Being)과 과거(Was) 사이에는 생각보다 깊은 수렁이 있다고 생각한다. 동일하게 수동태라는 게 그 수렁 위에 놓인 다리 같은 구실을 할 수 있을까.

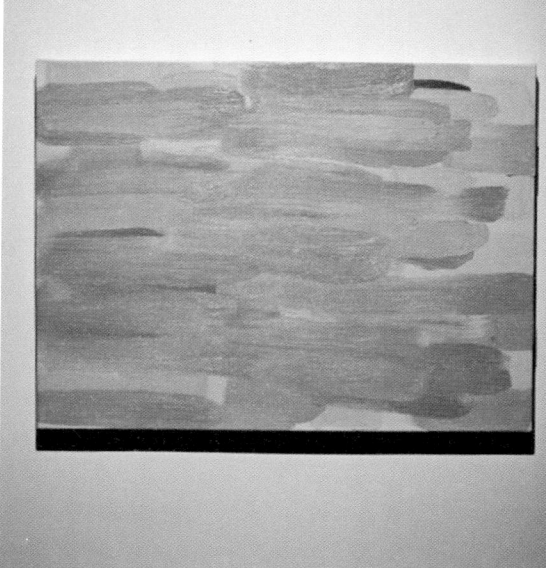

'노란 비명 그리기', 김범

'노란 비명 그리기'는 가장 독특한 작품의 하나로 꼽힐 것이다. 완성된 그림을 본 다음에 제작 과정을 담은 영상을 함께 감상할 수 있는데, 튜토리얼 영상에 실제로 '노란 비명'을 지르는 장면이 들어 있다. 관람객은 비명으로 받아들여야 할 그 이상한 소리

'자신이 도구에 불과하다고 배우는 사물들', 김범

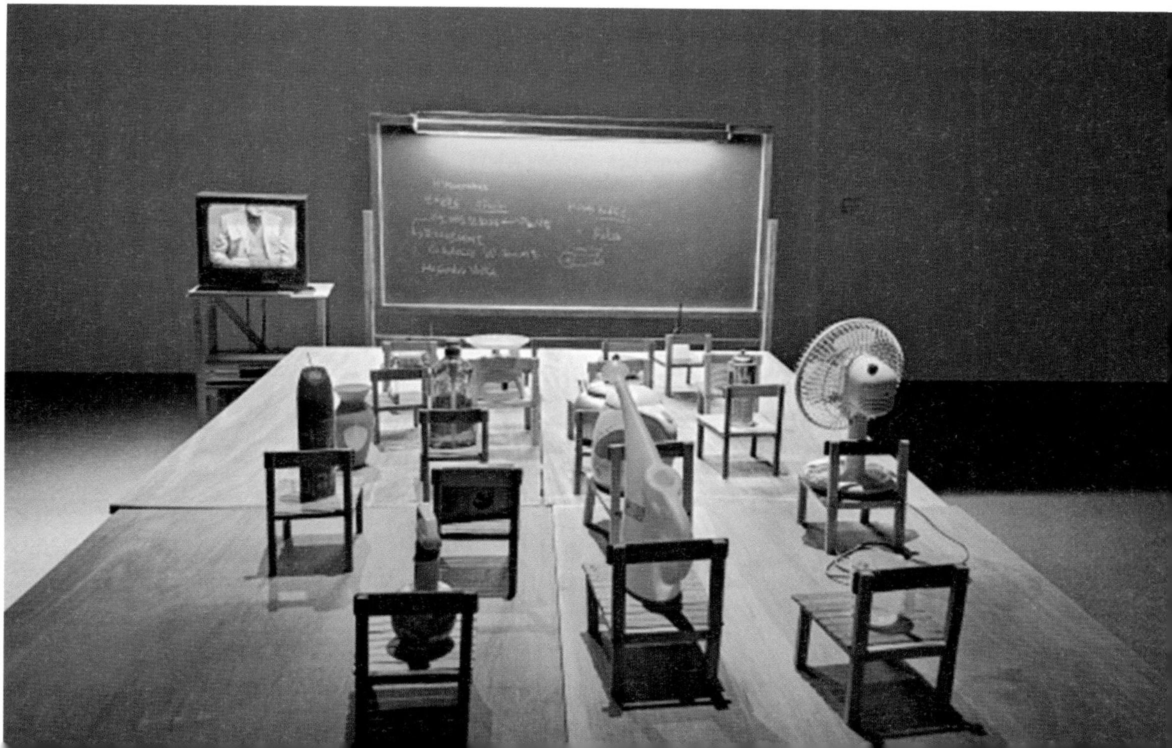

를 낸 영상 속 화가를 김범으로 착각하기에 십상이지만 그는 작가가 아니라 작가를 연기한 배우이다. 튜토리얼 영상까지 만들어 그림과 나란히 전시하면서 배우를 영상에 투입한 것까지 포괄적 전시가 된다. 유머인지 위트인지 잘 구분되지 않으나 관점에 따라 신랄함일 수 있으며 중층적 의미화를 가능케 한다.

중층화의 방식은 다양하다. 예를 들어 '파란 그림'은 파랗지 않다. 캔버스 한 가운데 "PAINT THIS CANVAS PART BY PART WITH BLUE PAINT"라는 수미상관의 문장이 적혀 있어서 그 문장 안의 'BLUE'로 '파란 그림'의 단서를 찾게 된다. 한두 걸음 앞으로 걸어가 자세히 들여다보면 'BLUE' 천지다. 'BLUE'를 수식어로 단 많은 명사가 점처럼 흩어져 있다. 두 어절로 이루어져 중앙 문장을 둘러싼 것들이 다 'BLUE'이다. 파란 거리, 파란 여자, 파란 새, 파란 벽….

'파란 그림', 김범

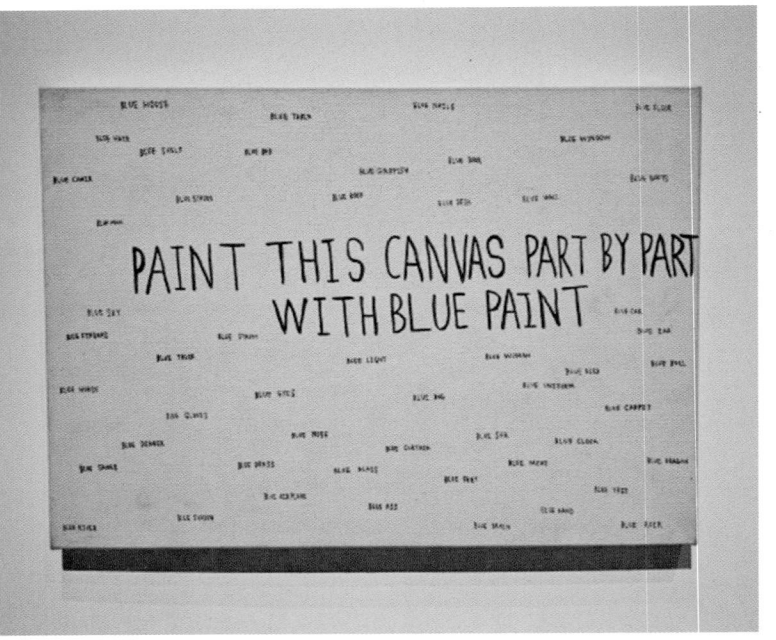

캔버스 위에서 기표와 기의는 그 흔한 충돌 없이 평면에서 망연자실하다가 기표와 기의를 무력화하고 캔버스 너머로 의미를 비산함으로써 이미지를 고정한다. 콩물에 간수를 넣어 두부를 만들어내는 것과 닮았다. PAINT가 동사로 시작해 명사로 끝나듯, 창작자는 수용자와 상시로, 관람한 관람객의 뇌리에 들어가 소통하며 종국에 이미지를 담금질해낸다.

'무제'(제조 #1 내부/외부)는 기표와 기의의 충돌 혹은 상충이란 언어학의 상투적 설정을 구상으로 구현한 느낌을 준다. 김범은 기표와 기의를 뫼비우스의 띠처럼 묶어서 예술로서 형상화는 데 특별한 재능이 있다. 그 충돌 혹은 상충은 바닥으

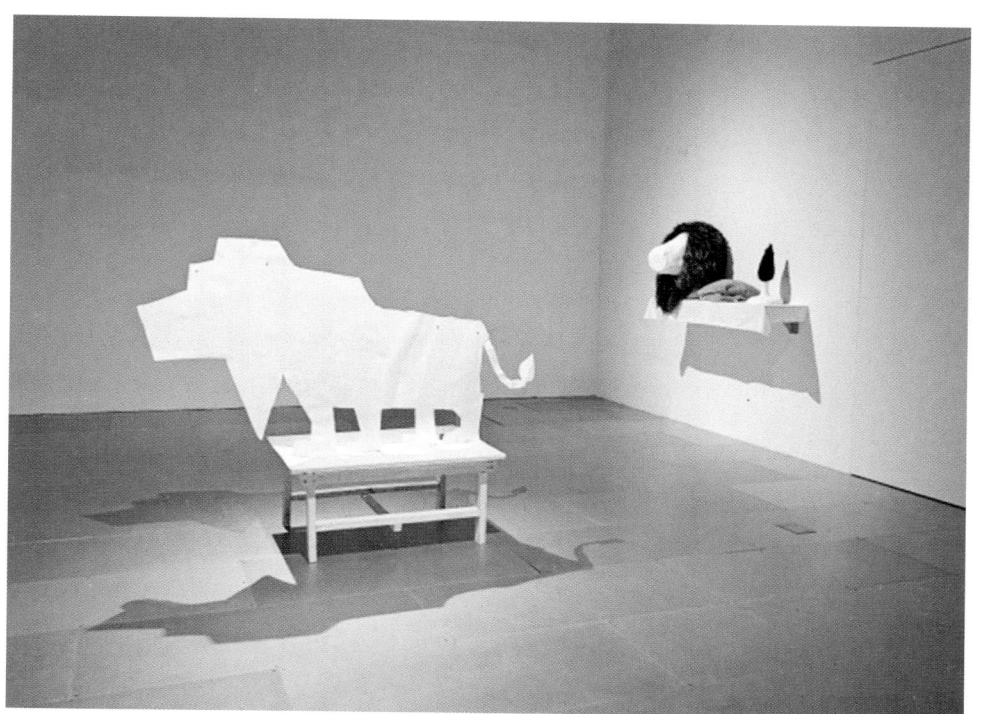

'무제'(제조 #1 내부/외부), 김범

로 가라앉고 위로 두부가 떠오르듯 이미지가 떠오른다. 관람객은 반대로 이미지를 통해 그 아래 혼란스러운 탐색의 흔적을 발굴해야 한다. 그의 작품세계가 물활론에 근거했다기보다는 물(物)의 탐색을 통해 세계에 다가간다고 봐야 한다. 작가나 수용자나 세계에 발붙이고 있으니 그 탐색은 고래의 성찰과 맞닿아 있다. 진지함이 참신함의 동기가 된 예를 김범에서 목격할 수 있다. *Critique M*

인터넷 밈조차 되지 못하는 시시콜콜한 한국 상업영화

:
:

김경수

영화평론가. 국제영화비평가연맹 한국본부와 〈크리티크 M〉이
공동주최한 2022년 신인 영화평론상을 수상했다.

〈범죄도시〉는 한국 상업 영화를 빨리 감기로 재생한다

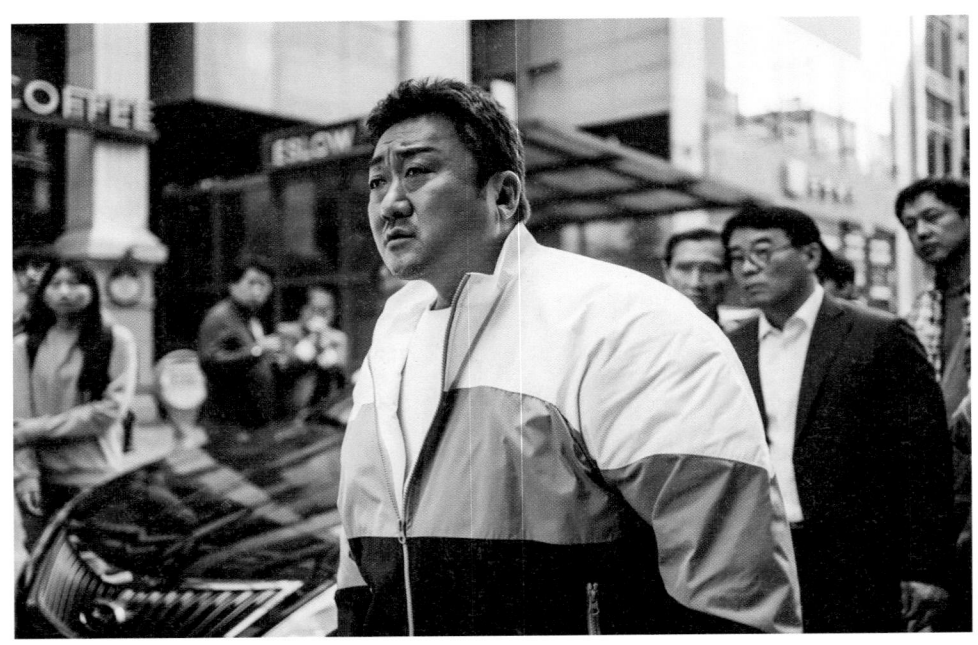

<범죄도시3> 영화 포토

　　　최근에야 다시 소환된 한국 상업 영화의 위기 담론을 몸소 체감한 것은 〈범
죄도시3〉(2023)의 흥행 성공을 마주하면서부터다. 〈범죄도시3〉의 문제점을 가장
잘 압축하는 장면은 마석도(마동석)가 자물쇠로 잠긴 금고를 열려는 장면이다. 그는

"머리를 써서 열어야 한다"라고 호언장담한다. 암호가 틀리자마자 주먹으로 금고를 강제로 연다. 주인공의 초월적인 힘으로 위기가 해결되는 과정을 생략한 것이다. 이는 〈범죄도시〉시리즈 전반에서 반복된다. 마석도가 증인을 심문할 때 쓰는 "진실의 방"도 이를 가장 잘 드러낸다. 증인에게서 진술을 듣기까지의 기나긴 과정을 생략하고 곧장 다음 사건으로 넘어간다. 마치 빨리 감기로 영화를 보는 듯한 느낌이다. 문제는 마석도의 가공할 만한 힘이 어디서 나온 것인지 시리즈 내내 설명되지 않는다는 것이다. 3편에서나마 마석도가 부상으로 격투기 선수의 꿈을 접었다는 이야기가 나온다. 그마저 부상으로 인해서 복싱 선수의 꿈을 접은 배우의 이야기를 빌려온 것에 가깝다. 〈범죄도시〉시리즈는 마동석의 이미지를 빌려오지 않는 한 영화의 세계관과 서사가 성립하지 않는 영화다는 것을 고백한 셈이다. 관객이 경험하는 것도 마석도 혹은 마동석의 초월적인 힘이다. 대중은 왜 이 시리즈의 서사 전개에 환호를 보내는 것일까.

〈범죄도시1〉의 뒤늦은 흥행에서 그 힌트를 볼 수 있다. 〈범죄도시1〉은 개봉 당일만 하더라도 3위로 시작했으나 열흘 가까이 되어서야 1위를 탈환했다. 흥행하기 전만 하더라도 이 영화는 당시 한국 영화에서 〈베테랑〉(2016) 이후로 쏟아져 나온 범죄수사물과 비슷하다는 인상을 지우기 힘들었다. 사실 영화 내적으로도 마석도가 없다면 이 영화는 범죄영화의 틀에 박힌 클리셰를 한 데에 버무린 듯한 인상을 준다. 〈범죄도시1〉에서 우리가 진정 경험한 것은 액션이 아니다. 한국 상업 영화를 빨리 감기 하듯이 보게끔 할 수 있는 마석도의 초월적인 힘이었다. 〈범죄도시1〉은 한국 상업 영화의 모든 클리셰가 사실은 오랜 시간을 집중해 볼 가치가 없다는 증거이기도 하다. 〈범죄도시〉시리즈의 흥행은 한국 상업 영화를 빨리 감기로 보고 싶어 하는 욕망의 반영인 셈이다. 마동석이 마지막에 등장하는 〈베테랑〉(2016)도 마찬가지다. 조태오(유아인)와 서도철(황정민)의 기나긴 추격전이 이어지려는 찰나에 마동석이 "나 아트박스 사장인데"라고 하면서 추격전에 제동을 건다. 길게 이어져야 할 사건을 빨리 감기로 단축하는 서사 장치로 마동석이 기용된 셈이다.

왜 한국 관객은 한국 상업 영화를 그토록 빨리 감기로 보고 싶어 할까. 개인적으로는 거기에 더는 새로운 것이 없어서라는 생각이 든다. 온라인 커뮤니티에서 종종 등장하는 "시나리오 유출" 인터넷 밈을 볼 때 이를 알 수 있다. 국가적인 사건이 있을 때마다 익명 유저가 그 일을 모티프로 한 영화의 시나리오가 유출되었다는 가정을 한 다음 한국 상업 영화에서 반복되는 클리셰를 나열한다. "시나리오 유출" 밈의 포맷은 만화적이다. 우선 한국 상업 영화에 단골로 출연하는 스타의 사진을 올린다. 그 밑에다가 캐릭터 설정을 적으며, 어디선가 본 듯한 대사를 적는다. 이러한 사진을 몇 장 나열하면 당장이라도 극장에 걸더라도 어색하지 않은 한국 상업 영화 플롯이 완성된다. 소재만 다를 뿐이지 플롯 구조가 반복되는 데에서 오는 짜증이 반영된 셈이다. 이 인터넷 밈이 10년 가까이 유행하는 것은 상징적이다. 계속 똑같은 배역에 똑같은 배우가 기용되고, 똑같은 플롯 구조가 반복된다는 인상을 관객이 느끼고 있다는 증거이기도 하다.

작가적 색채 없이, 조리돌림 당하는 한국 상업영화

"시나리오 유출" 인터넷 밈에서는 형사든, 과학자든 아웃사이더인 중년 남성이 주인공이고, 이를 무조건 응원하는 딸과 아내가 있다. 중년 남성이 어떤 사건을 마주하고, 누군가 진실을 폭로하려다가 제압당한다. 주인공의 오랜 친구이자 감초 역할을 하는 배우가 순박하기만 한 우정으로 심금을 울릴 것이다. 또 다른 조연은 진실을 밝히려 하는 중 제압당할 것이며, 주인공의 라이벌이 위기의 순간에 주인공을 도울 것이다. 최근에는 〈미옥〉(2017), 〈킬복순〉(2023) 등에서 등장하는 강한 여성상을 전시하는 걸크러쉬 캐릭터도 추가되었다. 이 밈은 대부분 (대부분 이경영이 연기한) 부패한 고위층 캐릭터는 사건의 진상을 외면하고 멈추어야 할 사건이 있어도 "진행시켜!"라고 외치는 캐릭터의 대사로 끝난다. 말 그대로 어디선가 본 듯한 피상적인 캐릭터 천지다. 문제는 아직도 이 피상적인 캐릭터가 상업 영화에 종종 보인다는 것이다.

설 즈음에 개봉한 〈교섭〉(2023)은 천만 영화 공식에 그대로 따라간다. 논쟁적인 실화에 판단을 보류하려는 각본의 어정쩡한 태도는 제쳐두자. 이 영화에서 경악스러운 지점은 최장관(이승철) 캐릭터다. 주인공이 만류에도 불구하고 위험한 사건을 무작정 "진행시켜!"를 외치는 고위층 캐릭터 없이 플롯이 성립되지 않는 인상을 받았다. 이경영 배우가 연기한 캐릭터가 아닌데 이경영 배우가 거기에 있는 듯했다. 대규모 예산이 투입되는 영화일수록 인터넷에서 누군가가 인터넷에다가 허투루 쓴 농담과 더 유사해지는 아이러니가 발생한다. 관객은 10초짜리 농담으로 보면 될 것은 2시간으로 보기를 원치 않는다. 아시모프의 문장을 패러디해서 말하면 고도로 발달한 한국 상업 영화는 싸구려 인터넷 밈과 구분되지 않는다. 〈범죄도시〉는 신파, 속된 말로 고구마라고도 부르는 관습적인 서스펜스 유발, 인물의 전형적인 서사 등 한국 상업 영화의 클리셰를 마석도의 초월적인 힘으로 생략함으로 인기를 끈 것이다. 〈범죄도시〉는 한국 상업 영화를 빨리 감기로 보는 경험에 가깝다. 이는 한국 상업 영화의 실패를 고발하는 영화에 가까운 것이다.

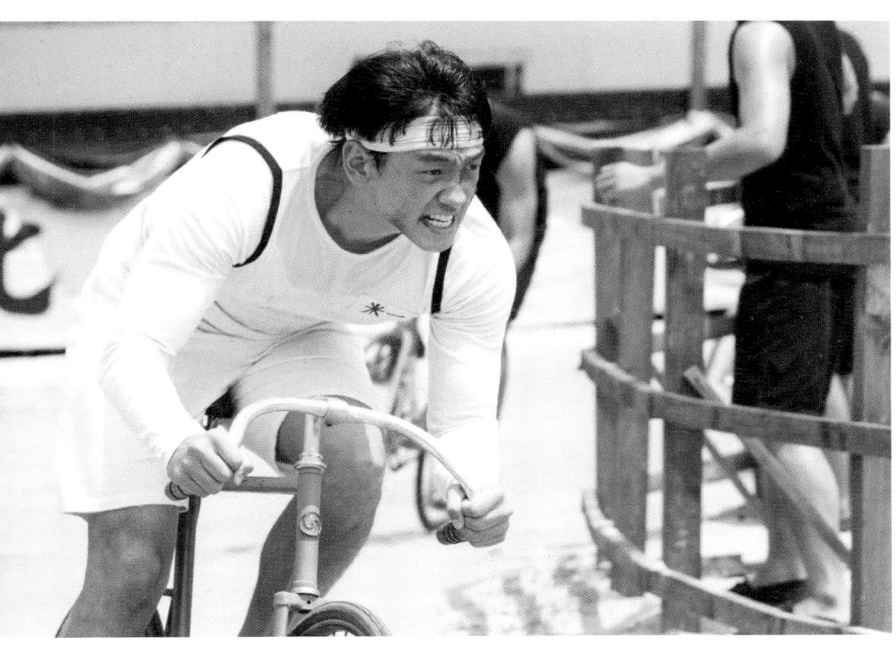

<자전차왕 엄복동> 영화 포토

한국 상업 영화가 인터넷에서 조롱거리가 된 것은 오래된 일이 아니다. 2019년에 개봉한 〈자전차왕 엄복동〉은 한국 상업 영화의 상징적인 실패 사례다. 정지훈(예명 비)이 새벽 즈음 인스타그램에 올린 게시물은 아직도 뇌리에 깊게 남아 있다. "술 한 잔 마셨습니다…"라는 첫 문장부터가 충격이었다. 이어진 문장도 마찬가지다. 주연이 영화 개봉 이틀 전에 "영화가 잘 안 되도 좋습니다", "영화가 별로 일 수 있습니다" 등 부정적 예상을 적은 것은 전례 없는 사건이기 때문이다. 무려 150억 원의 예산으로 찍은 〈자전차왕 엄복동〉은 17만 가량의 관객을 동원했으며, 상업 영화로는 흥행에 참패했다. 이 영화에서 눈여겨보아야 할 것은 〈자전차왕 엄복동〉의

완성도가 아니다. 이 영화가 인터넷 밈으로 소비되는 방식이다.

인터넷 밈은 한마디로 관객이 영화 등 콘텐츠를 소비할 때 저자의 의도와 상관없이 그 영화의 일부를 탈맥락화해서 장난감으로 가져다가 쓰는 소비 양상이다. 비디오나 DVD 등 물리매체가 아닌 디지털화된 파일로 영화를 소장할 수 있는 2차 시장의 탄생, 불법 P2P 다운로드 사이트 급증, 어도비 포토샵 등 이미지 합성 프로그램의 불법 배포 등의 기술적인 배경이 이러한 소비 양상을 탄생하게끔 했다. 영화는 이제 감상자가 마음대로 해체하고 조작할 수 있는 장난감이 되었다. 이것이 나쁜 소비는 아니다. 한 영화에서 생기는 인터넷 밈의 파생은 영화의 작품성을 드러내는 증거이기도 하다.

누구도 비난하지 않는 지금…한국 영화의 진짜 위기

인터넷 밈은 인터넷 언어로, 비언어적인 감정 표현의 수단이기도 하다. 영화 일부를 자른 이미지를 언어로 가져다가 쓰는 것이다. 장르 영화는 비일상적 사건을 중심으로 한다. 비일상적인 상황을 제대로 드러낼 때 배우의 과장된 연기는 잘라내져서 우리에게 이모티콘 대신에 소비될 여지가 있다. 〈헤어질 결심〉에서 서래(탕웨이)의 마침내가 특히 그러하다. 〈헤어질 결심〉이 상영된 뒤, 한 달 가까이 문장에서 비슷한 기능을 하는 드디어와 끝내 등의 부사를 제치고 마침내의 사용량이 압도적으로 증가했다. 번역기로 돌린 듯한 서래의 어색한 한국말 대사, 해준(박해일)의 문어체에 가까운 대사와 연극적인 연기가 시너지를 일으킨 것이다. 우리는 배우만큼 풍성한 표정을 연기할 수 없으므로 배우의 표정을 빌려다가 부족한 비언어적인 소통을 보완하는 것이다. 잘 짜인 이야기일수록, 디렉팅이 유려할수록 그 영화는 대중이 언어로 빌려다가 쓸 만한 요소가 다양해진다. 이는 영화의 미장센, 음악 등 여러 요소가 완벽히 맞물려야만 생겨나는 것이다. 그러나 작가적 색채가 없는 한국 상업 영화는 영화 자체가 조리돌림을 당한다. 〈자전차왕 엄복동〉이 개봉한 뒤 인터넷에서는 "술 한 잔 마셨습니다…"라는 문장으로 시작하는 정지훈의 문체를 장난스럽게 따라 하는 유행이 생겼다. 뒤이어 완성도가 엉망이라 판단되는 영화에는 –복동이라는 접미사가 붙기 시작했다. 17만 관객수를 의미하는 1UBD라는 지수도 생겼다. 미장센이나 배우의 연기 등은 이야기되지 않는다.

속된 말로 '국뽕 영화'라고도 불리는 영화에 대한 조롱에 가깝다. 이때 국뽕 영화는 〈국제시장〉, 〈인천상륙작전〉, 〈봉오동 전투〉등 신파적인 감정을 기반으로 애국심 이데올로기를 설파하는 영화 전반을 이야기한다. 이는 영화 내적으로 볼거리가 없다는 증거이기도 하다. 클리셰로 뒤범벅된 영화를 관람한 관객은 대신에 자신의 실패를 자학 개그에 가까운 인터넷 밈으로 승화한다. 집단으로 〈클레멘타인〉(2004)이나 〈영웅:샐러맨더의 비밀〉(2013) 등 완성도가 엉망인 영화에 만점을 주면서 새 관객을 현혹하는 낚시성 리뷰같은 경우가 그러하다.

무플보다 악플과 마녀사냥이 낫다. 한국 상업 영화는 농담으로 승화가 힘들 만큼 지경에 이르렀다. 관객 입장으로는 영화 표값이 쌀 때만 하더라도, 영화가 엉망이어도 시간 낭비라 느끼기보다는 자학적인 농담으로 승화할 여유가 있기라도 했다. 이제는 아니다. 관객은 시간 낭비를 견딜 수 없다. 〈범죄도시〉시리즈는 그 증거다. 한국 상업 영화에서 파생되는 인터넷 밈은 멸종되었다. 〈기생충〉(2019)과 〈헤어질 결심〉을 마지막으로 최근의 인터넷 밈은 〈오징어 게임〉, 〈더 글로리: 파트 1,2〉, 〈수리남〉등 드라마에서 생기기 마련이다. 이제는 영화에서 생기지 않는다. 〈범죄도시1〉은 그나마 장첸(윤계상) 캐릭터가 생생했기에 인터넷 밈으로 가공되었다. 〈범죄도시3〉는 그러하지 않다. 마동석마저 하나의 클리셰가 되었기 때문이다. 한국 상업 영화는 이제 농담거리로 쓰이지 않는다. 올해 개봉한 〈더 퍼스트 슬램덩크〉나 〈스즈메의 문단속〉, 〈엘리멘탈〉등 해외 영화는 영화 팬덤을 기반으로 인터넷 밈으로 SNS에 유행하는 데에 비해, 올해 개봉한 한국 상업 영화는 단 한 편도 SNS에서 인터넷 밈으로 유행한 것을 본 적 없다. 무플보단 악플과 마녀사냥이 낫다. 그러나 이제는 아무도 한국 상업 영화를 힐난하지 않는다. 이것이야말로 한국 영화의 진짜 위기다. "술 한잔 마셨습니다. 영화가 잘 안 되도 좋습니다."라고 빌어도 이제는 아무도 듣지 않을 것이다. *Critique M*

콩쿠르 '영재' 강국에서 클래식 강국으로 가려면

조희창

음악평론가. 〈소니 뮤직〉 클래식 담당. KBS FM 작가. KBS1TV 〈클래식 오디세이〉 대표작가.
월간 〈객석〉 기자. 월간 〈그라모폰 코리아〉 편집장. 〈윤이상평화재단〉 기획실장. 예술경영지원센터
음악 분야 평가위원 등을 역임했다. 현재 공연전문지 〈클럽 발코니〉의 편집위원이며, 예술의전당.
통영국제음악당 등에서 강의하고 있다. 저서로 『전설 속의 거장』(1998), 『조희창의 에센셜 클래식』(2019),
『클래식이 좋다』(2021) 등이 있다.

벨기에 출신의 티에리 로로(Thierry Loreau) 감독은 지난 2020년, TV용 다큐멘터리 영화 〈K 클래식 제너레이션〉(K-Classics Generation, Koreas junge Klassik-Stars)을 제작했다(국내개봉은 2022년 8월 31일). 감독은 이미 2012년에 〈한국 클래식의 수수께끼〉라는 제목으로 한국의 클래식 음악을 조명한 다큐멘터리를 만들었는데, 이번에도 역시 세계시장에서 활약하는 한국의 젊은 연주자들을 쫓아다니며 K-클래식의 비밀을 외국인의 시선에서 담으려 했다.

쇼팽 콩쿠르 우승자인 피아니스트 조성진을 비롯해 제네바 콩쿠르와 부소니 콩쿠르에서 우승한 바이올리니스트 문지영, 퀸 엘리자베스 콩쿠르 우승자인 바이올리니스트 임지영과 소프라노 황수미, 위그모어 현악사중주 콩쿠르 우승팀인 에스메 사중주단 등이 출연했다.

티에리 로로 감독이 주목한 클래식계의 성장 동력은 첫째가 한국의 연주자 교육 시스템이며, 둘째는 부모의 헌신적인 노력, 그리고 셋째는 유럽에 비해 젊은 청중들이 늘고 있다는 점이다. 그의 시선을 따라가며 속사정을 살펴보자.

2022년에도 이어지는 콩쿠르 스타들

한국 젊은 연주자들이 세계 시장에서 급부상하고 있다는 것은 2022년 한 해

만 돌이켜봐도 분명한 사실이다. 피아니스트 임윤찬(밴 클라이번 콩쿠르 우승), 첼리스트 최하영(퀸 엘리자베스 콩쿠르 우승), 바이올리니스트 양인모(시벨리우스 콩쿠르 우승), 피아니스트 이혁(롱-티보 콩쿠르 우승), 플루티스트 김유빈(ARD 콩쿠르 우승), 첼리스트 김가은(어빙 클라인 콩쿠르 우승), 첼리스트 한재민(윤이상 콩쿠르 우승), 테너 손지훈(비오티 콩쿠르 우승), 비올리스트 박하양(도쿄 비올라 콩쿠르 우승) 등 지명도 있는 국제 콩쿠르에 입상한 연주자만도 50명이 넘는다. 특히 임윤찬의 경우, 유학 한 번 거치지 않고 동네 학원에서 피아노를 시작한 순수 국내파여서 더욱 화제가 됐다.

단지 우승자만으로 환호하는 것이 아니다. 올해 밴 클라이번 콩쿠르에서는 12명을 뽑는 준결선 무대에 임윤찬을 비롯해 김홍기, 박진형, 신창용이 모두 올랐다. 준결선 무대의 1/3이 한국 연주자였다. 퀸 엘리자베스 콩쿠르에서도 12명이 겨루는 결선 무대에서 우승자인 최하영 외에 문태국, 윤설, 정우찬이 같이 기량을 겨루었다. 미국이나 유럽 음악계가 아연실색하면서 바라볼 만했다.

이는 금호문화재단의 영재발굴 시스템, 한국예술영재교육원의 영재교육 시

첼리스트 최하영씨가 '2022 퀸 엘리자베스 콩쿠르'에서 우승했다.2022.6.5/출처=뉴스1

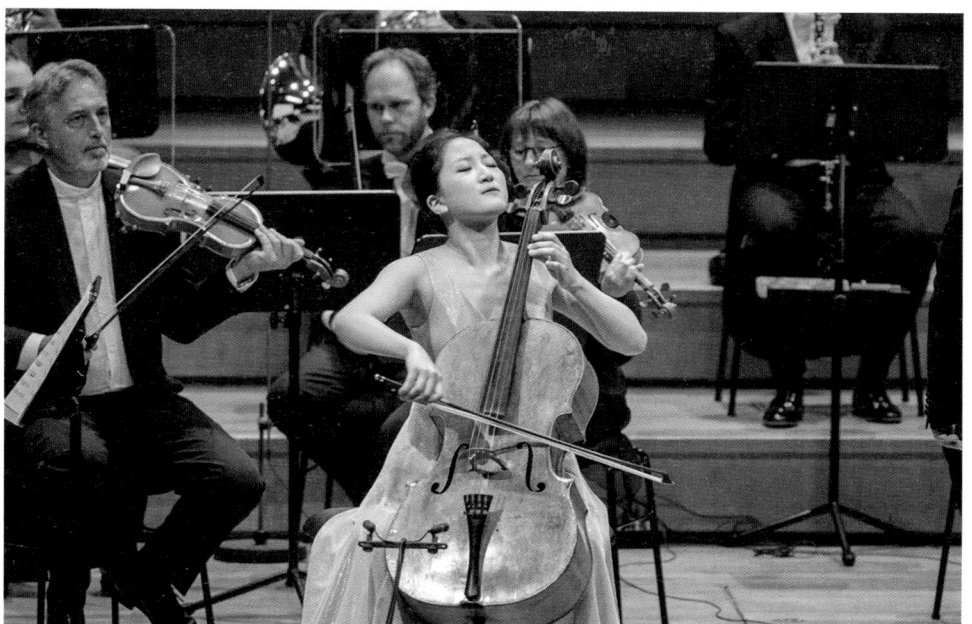

스템 등이 제대로 작동하면서 거둔 성과라 할 수 있다. 돌이켜보면 피아니스트 한 동일이 13세에 미국으로 건너간 후, 한국인 최초로 국제음악콩쿠르에 우승한 것이 1965년 리벤트리트 국제피아노콩쿠르였다. 이후 정경화, 백건우, 정명훈 등으로 이어지는 클래식계의 스타들이 등장했지만, 그것은 척박한 한국 땅을 떠나 외국에서 수업을 쌓은 결과물이었다. 그러나 이제 적어도 엘리트 음악교육에 관한 한 한국의 시스템은 국제적으로 유명해졌다.

해외 유명 연주단을 이끄는 한국 음악가들

한국 클래식의 위상이 높아졌다는 증거는 해외 유명 연주단에서 활동하고 있는 한국인의 면면을 봐도 알 수 있다. 독일 베를린 슈타츠카펠레의 종신 악장인 이지윤을 비롯해 김수연(베를린 콘체르트하우스), 김신경(도르트문트 필하모닉), 윤소영(스위스 바젤 심포니), 신정은(아우구스부르크 필하모닉), 박지윤(프랑스 라디오 필하모닉) 등이 대표적이다. 베를린 콘체르트하우스 오케스트라의 최연소 수석 플루티스트 김유빈과 하노버방송교향악단 비올라 수석 김세준, 헝가리 국립오페라 오케스트라의 첼로 수석 정호승, 베를린방송교향악단 바순 수석 유성권, 서독일방송 교향악단의 호른 수석 유해리, 도쿄 필하모닉 오케스트라 클라리넷 수석 조성호, 게다가 샌프란시스코 오페라 음악감독에 취임한 지휘자 김은선까지 한국 연주자들이 전방위로 활약하고 있다.

외국의 콧대 높은 명문 오케스트라들이 일반 단원도 아닌 악장이나 감독에 한국 음악가를 기용했다는 것은, 이들의 실력이 단지 테크닉의 차원을 넘어서 합주에 대한 해석 능력과 통솔력까지 겸비했다는 것을 의미한다.

이들이 어린 시절부터 영재 시스템에 합류하거나 유학을 떠날 수 있었던 것은 당연히 부모의 헌신이 더해졌기 때문이다. 한국의 교육열은 어제오늘의 현상이 아니다. 특히 예술 교육을 전혀 받쳐주지 못하는 우리나라의 공교육 환경에서는 부모의 지원이 분명히 필요하다. 그러나 이는 작은 조건일 뿐, 연주자 자신의 노력과 기량이 훨씬 중요하다는 건 불문가지의 사실이다.

티에리 로로 감독은 외국의 경우보다 한국의 클래식 소비층이 젊다는 점에도 주목했다. 임윤찬, 조성진 등 유명 클래식 연주자의 팬덤은 대중음악 시장 못잖다. 아이돌 공연에서 흔히 보이던 온라인 커뮤니티와 팬미팅은 물론 공연장의 피켓팅과 '조공 문화'도 보이고, 해외 투어에 따라가 SNS로 실시간 상황을 전송할 정도가 됐다. 팬덤 현상이 다양한 분야로 확대되면서, 주요 소비문화 트렌드가 됐고 소비를 넘어 기획, 제작, 유통 전반에 큰 영향력을 발휘하고 있다.

"클래식 강국이 아니라, 콩쿠르 강국에 불과해"

이쯤에서 성과와 칭찬을 마무리하고 그 이면과 속살을 들여다보자. 2022년 한국이 '임윤찬 신드롬'에 빠져 있을 즈음, 한국예술종합학교의 김대진 총장은 한 텔레비전 프로그램에 나와서 클래식의 현재를 진단했다. 그때 김 총장은 대한민국은 아직 클래식 강국이 아니라, '영재 강국' 또는 '콩쿠르 강국'에 불과하다는 말로 일침을 가했다. 특히 문화예술에 대한 지원이나 대중의 관심도 면에서 일본의 클래식 산업과 비교하면 "아직 부족한 점이 많다"라고 지적했다.

사실 콩쿠르는 긍정적인 면과 부정적인 면을 모두 가지고 있다. 연주자의 능력을 알리고 연주 기회를 확대한다는 점에서 콩쿠르는 큰 역할을 한다. 특히 세계 시장에서 동양인이 콩쿠르 경력도 없이 연주 기회를 갖기는 쉽지 않다. 다만, 콩쿠르 비중이 너무 커지다 보니 학생들이 과다하게 집착하게 되며, 개성적인 연주보다는 콩쿠르용 표준 연주에 치중하게 되는 등의 단점도 있다. 콩쿠르 스타가 클래식 저변을 확대하는 효과도 있지만, 몇 명의 콩쿠르 우승자에게 청중이 지나치게 쏠리는 문제도 같이 가지고 있기 때문이다.

콩쿠르라는 바늘귀를 통과하지 못한 수많은 연주자는 어떻게 살아야 하나? 어렵사리 학위를 따거나 유학을 마치고 돌아와도 앞길이 막막하기는 마찬가지다. 국내 클래식 시장이 너무 작기에 연주만으로는 안정적 생계유지가 힘들기 때문이다. 후학을 양성할 수 있는 대학은 점점 정원을 줄이고 있으며, 기존의 음악과를 실용음악과로 바꾸거나 아예 전공과를 폐지하기도 한다. 그런데도 과연 한국을 클래식 강국이라 할 수 있는가?

이 질문에 답하려면, 콩쿠르 문제를 넘어 전체적인 시각으로 진단해볼 필요가 있다. 연주자의 콩쿠르 우승이나 해외 진출로 따질 것이 아니라, 우리나라 안에서 얼마나 클래식 음악의 예술적 향유가 이뤄지고 있는가를 봐야 한다.

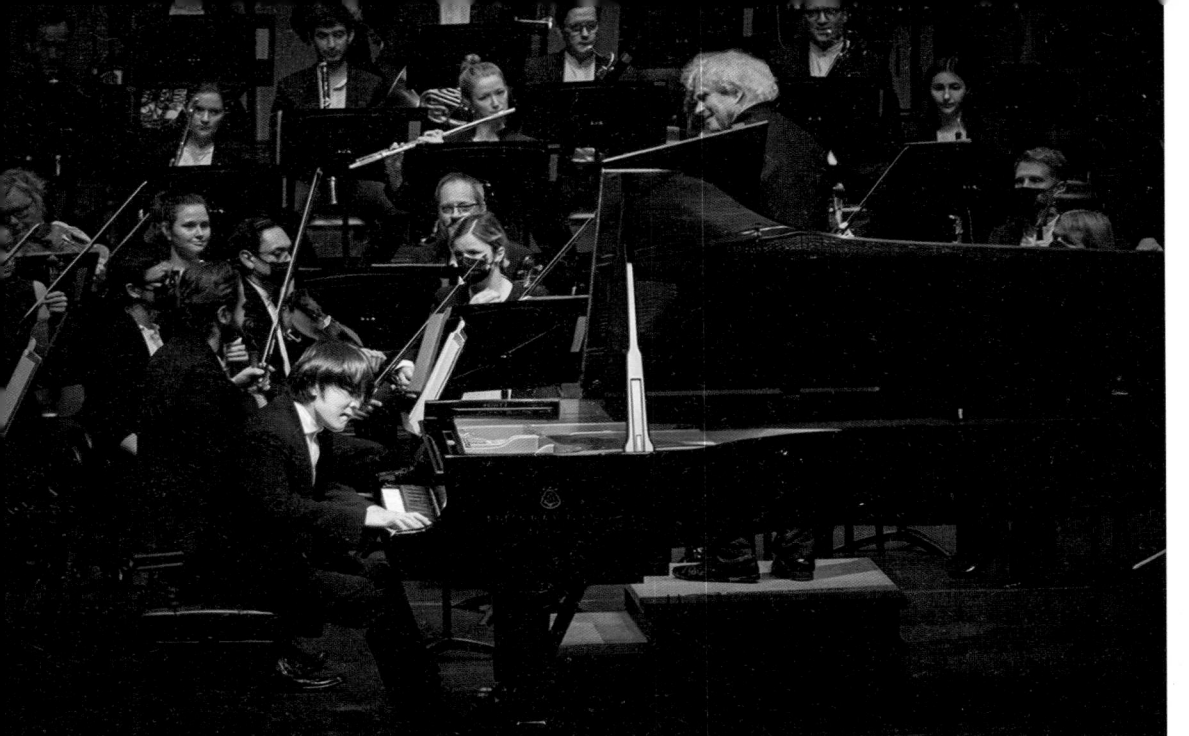

한국 클래식 공연시장의 구조

일단 한국의 전체 공연시장에서 클래식은 어느 정도 규모이며, 어떤 공연이 힘을 쓰고 있는가에 대해, 예술경영지원센터에서 분석한 공연예술통합전산망(KOPIS)의 공연시장 동향 자료를 토대로 살펴보자.

2022년 공연시장은 코로나19로 인한 침체기에서 벗어나 본격적인 성장세로 진입했다. 전체 공연시장에서 서울의 공연 공급(공연 건수)은 45~50% 정도이고, 수요(티켓 판매 수)와 매출(티켓 판매액)은 거의 60~70%를 차지했다. 여기에 경기권까지 더하면 공연 수요와 공급의 2/3 정도가 서울-경기권에 집중돼 있는데, 클래식 시장은 여러 공연 중에서도 가장 수도권 편중이 심한 편이다. 웬만한 시·군에는 모두 문화예술회관이 있지만, 지방으로 내려갈수록 클래식 공연의 비중이 현저히 떨어진다.

공연 건수로만 따지면 클래식 장르가 전체 공연의 절반 가까이 차지하지만, 티켓판매 수와 티켓판매액은 뮤지컬 장르가 압도적으로 높아 전체 공연시장의 80% 정도를 차지하고 있고, 클래식의 판매액은 10% 정도를 간신히 유지하고 있다. 클래식 공연의 수익성이 상대적으로 적다는 것을 말해준다.

그러다 보니, 클래식이라는 장르에 마이크와 앰프로 무장한 온갖 크로스오버 공연이 판을 친다. KOPIS의 2022년 클래식 티켓판매순위 상위권 10개 공연을 보면 〈팬텀싱어〉같은 방송 매체를 통해 인지도를 쌓은 출연진(포레스텔라, 유채훈 콘서트 등)의 크로스오버 콘서트와 영화·애니메이션 음악 콘서트(히사이시 조 필름 콘서트 등)이 대부분을 차지했다. 정통 클래식으로는 조성진의 야외 공연이 겨우 끼어 있을 정도다. 방송으로 '익숙한 콘텐츠'와 '유명한 출연진'이 나오는 공연으로 관객이 집중되면서 무대의 다양성과 창조성이 점점 떨어지고 있다.

남용되는 '크로스오버'에 대한 우려

요즘 우리는 진지하면 죄인이 되는 시대에 사는 것 같다. 모든 것은 짧고 말랑말랑하고 재미있어야 하며 심지어 자주 웃겨주기까지 해야 한다. 이 '예능 천국, 다큐 지옥'의 세상에 살아남기 위해서 클래식도 안간힘을 썼다. 행여나 청중이 지루할까봐 한 악장만 떼어 연주하고, 중간에 크로스오버 곡도 보태고, 영상도 틀어주는 공연이 많아진다.

그러나 '클래식의 저변 확대'라는 이름으로 오히려 청중을 '하향 평준화'시킨 것은 아닌가 하고 생각될 때가 많다. 순도 높은 공연은 점점 힘들어지고 예능 정신으로 가득한 기획물만 많아지는 것 같아 우려스럽다.

행정가들은 융합이나 복합이라는 단어를 무척 좋아한다. 아예 두 단어를 붙여서 '융복합'이란 단어를 쓰는 게 유행인 것 같다. 그러나 말이 좋아서 복합이지, 이질적인 것들을 뭉쳐놓겠다는 것은 세상에서 가장 어려운 일 중에 하나다. 그렇게 만병통치약처럼 남용돼선 안 될 말이다. 트로트도 나오고, 포크 음악도 들어가 있고, 영화음악도 한 곡 보태고, 가곡도 부르는 식의 요란한 공연을 하고는, 어린이부터 어르신들까지 올 수 있는 성공적인 공연이었다며 자화자찬하는 경우가 많다.

크로스오버 공연들을 깎아내릴 생각은 없지만, 창조적인 크로스오버 작업은 각각의 영역이 다양하고 튼튼하게 존재해야만 가능함을 강조하고 싶은 것이다.

클래식 시장 내에서도 마찬가지다. 이것저것 한 무대에 비벼 넣은 무색무취한 공연이 아니라, 작지만 전문적인 영역의 공연이 다양하게 벌어졌으면 좋겠다. 그것이 문화선진국으로 가는 길이라고 나는 믿는다. 정책적으로 기초 과학 분야를 보존하듯, 순수 예술 부문을 보존하고 지원하려는 의지가 필요한 일이다.

진지하지만 친절한 무대를 위해

궁극적으로 이 문제는 진지한 클래식 청중의 수요를 어떻게 확보하느냐는 물음으로 향하며, 본질적으로는 대중 교육, 특히 초중고교 시절의 공교육 문제로 귀결된다. 유럽 선진국처럼 학생 시절에 1인 1악기 교육 시스템을 만들고, 다양한 음악적 체험을 유도하며, 그것을 대학 입시제도에 반영시켜야 미래의 공연 수요가 생길 것이다. 이 부분에 손을 대지 못한다면 한국은 영재 콩쿠르 강국은 될 수 있을지언정, 클래식 강국은 될 수 없다.

그렇다고 마냥 공교육 탓만 할 수는 없는 일, 중장년층을 통해서라도 생활 클래식의 수요를 창출해내야 한다. 그나마 다행한 일은 중년층의 문화적 욕구가 상승하면서 공공예술기관의 예술아카데미를 중심으로 클래식 인구 저변이 조금씩 넓어지고 있다는 것이다.

공연 기획자와 연주자들의 새로운 발상과 노력도 필요하다. 클래식 입문자들에게 기존의 클래식 무대는 불친절하기 짝이 없다. 거의 두 시간 동안 아무런 해설도 없이 원어로 된 노래만 부르는 식의 귀국 발표회를 여전히 보고 있다. 연주자들이야 미리 공부하고 오는 청중을 원하겠지만, 그런 마니아층은 항상 소수라는 것을 염두에 둬야 한다.

〈마티네 콘서트〉, 〈브런치 콘서트〉처럼 곡의 배경과 내용을 따뜻하게 프레젠테이션할 수 있는 공연을 활용해서 접근성을 높여야 한다. 공연 제목, 해설지, 진행 방식 등에서 더욱 친절하고 세심한 서비스를 고안해 진입 장벽을 낮춰야 한다. 모름지기 음악이란 아는 만큼 들리고, 듣는 만큼 깊어지기 때문이다.

한국 클래식 연주자들이 세계무대에 진출한 것은 기껏해야 50년이 조금 넘는다. 그 짧은 시간 동안 참으로 괄목할 만한 성장을 이뤄낸 것은 분명한 사실이다. 이제 정책적으로 한 걸음 더 나아가서 클래식이 교양의 필수품처럼 여겨지는 생활 예술의 기반을 마련할 때다. 월드컵 16강이나 올림픽 금메달도 중요하지만, 국민 생활체육 기반이 더욱 중요한 것과 마찬가지다. *Critique M*

기지촌 꽃분이들의 스토리-텔링

정문영

영화평론가, 영화각색연구자, 현대연극과 영화 비평이론,
연극, 영화, 각색에 대한 논문과 평론 등 관련 글을 쓰고 있다.

한국 독립 다큐멘터리 영화의 독립

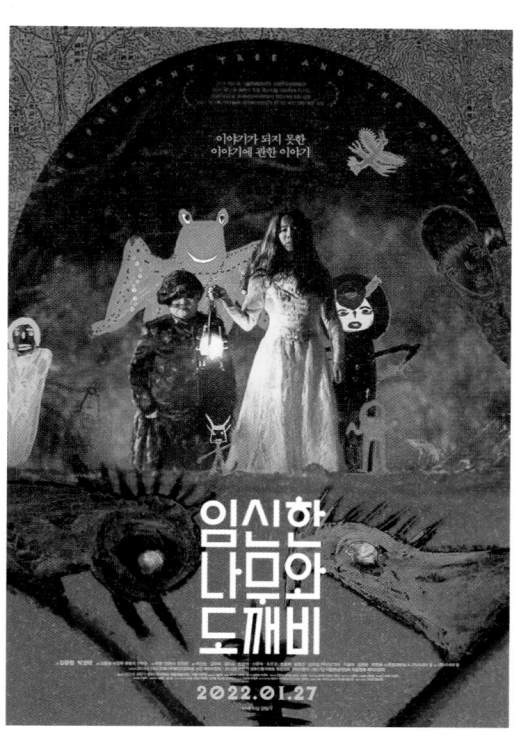

2019년 부산국제영화제에서 신선한 문제작으로 호평을 받은 김동령·박경태 감독의 〈임신한 나무와 도깨비〉(2019)는 서울독립영화제 집행위원회 특별상 수상에 이어 지난 연말 제42회 영화평론가협회상 독립영화지원상 극영화 부분에 선정됐다. 두 감독의 전작 〈거미의 땅〉(2016)도 이 상을 받았으며, 이 영화의 성과에 실질적인 영향을 끼친 것은 사실이다. 아마도 이번 상 또한 차기작의 탄생과 배급에 주요 자극과 자원이 될 것이다.

개관과 운영을 위해 작게나마 지원해온 대구 독립영화전용관(오오극장)이 올해 초 이 영화를 상영했다. 끈끈한 유대감으로 형성된 지역 영화공동체의 일원으로 공인된 이야기에 저항하는 작은

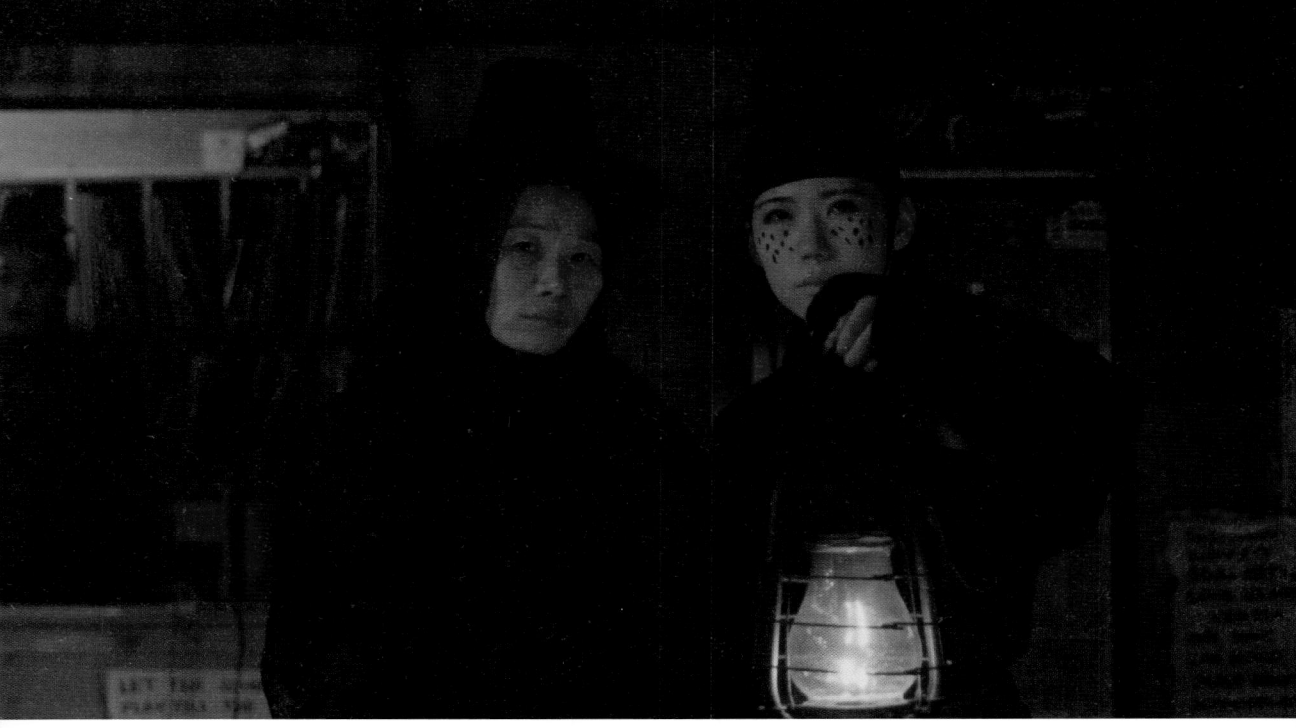

사람들의 스토리-텔링은 창조적 역량을 가진다. 이러한 독립 다큐멘터리 영화와의 예기치 못한 만남은 새로운 독립영화의 탄생 고지의 기쁨을 함께 나누는 경험을 한다. 이 영화를 보고 났을 때 그랬던 것 같다. 벌써 두 감독의 차기작을 고대하게 된다.

사라질 기지촌의 시공간에 도전하는 인순이와 꽃분이

기지촌이라는 사라져 가는 공간에 대한 다큐멘터리 〈거미의 땅〉 이후 6년 만에 나온 이 영화 또한 다큐멘터리 장르로 분류되고 있지만, 극영화 부분 수상작으로도 선정됐듯 다큐멘터리와 극영화의 경계를 과감하게 넘나들며 새로운 다큐멘터리 독립영화를 지향하는 실험적인 영화다. 두 감독이 만든 첫 영화부터 촬영 대상을 객관적인 인터뷰와 관찰로 쫓아가는 전통적 다큐멘터리 방식 대신 새로운 방식을 시도하고 있다. 이 영화는 촬영 대상인 기지촌 위안부 박인순을 인터뷰하고 관찰하는 것이 아니라, 그녀 자신의 이야기를 담았다. 그녀와 즉흥적으로 호흡할 수 있는 배우들과 두 감독과의 협업으로 만든 다큐멘터리 장르 자체에 대한 재고와 새로운 형식의 가능성을 보여주는 새로운 버전의 독립 다큐멘터리 영화이다.

40여 년 기지촌 위안부로 살아온 인순을 주인공으로, 그녀가 "마치 그림을 그리듯 자신을 바라보는 영화", "자신의 뇌를 펼쳐서 보여주는 영화"(1)를 만들고자 했다는 김동령 감독이 밝힌 제작 의도는 "뇌는 스크린이다"(2)라는 들뢰즈의 영화 철학을 상기시킨다. 자신의 그림에 대한 설명 요구에 "그냥 내 맘대로 그렸어"라는 인순의 대답은 자극과 사유의 분자적 미립자들이 그녀의 뇌에 만들어낸 이미지를 그냥 그렸다는 것을 의미한다. 들뢰즈에 의하면, 영화는 창조적 뇌의 회로를 쫓아갈 수 있다. 따라서 감독들이 만들고자 한 새로운 다큐멘터리는 바로 인순이 그림을 그리면서 생성되는 자신의 창조적인 뇌를 펼쳐 보여주는 영화인 것이다.

인순이 그린 그림의 제목이자 이 영화의 제목 "임신한 나무와 도깨비"가 말해주듯이, 이 영화는 그녀가 상상하는 판타지의 세계를 그릴 때 그녀의 뇌의 회로와 연결이 만들어내는 스크린을 펼쳐 보인다. 그 세계에는 매달 거듭되는 수십 번의 임신과 낙태를 한 자신과 꽃분이들이 성폭행을 당하고, 자살을 시도하기도 한 "임신한 나무", 이승을 헤매는 죽은 꽃분이 귀신들, 기지촌 여자의 죽음과 장례식을 돕는 도깨비들, 미군 머리를 잘라서 끌고 가는 인순과 꽃분이의 기괴한 복수, 이들을 데리러 온 저승사자들 등이 등장하는 오드 판타지(Odd fantasy)의 세계다. 따라서 드라마, 호러, 미스터리, 스릴러, 복수 판타지를 혼성한 실험적 형식의 이 영화는 들뢰즈가 설명하는 "'기억과 전설 그리고 괴물을 만들어낼" 수 있는, '거짓의 역량(Puissance du faux)'을 발휘할 수 있는 "가난한 자들의 스토리-텔링"(3)에 관한 영화라고 말할 수 있다.

각색된 이야기에 저항하는 스토리-텔링

성적 학대와 착취를 견뎌온 가난한 자, 약자, 소수자인 인순과 꽃분이들이 발휘할 수 있는 거짓의 역량은 공인된 이

(1) 서울독립영화제 2019 인터뷰('이야기되지 못한 이야기들'-<임신한 나무와 도깨비> 김동령,박경태 감독) 참조. https://post.naver.com/viewer/postView.nhn?volumeNo=27006810&memberNo=37618212&searchKeyword=%EC%98%A4%EC%9C%A4%EC%A3%BC&searchRank=2

(2) 그레고리 플랙스먼, 『뇌는 스크린이다: 들뢰즈와 영화철학』박성수 옮김, 이소출판사, 2002.('뇌는 스크린이다'라는 제목의 들뢰즈와의 인터뷰)

(3) 질 들뢰즈, 『시네마 II: 시간-이미지』 이정하 옮김. 시각과 언어. 2005.

야기가 주장하는 진실에 대해 상대적인 진실을 만들어낼 수 있는 역량이 아니다. 그 역량은 "대안적 진실"을 주장하기 위한 것이 아니라 진실과 거짓의 판단 체계 자체를 와해시킬 수 있는 거짓의 역량을 의미한다. 창조적 뇌의 주인공 인순은 이런 거짓의 역량을 발휘해 자신을 피해자 또는 욕망의 대상으로 자리매김하는, 즉 다수 지배적 관점을 대변하는 이미 각색된 이야기, 공인된 이야기에 저항할 수 있는 스토리-텔링으로 그녀와 기지촌 꽃분이들의 새로운 이야기를 만들고 싶어 한다.

인순의 스토리-텔링은 그녀의 벌거벗은 몸을 보여주는 것으로 시작한다. 이 영화에서 가장 비천한 여자의 몸으로 간주될 수 있는 기지촌 여자의 벌거벗은 몸이 두 번 등장한다. 첫 번째는 목욕하는 인순의 벗은 몸이다. 두 번째는 후반부에 꽃분이 유령들이 미술작가가 도망가면서 두고 간 사진 자료집을 보다 찾아낸 국과수가 찍은 사건 현장 보존용 사진 속 죽어 누워 있는 매춘부의 몸이다.

후자가 반미 감정과 여성주의적 분노를 일으킨 참담한 현실을 증언해주는 갈기갈기 찢긴 피해자의 비참한 몸이라면, 전자는 지금이라도 몸을 팔 수 있으면 기꺼이 팔겠다는 당당한 매춘부의 몸으로 서로 대비가 된다. 이와 같이 인순의 늙었지만 건강한 벗은 몸을 씻는 장면을 오프닝에 담은 의도는 강인한 생명감을 아름답다고 느낄 정도로 감각적으로 체험하게 만드는 정동적 힘이 내재된 몸을 보여주기 위한 것이다.

박경태 감독이 직접 출연해서 찍은 외부자들과 동반해 의정부의 기지촌 뻘벌로 들어오는 진입 장면이 시사하듯, 오늘날 미군기지 철수와 재개발사업으로 사라지게 된 뻘벌 방문은 과거 어딘가에서 멈춘 시간과 공간으로 들어가는 체험이

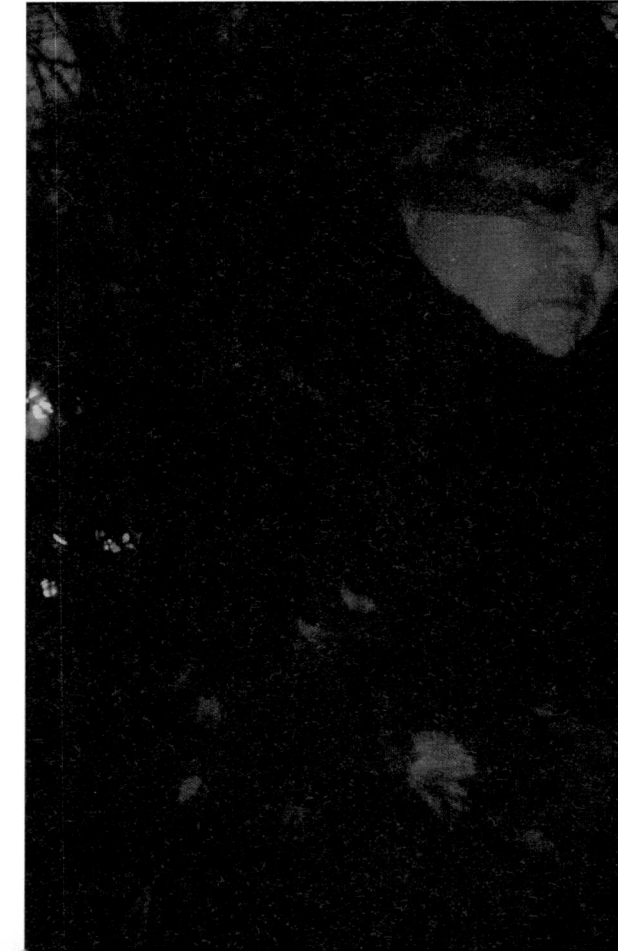

됐다. 뻘벌이 더 이상 현실적인 공간과 시간이 아닌 시공간으로 사라짐과 동시에, 그 죽은 잔해마저도 파헤쳐져 산업폐기물로 버려진 수많은 무연고자 기지촌 여자, 양색시, 양공주, 이 영화에선 꽃분이로 불리는 여자들의 이야기는 이제 회자되지 않은 채 사라질 것이다. 이 영화는 이렇게 사라지는 소멸에 도전해 인순이와 꽃분이들의 이름 모를 뼈다귀들이 "있는 힘껏 서로를 부딪쳐" 소리를 내서 함께 탄생시킨 하나의 이야기이다.

　　이 영화는 세 명의 등장인물들을 화자로 한 내레이션을, 즉 다양한 목소리의 이야기들을 제공한다. 프롤로그와 에필로그는 화자 1(꽃분이 2), 전반부는 화자 2(미술작가), 후반부는 화자 3(대장 저승사자)의 내레이션으로 전개된다. 실패한 인순과 꽃분이들의 이야기로 구성되는 전반부는 이들을 피해자와 관음증적 대상으로 자리매김하는 공인된 이야기가 어떻게 실패한 이야기가 되는지를 보여준다.

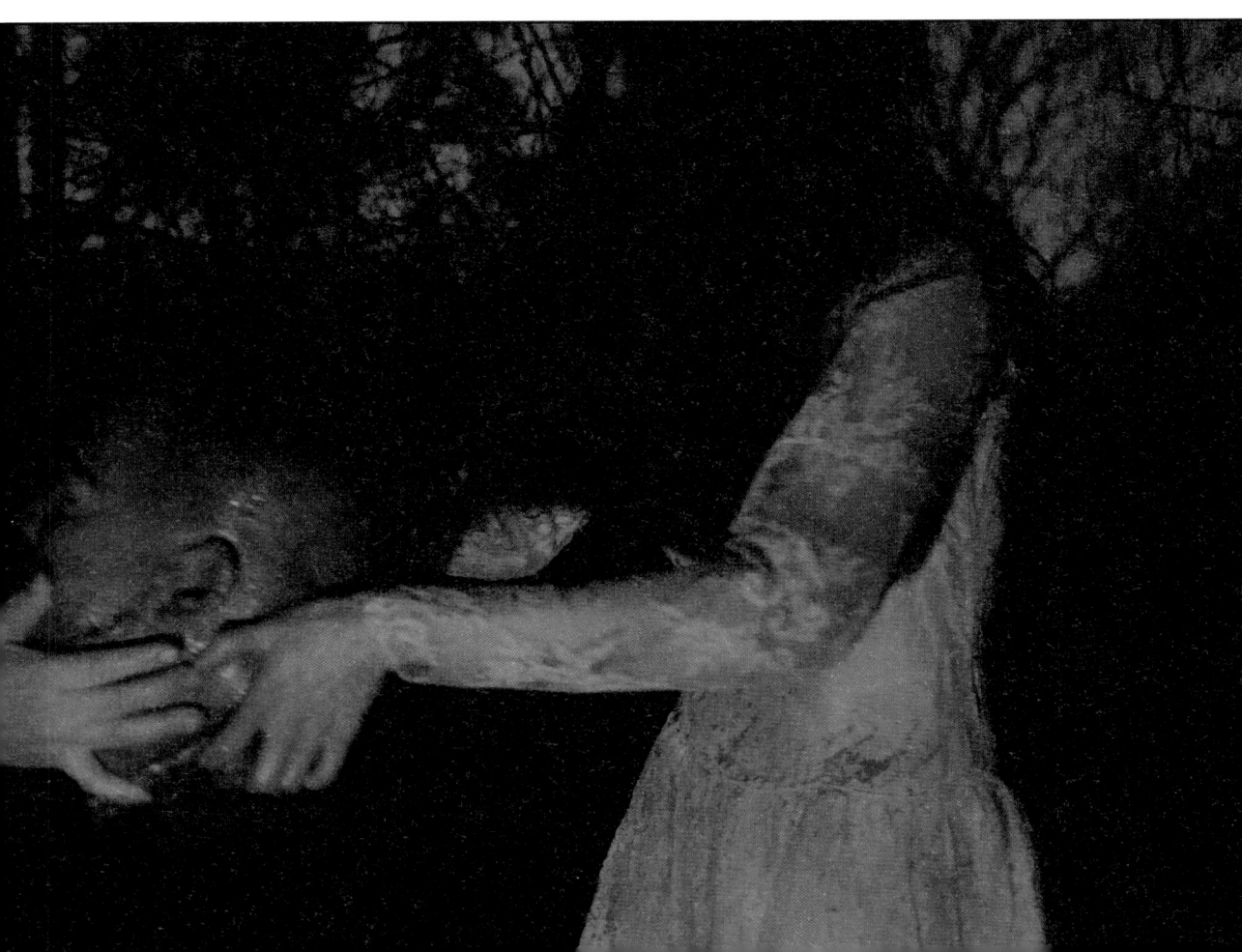

롱테이크 기법, 죽음에 맞선 인순이의 마인드 스크린 담아

명부에 없는 꽃분이들을 저승으로 데려가기 위해 죽음과 소멸로 이들의 이야기를 종결시키려는 저승사자들의 이야기 만들기와 이에 맞서 인순과 꽃분이가 함께 만드는 그들의 새로운 이야기 만들기 시도로 후반부가 전개된다. 저승사자들이 만드는 이야기 또한 "똑같은 (공인된) 이야기가 반복"될 뿐이라는 사실을 발견한 "무모하고 자신만만한 여자" 인순이 죽음을 비장하게 직면하며 대장 저승사자의 권위에 단호하게 맞서 마침내 꽃분이들의 이야기를 탄생시키는 과정이 후반부를 구성한다.

이 영화의 카메라 기법 또한 기존 다큐멘터리와는 다른 기법을 시도하고 있다. 카메라는 화자 2(미술작가)의 카메라처럼 피사체를 따라 이동하기보다는 주로 정지된 상태에서 롱테이크로 화면을 담는다. 이런 기법은 피사체를 프레임 속에 가두기보다는 카메라의 눈이 보고 있는 것과 그것을 의식하고 변형할 수 있는 또 다른 시각의 존재를 의식하게 만든다. 저승사자들이 꽃분이 유령을 찾는 장면, 꽃분이 유령이 어메이징 클럽 벽 앞을 일렬로 서서 타령과 장구 장단에 맞추어 오고 가는 장면을 정지한 카메라가 롱테이크로 담은 장면을 살펴보자.

용기있는 작은 사람… 인순이의 당당한 에필로그

후면 골목길 끝에 보이는 클럽의 담벼락을 스크린으로 삼아 전면에서 프로젝터가 투사한 영상을 보는 것 같은 이 장면은 인순의 뇌가 펼쳐 보이는 마인드 스크린과 함께 그것을 보고 있는 관객으로서의 인순의 존재를 실제 관객에게 부각시킨다. 이런 정지된 카메라의 롱테이크 기법은 저승사자의 시각과 그것을 보는 인순의 시각을 의식하게 함으로써 두 개의 이야기를 함께 연결해, 즉 다성성의 이야기를 전개시키는데 매우 적절한 카메라 기법이다.

인순과 꽃분이가 미군의 목을 잘라 끌고 가는 기괴한 장면과 죽은 꽃분이들을 깨어나게 만드는 인순의 섬뜩한 울음과 웃음소리는 엘렌 식수(Hélène Cixous)의 페미니스트 매니페스토 「메두사의 웃음」(4)을 연상시킨다. 거짓의 역량을 가진 꽃분이들은 기존 신화의 목이 잘린 메두사를 페르세우스의 목을 자른 메두사로 만들어 새로운 이야기를 탄생시킨다. 후반부의 엔딩을 장식하는 클로즈업된 메두사의 웃음은 웃는 인순이의 얼굴을 보는 자를 돌로 만들어버리는 치명적인 능력을 가진 무서운 괴물의 얼굴이 아니라, 인순의 벗은 몸처럼 강인한 저항과 생명의 정동적인 힘을 담고 있는 아름다운 여자의 얼굴이다.

이 영화의 에필로그는 뻣벌에 죽어 누워 있는 꽃분이들이 부러워했던 두 다리가 튼튼하고 우렁찬 목소리를 가진 인순이가 씩씩하게 걸어가는 프롤로그의 마지막 장면의 반복으로 끝난다. 혼자 영화관에 가 어둠 속에서 거대한 환영을 보는 것을 좋아하는 인순은 이 영화가 만든 그녀의 이야기의 '끝'을 다시 시작할 수 있는 창조적 뇌를 가진 무모하고 당당한 아름다운 여자다. 그리고 끝에서 다시 끝을 시작하는 시도야말로 소멸에 저항할 수 있는 용기 있는 작은 사람의 유일한 이야기 방식인 것이다. *Critique* 𝓜

(4) 엘렌 식수, 『메두사의 웃음/출구』 박혜영 옮김. 동문선. 2004.

〈불온한 당신〉— 순응/불온의 경계에서
-'혐오에 맞서 행동하기'

서곡숙

문화평론가, 영화학박사. 청주대학교 연극영화학부 교수로 있으면서, 한국영화평론가협회 총무이사,
계간지 『크리티크 M』 편집위원장, 한국영화교육학회 부회장 및 편집위원장,
국제영화제 심사위원 등으로 활동하고 있다.

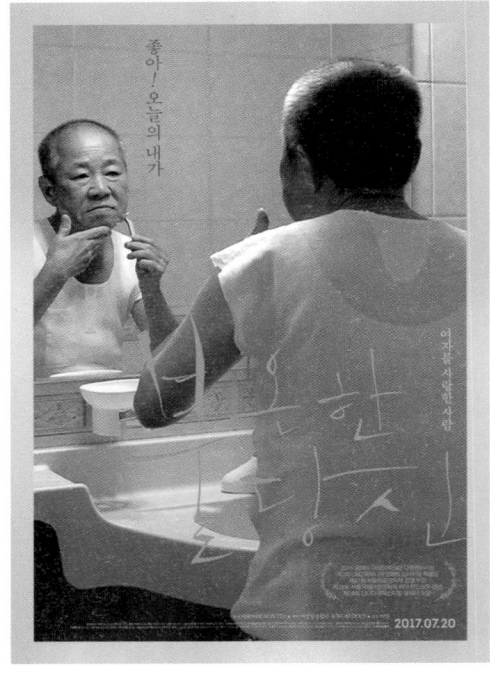

1. 〈불온한 당신〉: 여자를 사랑한 사람, '바지씨'를 찾아서

이영 감독의 다큐멘터리 영화 〈불온한 당신〉(2015)은 여자를 사랑한 사람, '바지씨' 이묵의 삶을 다루고 있다. 1945년생 이묵은 '레즈비언', '트랜스젠더'라는 단어가 국내에 들어오기 전 '바지씨'로 평생을 살았다. 이묵은 성소수자의 존재에 대한 혐오의 목소리 속에서 통치 권력이나 체제에 순응하지 않고 맞서는 '불온한 당신'을 보여준다.

이 영화는 성소수자에 대한 세 가지 문제를 그려낸다. 첫째, 과거/현재와 국내/국외의 비교를 통한 성소수자의 시대와 공간의 문제. 둘째, 보수 세력과 진보 세력의 대립 속에서 정부의 역할 문제. 셋째,

보수 세력과 진보 세력의 대립 속에서 벌어지는 마녀 사냥 문제. 〈불온한 당신〉은 이러한 세 가지 문제를 통해 '우리 중에 누구인가요, 불온한 당신은?'이라는 궁극적인 질문을 던진다.

2. 함께 살아가기: 동성애에 대한 의식의 변화와 한계

〈불온한 당신〉은 동성애의 시대와 공간의 문제를 제기하면서, 과거/현재와 국내/국외의 비교를 통해 '자신 있게 드러내기', '함께 살아가기'를 제안한다.

〈불온한 당신〉에서 바지씨 이묵은 과거 자신의 성 정체성과 동성애에 대해서 '자신 있게 드러내기'를 통해서 당당한 삶을 주장한다. 이묵은 과거 동성애자들이 레즈비언 모임을 할 때 깡패들 모임이라고 허가를 못 받고 주변의 삐딱한 시선과 순경의 감시까지 받으면서 시위하면 잡혀 들어갔지만, 서로 모여 재미있게 살았다고 회상한다. 이묵은 과거 치마씨와 14번의 동거와 수많은 연애를 하였으며, 평생 자신의 성 정체성인 남자로 살면서 숨어 살지 않고 자신 있게 드러내며, 주변 사람들의 인정을 받고 함께 어울린다. 그는 "사람들이 말하거나 말거나. 자신 있게 살았어. 후배들도 그랬으면."하고 말한다.

〈불온한 당신〉에서 일본 미야기현 레즈비언 커플인 논과 텐은 자연재해로 인해 '함께 살아가기'의 중요성을 깨닫는다. 그들은 동일본 대지진으로 인해서 많은 사람들의 의식이 바뀌었으며, 레즈비언에 대한 편견으로 레즈비언으로서 살아가는 어렵지만, 그보다 생명을 지키며 함께 살아가는 것이 중요함을 깨닫는다. 논은 "친구는 실종신고를 할 수 없으며 가족만이 신고를 할 수 있기 때문에 커밍아웃을 해야겠다."고 결심하였으며, "나를 이해해 달라"가 아니라 "목숨이 달린 문제"라고 강조한다.

〈불온한 당신〉에서 이묵은 과거 정상/비정상의 이분법에 상처를 입어왔으며, 현재 동성애자들이 자유로운 애정 표현을 할 수 있는 시대의 변화를 말한다. 이묵은 가슴을 조이는 속옷을 입어 가슴을 꽁꽁 싸매며, 미용실에 가서 머리를 빡빡 밀고 수염을 깎으며, 할머니가 있어도 영감과 놀면서 남자로서 생활한다. 이묵은 자신이 돈복은 있는데 여복은 없어서, 바람나서 보내고 시집간다고 해서 보냈다며 추억에 잠긴다. "내가 정상생활이 아니고 지네는 그게 정상생활이라 간다는데 어떻게

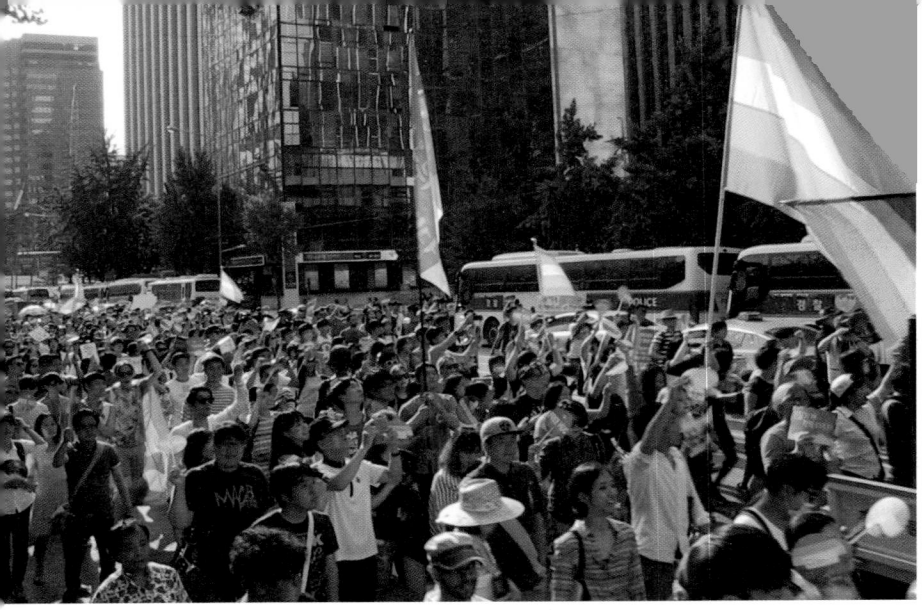

해? 그때는 숨어서 살고 그런 때니까." 이묵은 옛날에는 손 붙들고 못했지만 지금은 손 붙들고 다녀도 아무 상관없다며 시대의 변화를 말한다.

3. 거꾸로 돌아가는 인권의 시계 : 정부의 불통 · 무능과 판단 유보

〈불온한 당신〉에서 성북 주민인권선언 선포식과 서울시학생인권조례를 둘러싼 보수 세력과 진보 세력의 대립은 '거꾸로 돌아가는 인권의 시계'를 보여준다. 정부는 보수 세력과 진보 세력의 대립 속에서 무관심, 불능, 무능의 태도를 보이며 중립적 태도로 판단을 유보함으로써 문제를 해결하지 못하고 대립을 심화시킨다.

〈불온한 당신〉에서 세계인권의 날 성북 주민인권선언 선포식에서 보수 세력과 진보 세력의 충돌로 성북구는 인권선언문을 폐기하고 선포식을 철회한다. '동성애자들을 합법화하는 것은 나라를 망하게 하는 일'이라고 주장하는 예수회, 보수국민연합 대한어버이연합과 '우리는 의무를 다하고 있는데 왜 나라를 망하게 하는 건가요?'라고 항의하는 동성애 단체와 충돌한다. 이 과정에서 보수단체가 동성애단체의 젊은 여성을 폭행하고 "애비도 없는 새끼냐?"며 욕설을 하지만 정부는 이를 저지하지 않는다.

〈불온한 당신〉에서 서울시 학생인권 조례 개정안에 대한 토론은 보수단체와 진보단체의 충돌로 끝이 나고, 서울시는 인권헌장을 선포하지 않게 된다. 동성애 문제대책위원회는 동성애 옹호 조항 삭제 환영 및 추가 수정을 위한 기자회견을 열지만, 동성애를 옹호하는 학생은 "누구나 사랑할 권리가 있는데 왜 동성애라고 안 된다고 생각하는지?"라며 반문한다. 이때 보수단체는 "저년 동성애 하는가봐. 썩을 년. 어미 애비도 없어."라며 욕설을 하고 소리를 지르며 난동을 부린다. 결국 서울시는 경찰을 투입하고 토론을 중단한다. 동성애 단체는 "인권은 목숨이다. 성소수자에게 성소수자 인권을 보장해라. 인권의 시계를 거꾸로 돌리려는 반동 앞에."라며 호소한다. 예수재단은 "서울시는 시위대를 즉각 퇴거 조치하라."며 강하게 항의한다. 결국 시청에 동성애단체를 상징하는 무지개 깃발이 걸리고 6일간의 시청 농성으로 서울시장이 사과했지만, 서울시는 인권헌장을 선포하지 않는다. 이에 이영 감독은 '세상은 보호받을 사람과 보호받지 못할 사람을 나누며 힘들게 한다.'는 내레이션을 통해 동성애 인권 확보가 어려운 당면 과제임을 시사한다.

4. 동성애 마녀사냥 : 동성애를 둘러싼 보수 세력과 진보 세력의 대립

동성애에 대한 마녀사냥은 반국가종북세력 대척결을 주장하는 보수 세력, 동성애 옹호와 세월호 진상 규명을 주장하는 진보 세력 사이에 대립을 드러낸다.

동성애에 대한 보수 세력의 비판은 정상적 삶과 비뚤어진 삶이라는 이분법에 기초한다. 보수단체는 '동성애자들이 정상적인 삶을 살지 못하고 성에 미쳐서 정

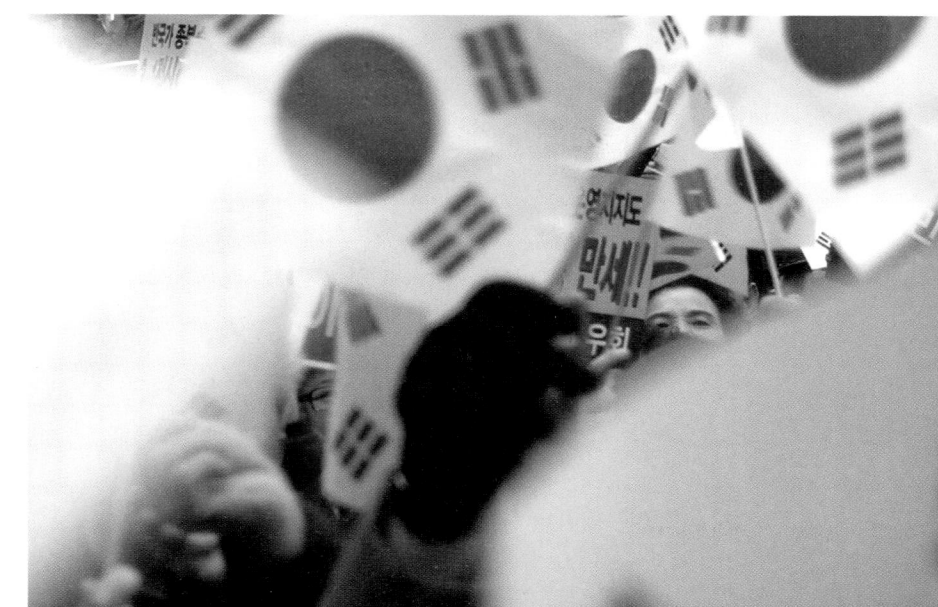

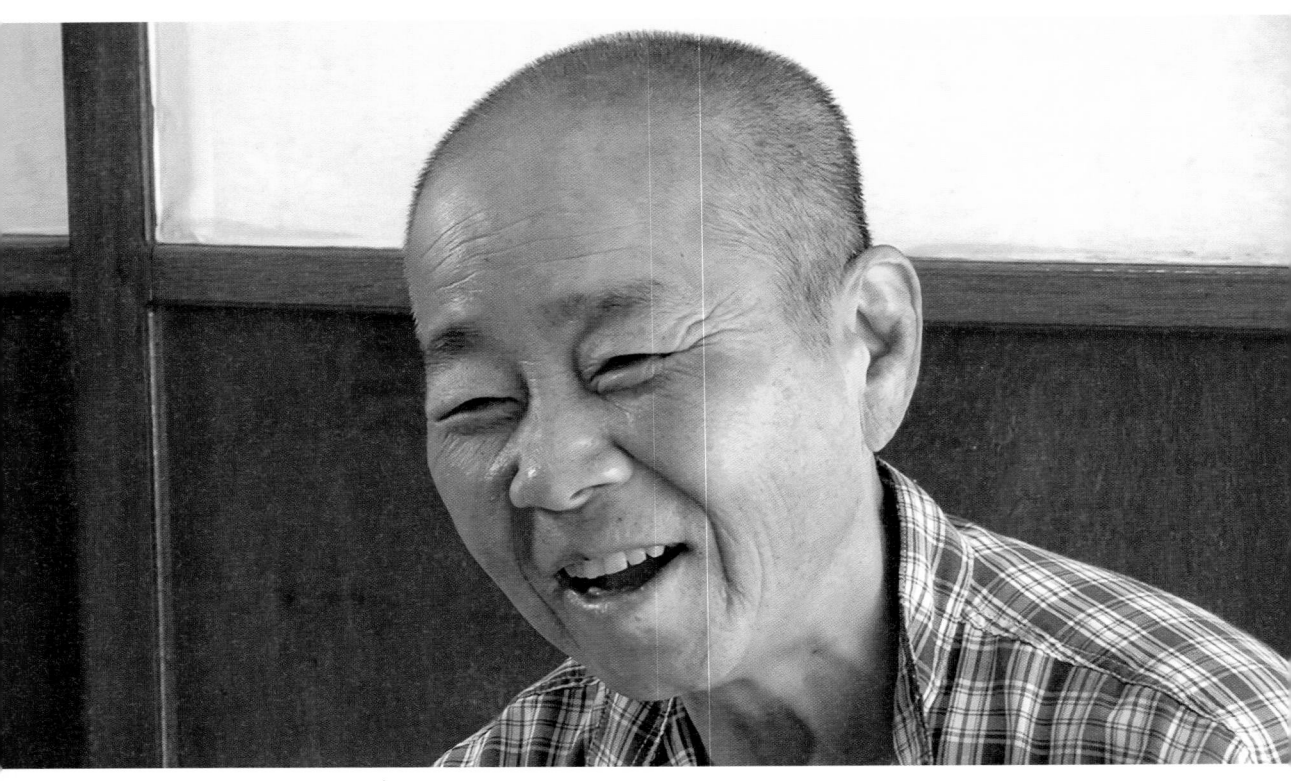

상적인 삶을 살지 못하고 비뚤어진 삶을 살며, 동성애자들의 인권은 말이 안 되며, 아름다운 성북구를 섹스와 타락의 도시로 만들려고 한다.'며 강하게 비난한다. 이에 이영 감독은 "이묵은 바지씨로 살았고 나는 레즈비언으로 산다. 이름이 달라진 만큼 시대가 달라졌다. 하지만 이묵 세대에 사라질 것이라고 생각했던 마녀사냥은 사라지지 않았다"고 말한다.

세월호 특별법 제정을 주장하는 세월호 유가족과 세월호 참사를 악용하지 말라는 보수단체가 충돌한다. 세월호 유가족은 '세월호 대형참사로 수백 명이 죽었지만 구하는 것보다 잘못을 숨기기에 바빴다. 마지막 한 명까지 찾아 달라.'고 호소한다. 한편 보수단체는 '당신 가족들이 죽어서 가슴 아프지만 얼마나 많은 사람이 죽어야 만족할 건지. 교통사고 때문에 대한민국이 발목 잡혀야 하는지.'라며 반헌법적인 세월호 특별법 제정을 반대한다. 세월호 침몰 사건을 둘러싸고 '대형참사'와 '교통사고'로 대변되는 극단적 가치관의 차이는 동성애 문제로 옮겨간다.

퀴어문화축제가 세월호 애도 프로그램을 통해서 '혐오에 맞서 행동하자'고

촉구하는 반면, 보수단체는 종북척결과 동성애 반대를 주장하면서 서로 충돌한다. 동성애 반대를 주장하는 보수단체 사람들은 세월호 시위를 위장해서 거리행진을 가로막는다. 보수단체의 애국시민 시위와 동성애반대 시위가 자연스럽게 연합하면서 합동 시위를 벌인다. 퀴어문화축제 행진에 보수단체가 난입하여 하나님의 땅을 외치고 태극기 물결 속에 한복을 입고 북을 치면서 동성애 반대를 외친다. 〈불온한 당신〉에서 종북척결과 동성애 반대를 외치는 보수단체·종교단체와 동성애 인권을 주장하는 진보단체의 충돌은 항상 폭력으로 끝나는 혼란 상태를 보여준다.

5. 성소수자 인권 : 혐오에 맞서 행동하자

다큐멘터리 영화 〈불온한 당신〉을 보면 이 영화는 성소수자의 인권을 다루고 있는지 아니면 보수 세력과 진보 세력의 대립을 다루고 있는지 의문이 든다는 것이다. 그만큼 영화는 후자에 많은 비중을 할애하고 있다. 이는 성소수자의 인권 문제는 단순히 동성애에 대한 혐오나 반대가 아니라 보수 세력과 진보 세력의 가치관 대립이라는 문제에서 생각할 필요가 있다는 주장이 엿보인다.

〈불온한 당신〉은 '우리 중에 누구인가요, 불온한 당신은?'이라는 이영 감독의 질문에 대해서 세 가지 측면에서 대답한다. 첫째, 성소수자의 과거/현재와 국외/국내를 살펴보면서 동성애가 선택의 문제가 아니라 '필연'의 문제라는 사실을 강조한다. 둘째, 정부의 인권 선언과 정책을 둘러싸고 보수 단체와 진보 단체의 격돌은 정부의 무관심, 무능, 불통을 드러내며, 정부의 판단 유보로 갈등이 심화되면서 성소수자의 '인권'이 점점 후퇴하고 있는 현실을 폭로한다. 셋째, 보수 세력과 진보 세력의 대립에서 예수회, 대한민국재향경우회, 보수국민연합 대한어버이연합 등 많은 보수 단체들의 연대로 성소수자들에 대한 '마녀사냥'은 현재 진행형이다. *Critique M*

사진 출처 : 네이버 영화

개인화 사회의 액체사랑

이정옥

문화평론가

낭만적 사랑과 액체사랑

로맨스는 낭만적 사랑을 기본값(정상성)으로 삼아온 사랑의 서사다. 낭만적 사랑은 첫 눈에 불꽃과 같은 매혹에 사로잡힌 두 사람이 연인으로 발전하여 평생토록 함께 하는 운명적 공동체를 추구한다. 따라서 낭만적 사랑의 서사는 사랑과 결혼을 결합한 연애결혼을 각본화한다.

그간 연애결혼의 문화각본은 지루한 결혼의 일상을 소거한 채 가슴 설레는 연애감정만 부각시켜 왔다. 이로 인해 운명적인 만남에서 출발하여 우여곡절의 연애 과정을 거쳐 혼인서약으로 끝나는 로맨스의 서사문법이 고착됐다. 로맨스의 서사와 소비문화를 결합시킨 각종 프러포즈 이벤트와 데이트 코스는 낭만적 사랑을 오랫동안 우리 곁에 머물도록 기여해온 문화상품이다.

낭만적 사랑의 핵심은 단연 순결성이다. 사랑의 대상은 운명적인 '그 남자'라는 이유만으로 사랑에 매혹된 여성의 결여를 메꿔줄 수 있는 존재로 이상화된다. 그러기에 운명적인 그 남자에게 육체적 순결과 감정적 충만, 도덕적 미덕을 헌신함으로써 비로소 사랑에 빠진 여성 자신을 인정하는 역설을 통해 낭만적 사랑의 신화가 완성된다.

그러나 이제 모든 것이 개인화된 세계로 접어든 지금, 낭만적 사랑의 서사는 유행이 한참 지난 올드패션이 됐다. 한 치 앞을 내다볼 수 없는 불확실성의 시대에 사람들은 더 이상 평생 함께 할 운명적 만남을 기대하지 않기 때문이다.

더구나 사랑과 열정은 은밀하게 즐겨야 한다는 도덕적 금기도 사라져, 순결성에 묶여 있던 섹슈얼리티는 연애감정과 무관하게 언제든 소비할 정도로 자유분방해졌다. 무엇보다 각자도생의 척박한 경쟁사회에서 살아가는 현대인들에게 가장 절박한 생존전략은 연애나 결혼이 아니라 자아실현에 필요한 유형무형의 자산이다.

이런저런 연유로 로맨스의 바이블과 같은 낭만적 사랑의 위상이 흔들리니, 다채로운 사랑이 등장하기 시작했다. 능동적이고 우발적이지만 평등한 관계를 지향하는 합류적 사랑, 사랑의 친밀성과 열정은 추구하되 현실적 거리를 유지하는 실용적 사랑, 감정적인 결속은 지키되 지리상 멀리 거주하거나 서로 다른 문화권자들이 함께 거주하는 장거리 사랑 등등. 친구보다 가깝지만 연인은 아닌 모호한 관계의 썸은 이제 막 상장된 다채로운 사랑의 한 종목에 해당한다.

사회학자 지그문트 바우만은 낭만적 사랑을 대체하는 개인화 사회의 사랑을 통틀어 액체사랑(liquid love)이라 명명했다. 평생 한 사람과의 운명적인 만남과 친족구성이 결락된 사랑은 물과 같이 견고하지 못한, 참을 수 없이 가벼운 사랑이라는 것이다. 그러나 낭만적 사랑의 신화가 여성을 결혼과 가정에 구속시킨 남성 중심적인 사랑의 문화각본이었다는 점을 환기하면, 액체사랑에 대한 논의가 필요하다.

개인화 사회, 연애나 결혼보다 자아실현이 우선

바우만에 따르면, 개인화 사회는 개인에게 한없는 선택의 자유가 주어지지만 실패의 책임은 온전히 개인에게 부과하는 사회다. 사회적 안정장치가 사라진 채 모든 것이 개인화된 사회에서 개인들은 물 위를 떠다니는 부초처럼 불안과 공포에 사로잡혀 각자 존재하고 홀로 소멸해 간다는 것이다.

바우만은 고체현대(solid modernity)와 액체현대(liquid modernity)의 이분법적 도식으로 개인화 사회를 설명한다. 전자가 합리적이고 예측 가능하며 안정적이라면, 후자는 모든 것이 우연적이고 예측이 불가능한 유동적인 사회다.

그는 고체현대가 빠르게 액화된 원인을 1980년대에 등장한 세계화와 신자유주의에서 찾고 있다. 대량실업과 양극화로 인한 삶의 불안정성이 세계적으로 확산되고 소비주의가 극대화됨에 따라 전통과 공동체적 유대감, 생산자 중심의 생활방식

등이 무력화됐다는 것이다. 그러므로 개인화 사회는 상품을 소비하듯 무한히 자유를 누릴 수 있는 소비사회인 동시에, 금세 통장이 바닥난 파산자처럼 무한 책임의 덫에서 헤어나지 못하는 공포사회다.

이처럼 고체/액체라는 이분법적 도식은 1997년 IMF 외환위기 이후 한국사회의 급격한 변동을 간명하게 설명해준다. 서구와 달리 외환위기를 계기로 사회와 문화, 경제 등 모든 국면이 빠르게 신자유주의와 소비주의 체제로 전환됨에 따라 개인들이 불안과 공포에 사로잡혀 있는 현재의 한국사회는 액체현대의 속성이 그대로 투사되어 있기 때문이다.

흥미롭게도 바우만은 고체/액체의 도식을 개인화 사회의 사랑 풍속도에 대한 분석 도구로 활용하여, 고체현대의 낭만적 사랑에 대비되는 액체현대의 사랑을 액체사랑으로 통칭한다. 낭만적 사랑의 핵심인 운명적 만남과 결혼, 다시 말해 여성의 헌신과 번식이 소거된 액체사랑은 오직 섹스욕구와 연애감정 충족에만 몰두하는 인스턴트 사랑이라는 주장이다.

견고하고 안정적인 노동의 생산성이 액화되어 소비사회로 진입했다고 강조하면서도, 여전히 여성에게 번식과 헌신이 기본값인 낭만적 사랑을 요구하는 것이다. 바우만은 이를 기준으로 욕망과 사랑을 도식적으로 이분화한다. 욕망이 소비에 목적을 두는 일회적인 접속이라 한없이 가볍고 소비적이라면, 사랑은 대상을 보살피는 헌신과 유대감을 통해 영속성을 유지하며 무겁고 생산적이다.

그러나 욕망/사랑이라는 단순 이분화는 무한경쟁의 치열한 정글에서 연애와 결혼뿐 아니라 모든 것을 포기하고 오직 생존에 매달려야 하는 현대인, 특히 여성의 실존적 현실을 고려하지 않고 있다. 불안정한 노동시장에서 무엇보다 생존이 최우선 과제인 여성들은 더 이상 타자를 보살피거나 헌신에 매진할 수 없을뿐더러 스스로를 돌보기도 벅찬 실정이다.

더욱이 여성들의 인식은 빠르게 '취업은 필수, 연애와 결혼은 선택'으로 바뀌었다. 개인의 자아실현과 자기 정체성을 우선시하게 되니, 자연스럽게 남성에 대한 심리적·경제적 의존도도 낮아졌다. 또한 평생 한 사람과 살아야 한다는 관념도 사라져 독신이나 이혼, 동거 등 다양한 형태의 가족이 등장하기 시작했다.

여성의 관점에서 보면, 개인화 사회는 위험과 동시에 해방을 안겨준다. 특히 가족주의와 집단주의가 강한 한국사회에서 여성들의 '타자를 위한 삶'에서 '자신을 위한 삶'을 향한 전환과정은 그리 녹록치 않은 편이다. 그럼에도 그 이전부터 여성운동과 자기계발 담론을 적극 수용했던 여성들은 위험을 무릅쓰고 해방의 자유를 추구하기 시작했던 것이다.

액체사랑이 결코 가볍지 않은 이유

대중문화는 대중들이 몸담고 있는 현실세계와 그들이 원망(願望)하는 세계를 양손에 들고 흥행성을 저울질한다. 특히 로맨스 수용자들이 대부분 여성이라는 점에서, 대중문화는 여성에게 위험과 동시에 해방을 안겨주는 개인화 사회에 민감하게 반응하며 낭만적 사랑에서 액체사랑으로 대체되는 과정을 각본화하기 시작했다.

〈내 남자의 로맨스〉(2004)와 〈아내가 결혼했다〉(2008)는 개인화 사회에서 '사랑이란 무엇인가'라는 물음을 안겨준 상반된 두 개의 거울과 같은 영화다. 전자가 낭만적 사랑을 이상화한 거울이라면, 후자는 낭만적 사랑을 반사한 거울이다.

〈내 남자의 로맨스〉에서 현주는 갑자기 죽은 아버지가 보낸 듯 한없이 미더운 소훈과 결혼을 꿈꾸며 7년째 연애 중이다. 사랑은 번식을 위한 생물학적 본능이라고 여기는 생물학도 출신의 해충연구원인 소훈은 현주와의 결혼 역시 자연의 순리로 받아들인다.

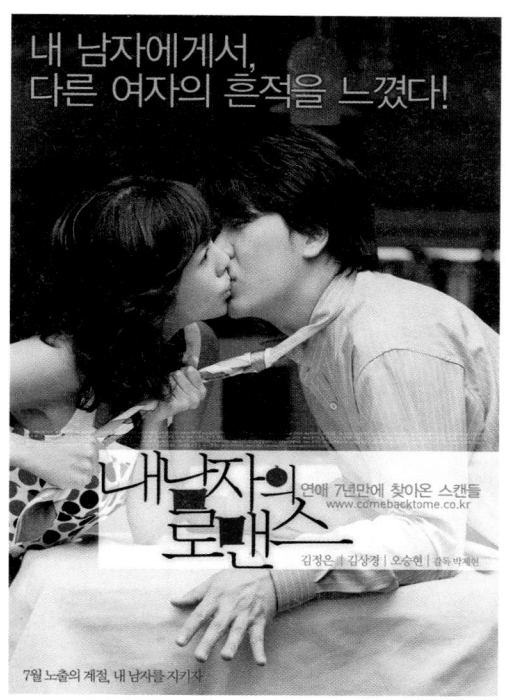

남자는 사랑을 사랑하고, 여자는 그 남자를 사랑하는 전형적인 낭만적 사랑의 서사다. 이 지루한 연애는, 7주년 기념일 선물을 사기 위해 백화점에 갔다 톱스타 은다영과 엘리베이터에 갇힌 사건을 계기로 전환점을 맞이한다.

소훈은 CF 계약을 빌미로 다가오는 은다영의 적극적인 프러포즈에 흔들리고, 소훈을 붙잡으려는 현주의 요란스러운 소동이 부각된다. 한 남자의 사랑을 차지하기 위한 두 여자의 치열한 결전이 클로즈업되지만, 그 진정성 여부와 별개로 남자에게 결정권을 맡긴다는 설정으로 더욱 진부해진다.

무엇보다 문제의 핵심은, 개인화 시대에 걸맞지 않게 자신의 삶과 미래에 대한 주체적인 의식도 직업에 대한 사명감도 철저히 결여된 현주에게 있다. 해바라기처럼 소훈만 바라보며 버림받을까 전전긍긍하다 직장에서 해고되는가 하면, "너 자신을 찾으라"는 소훈의 따끔한 충고에 잠시 재취직을 하지만 자아실현의 욕구는 애초부터 없는 상태다. 운명적인 남자와의 결혼만이 자신의 미래이자 꿈인 구시대의 순정녀를 연기하는 연극배우처럼 개인화 시대와 불일치하는 여성인 것이다.

예상대로 은다영과 예의 바르게 이별하고 사랑의 신의를 지킨 소훈의 진중함, 비를 흠뻑 맞으며 소훈이 돌아오기만을 기다리는 현주의 일편단심과 외도한 남자를 알뜰하게 챙기는 돌봄, 결혼 이후 아이들이 늘어나는 행복한 결말은 낭만적 사랑을 이상화한다. 그러나 개인화 사회로 접어든 지금, 낭만적 사랑에 대한 이상화는 "세상에서 누가 제일 예쁘냐?"고 묻고 또 묻는 늙은 왕비의 물음에 자기 최면적인 답을 건네는 환상의 거울과 같다.

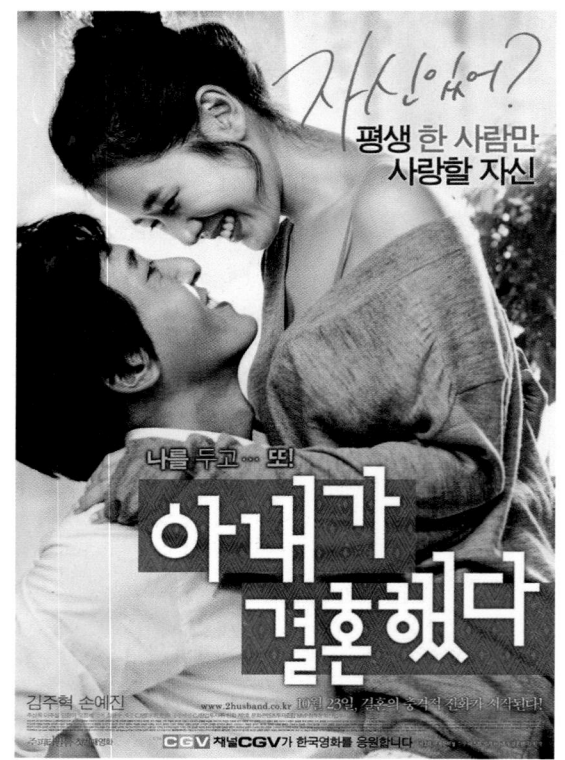

이와 달리 〈아내가 결혼했다〉는 젠더 불균형적인 낭만적 사랑의 모순을 비추는 거울이다. 낭만적 사랑은 표면적으로 일부일처제의 공동운명체를 추구해왔지만, 실상 남성들의 혼외정사에 대해 한없이 관대한 반면 여성들에게는 정숙한 섹슈얼리티를 엄격하게 요구해왔다.

이런 모순은 낭만적 사랑이 발생한 19세기 자본주의 사회, 즉 여성의 생애주기에서 학업이나 취직이 배제되어 있어 사랑과 결혼만이 불가피한 미래였고 여성의 노동력을 육아와 가사 등 가정 내 돌봄노동에 국한시켰던 사회시스템과 밀접한 관련이 있다.

영화는 전도적 상상력을 통해 일부일처제의 낭만적 사랑의 모순을 두 남자와 결혼하고 두 집 살림을 차린 여자의 일처이부(一妻二夫)적 이중생활을 데칼코마니 기법으로 비춘다. 이 비현실적이고 전도적인 상상력에 서사적 개연성을 부여하기 위해 동원된 장치는 두 집 살림을 허용해왔던 일부일처제의 제도적 모순을 반사하는 거울효과와 축구경기와 연애를 결합한 새로운 사랑의 방정식이다.

낭만적 사랑의 로맨스에서 영웅은 남자 주인공이지만, 이 전도적인 로맨스의 영웅은 단연 여자 주인공이다. 주인아(주인아씨라는 의미)가 '모든 구속에서 벗어나 원하는 대로 살고 싶다'는 확신을 지닌 자기주도적인 영웅이라면, 큰 남편 덕훈과 작은 남편 재경은 이런 인아가 설계하는 일처이부제를 순순히 수용하는 남자들이다.

흥미로운 점은, 이들의 사랑법이 두 남자가 한 여자의 사랑을 나눠 갖는 나누기 셈법이 아니라 '사랑과 삶을 즐길 줄 아는 인아의 넉넉한 사랑'을 함께 공유하는 더하기 셈법이라는 데 있다. 재경을 밀어내는 덕훈을 향해 "한국축구의 문제점은 골 결정력 부족이 아니라 모두가 골을 향해 달려가는 집단적 황홀감을 함께 즐기지 못하는 데 있다"는 재경의 주장은 나누기식 낭만적 사랑법에 익숙한 자들을 향한 일침이다. 덕훈이 이혼하지 않은 배경에는 외도를 한 남편 때문에 평생 속을 끓이며 살았던 엄마의 "누구 좋으라고 헤어지냐?"는 생활철학이 크게 작용했던 것이다.

일처이부제라는 생소한 사랑법에 초점을 둔 영화의 특성상, 일부일처제의 가족주의와 집단주의가 강한 한국사회에서 이 전도적인 공동운명체가 처한 위험성과 위태로움에 대한 조명은 미미하다. 그럼에도 가족들에게 철저히 비밀에 부치고 두 집안의 며느리 노릇에 충실할 뿐 아니라, 아이의 생물학적 아빠로서의 권한을 큰 남편 덕훈에게 안겨주기 위한 세심한 배려 등은 개인화 사회에서 해방을 추구한 여성들이 감수해야 하는 위험성을 시사한다. 더욱이 큰 남편과 작은 남편의 집을 오가는 돌봄노동의 부담은 두 배로 커진다는 점도 문제적이다.

이런 사회적 갈등을 해결하는 대안은, 그들이 좋아하는 바르셀로나 축구팀의 본고장 스페인으로 가서 한 지붕 아래 한 여자와 두 남자, 그리고 아이와 함께 풍요로운 사랑의 가정을 꾸리는 것이다. 영화는 스페인에서 네 사람의 행복한 웃음의 의미를 배경음악 밥 딜런의 〈Don't Think Twice, It's All Right〉으로 대신한다. 고체 현대의 사랑법에 붙들려 있는 현대인들에게 이분법적인 도식에서 벗어나, 사랑은 단지 소통매체일 뿐이니 이 새로운 사랑의 방식도 옳을 수 있다는 제안을 지지하는 메시지다.

다른 한편, 〈나의 PS 파트너〉(2012)와 〈가장 보통의 연애〉(2019)는 액체사랑의 전형적인 사례에 해당한다. 전자가 언제든 접속하고 끊을 수 있는 네트워크로 연결된 휘발성의 관계에서 출발한다면, 후자는 사랑에 대한 에피소드가 늘어갈수록 사랑에 대한 지식은 늘어나지만 더 이상 사랑을 믿지 않는 환멸을 다룬다. 바우만의 비유대로 자기가 꺼낼 필요가 있을 때 언제든 꺼내 쓰다 필요 없을 때 윗주머니 속에 넣어두는 '윗주머니 연애'로 분류될 수 있다.

그러나 편리성만을 추구하는 윗주머니 연애라 하더라도 이들의 만남을 깃털처럼 가볍거나 한 번 쓰고 버리는 인스턴트 관계라 비난할 수 없다. 오히려 낭만적 사랑이 실현되기 어려워진 개인화 사회에서 섹스파트너나 일회성의 연애파트너를 찾는 것이 더 쉬워진 사회구조의 변화가 사랑의 소통 불가능성을 심화시킨 진짜 원인이기 때문이다.

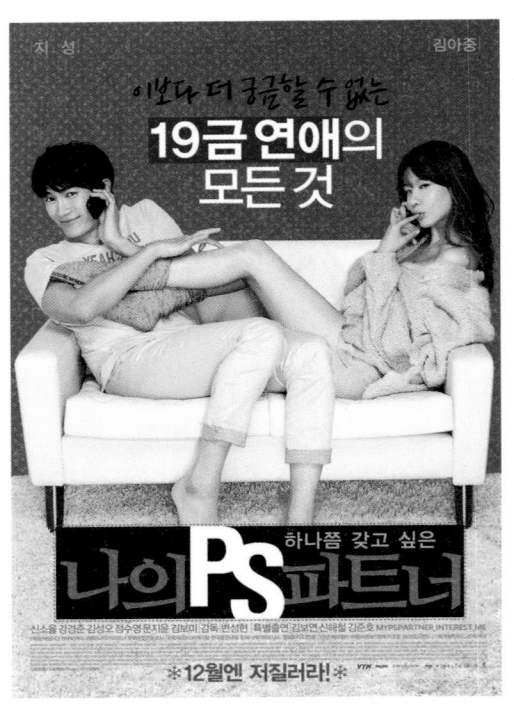

〈나의 PS 파트너〉에서 잘못 걸린 한 통의 전화로 연결된 현승과 윤정은 폰섹스로 만남을 시작한다. 폰섹스는 5년간 만난 남자와 결혼을 꿈꾸는 윤정이 미래의 남편이 될 경준에게 헌신하는 섹스노동이다. 그러나 우연한 통화를 계기로, 폰섹스는 7년 연애 끝에 이별하고 자기비하와 연애에 대한 환멸로 고통스러워하는 현승과 연애의 버거움을 털어놓는 소통매체로 전환된다.

싱어송라이터와 란제리 디자이너를 꿈꾸지만 현실은 백수인 현승과 윤정은 세상과 연인을 향한 울분과 불만이 가슴에 가득 차 있어 조금만 건드려도 금방 터져 버릴 풍선처럼 위태롭다. 꿈도 이루지 못한 채 도태될 것이 두려운 두 사람의 통화는 서로를 향한 위로와 격려로 이어지고, 점차 연애와 인생에 대한 생각을 공유하는 소통의 통로로 바뀌며 자연스럽게 오프라인의 만남으로 전환된다.

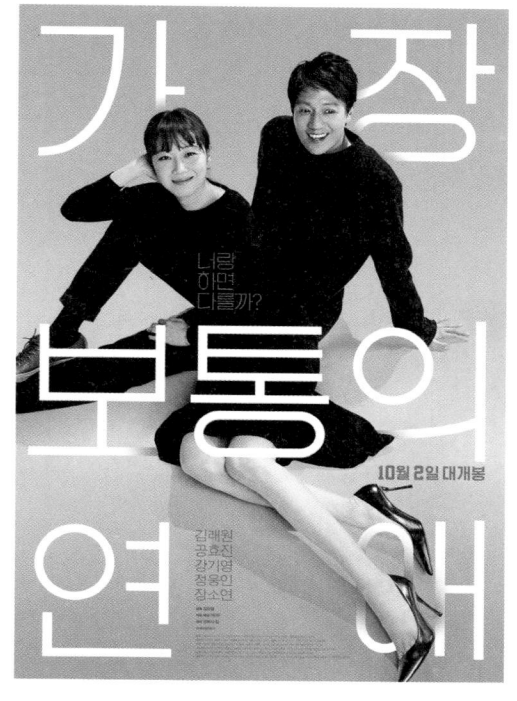

자기가 꺼내고 싶을 때 언제든 꺼내 쓰다 필요 없을 때 윗주머니 속에 넣어두는 가볍고 충동적인 폰팅이 오히려 5년 동안 연애하고 결혼을 앞둔 경준과의 소통보다 더 투명하고 진솔하며, 함께 공유할 수 있는 세계를 열어준다는 점에서 흥미로운 반전을 이룬다.

경준과 윤정의 결혼식에 예정에 없이 찾아와 축가를 부른 현승의 저돌적인 프러포즈로 결혼식장이 대혼란에 빠진 것이다. 경준의 이중성과 사랑 없는 허위에 찬 결혼이 폭로되며 결혼식은 파탄에 이른다. 이를 계기로 현승은 당시 축가를 부른 가수 신해철과 인연이 되어 싱어송라이터로 성공하고, 윤정은 란제리 디자이너로 독립한다.

몇 년 후 라디오 프로그램에 출연한 현승과 윤정이 애청자로 다시 만나면서 사랑에 대한 환상을 남겨둔다. 그러나 사랑에 대한 환멸을 다룬 〈가장 보통의 연애〉에서 선영과 재훈에게 그런 환상을 기대하기 어렵다. 오히려 오늘날 연애와 사랑이 왜 이렇게 환멸의 대상으로 전락했는지에 대해 직설법으로 말하는 선영과 재훈은, 연애도 사랑도 해 볼 만큼 해본 나이에다 사랑에 대한 지식도 어지간히 쌓여 더 이상 호기심도 기대도 없는 염세주의자들이다.

거침없고 솔직한 선영의 지독한 염세주의는 남자와 여자가 같이 연애를 해도 언제나 여자에게 모든 잘못을 뒤집어씌운다거나, '섹스를 하지 않은 첫사랑만 빼고 모든 여자를 걸레로 보는 남자'들의 성차별적인 연애관에 숱하게 상처를 받아왔던 환멸에서 비롯됐다. 이별 통보를 받은 전 남친의 "오피스텔에 입주한 날부터 지금까지 날짜 수만큼의 남자와 잠자리를 가졌을 거라"는 억지 주장에 눈도 깜짝하지 않고 반격을 날릴 정도로 단련이 된 것이다.

그런 반면, 결혼을 약속한 여자에게 배신을 당한 재훈은 술만 먹으면 밤새 전화를 하고 문자를 하며 그 상처에서 쉽게 헤어나지 못한다. 지하철 입구의 노점상 할머니를 그냥 지나치지 못해 먹지도 않는 채소와 옥수수를 사다 냉장고에 가득 채운다거나 집에 들어온 고양이나 비둘기도 내쫓지 못할 정도로, 한없이 여린 재훈은 마음이 황폐화된 채 하루하루 술로 연명하며 살아갈 뿐이다.

이런 연애를 자기가 꺼내고 싶을 때 언제든 꺼내 쓰다 필요 없을 때 윗주머니 속에 넣어두는 '윗주머니 연애'라 하지만, 윗주머니에 넣어둘 연애조차 키우고 싶지 않은 염세주의자들인 선영과 재훈은 그래서 서로 통한다. 하지만 선영과 재훈이 사랑에 빠질 확률은 그리 높지 않은 것 같다. 연애가 끝나는 자리에 기다리고 있을 환멸이 너무나 크고 압도적이라는 점을 익히 알고 있기 때문이다.

반면, 〈우리 연애의 이력〉(2015)은 더 이상 시대에 맞지 않는 낭만적 사랑을 정상성의 기준으로 삼고 '사랑이란 무엇인가'라는 고리타분한 물음에 매달리지 않는다. 오히려 '썸 타는 이혼'을 유지하는 두 사람의 특별한 관계를 통해 유동적인 사회에서 사랑의 소통가능성을 모색한다는 점에서 독보적이다.

배우와 조감독의 관계로 함께 영화작업을 하다 연인으로 발전한 연이와 선재는 서로의 상처를 보듬어 안고 깊이 사랑할 수 있다는 믿음으로 결혼했다. 엄마의 자살로 물에 대한 공포가 깊은 연이와 오랜 시간 지병을 앓았던 엄마를 간호해온 선재의 관계는 평등한 합류적인 사랑을 지향한다.

그러나 그 사랑이 버거워 합의이혼을 감행하고, 이혼은 했으나 이별은 하지 않는 애매한 관계로 한 집에서 시나리오 공동 작업에 돌입한다. 영화배우와 조감독이 자신들의 연애를 시나리오화하는 작업은 삶의 방식에 대한 근원적인 성찰과 변화무쌍한 영화시장에서 오직 작품으로 승부해야 하는 치열한 생존경쟁이 중첩되어 있다.

때문에 지독하게 싸우고 격렬하게 화해하는 투명한 소통을 반복하며 두 사람의 관계성에 대한 숙고의 과정을 거쳐야 한다. 동시에 영화를 찍다 도망치듯 도피한 두 사람의 과거 행적으로 인해 따라다니는 '영화를 엎어지게 만든 배우와 조감독'이라는 평판을 말끔하게 닫고 일어서야 하는 고통의 시간을 감내해야 한다.

따로 또 함께 숙고와 고통의 시간을 견딘 두 사람은 마침내 '결혼은 사랑이라는 이름의 구속'이며, '사랑은 상대방을 구속하고 소유하는 자신을 사랑한 자기만족'이었다는 모순에 직면하게 된다. 나아가 이별은 원래부터 지니고 있던 자기 한계를 감당하지 못해 상대방을 미워하는 것이므로, 자신을 사랑하기 위해 두려움과 이별하고 더 충분히 상대방을 사랑하지 못해 미안해야 한다는 성숙한 사랑의 경지에 도달한다. 궁극적으로 자기의 발견을 통해 성숙한 사랑을 품을 수 있으니, '죽을 때까지 연애하고 그 고행길에서 영화를 해야 한다'는 큰 깨달음을 얻게 된 것이다.

이렇듯 '이혼은 했지만 이별은 안 한' 두 사람의 특별한 관계는 낭만적 사랑의 기본값으로 보면 유동적이고 불안한 액체사랑에 해당한

너랑 나... 헤어진 거 맞지?!

사랑도 이별도 모두 실패한
우리연애의이력

전혜빈 · 신민철 · 감독 조성은

6월 29일, 폭풍공감 리얼 로맨스가 공개된다!

다. 그러나 소통의 투명성을 통해 도달한 성숙한 사랑의 가치는, 낭만적 사랑의 허상에 붙들려 있는 옆집 쇼윈도부부와의 대비를 통해 더욱 선명하게 빛난다.

바우만은 낭만적 사랑을 명품으로 이상화하고, 그 외의 모든 사랑을 짝퉁으로 보고 있다. 아무리 정교하게 모방을 하더라도 진품의 아우라는 모방할 수 없으며, 이 세상에 존재하는 사람의 수만큼 수많은 사랑이 펼쳐진다 하더라도 제대로 된 명

품 하나에 비교할 수 없을 정도로 무가치하다는 논리를 펼치고 있다.

　물론 "각자 존재하고 홀로 소멸해가며 방황하는 개인들의 사회"라는 비유는 지금-여기를 살아가는 현대인들의 불안과 공포를 날카롭게 포착한 최고의 수사로 손꼽히고 있다. 그렇더라도 구시대적인 낭만적 사랑을 기준으로 지금-여기의 수많은 사람들이 펼치는 다채로운 사랑을 통틀어 가볍고 일시적인 액체사랑이라 비난할 권리는 없다. 새로운 시대에 맞게 새로운 삶이 펼쳐지듯, 이 시대 모든 사람에게 새로운 사랑을 모색할 권리가 있음을 인정해야 한다. *Critique M*

※ 이미지 출처 : 구글

※ 참고문헌
지그문트 바우만, 『리퀴드 러브』, 권태우·조형준 옮김, 새물결, 2013.
홍찬숙, 『개인화』, 서울대학교출판문화원, 2015.

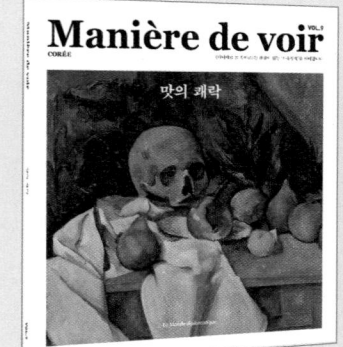

이기지 않겠다는 마음의 틈새

양근애

문화평론가. 명지대 문예창작학과 교수. 『'이후'의 연극, 달라진 세계』를 썼다.

연극 〈결투〉와 〈너의 왼손이 나의 왼손과 그의 왼손을 잡을 때〉를 경유하여

싸움이 벌어진다. 이기거나 진다. 비길 수도 있지만 비기면 다시 승패를 겨루게 되므로 싸움의 결과는 이기거나 지거나로 결정된다. 싸움이 현재라면 승부가 결정되는 순간은 미래다. 그 알 수 없는 미래 때문에 지금을 온통 걸어버리고 마는 마음의 상태는 극적이다. 긴장이 고조되고 승부에 따라 돌이킬 수 없는 다른 길로 가게 될 것이기 때문이다. 승부가 걸린 놀이는 삶과 죽음의 은유를 무람없이 가져온다. 이기는 사람은 살아서 다음 단계로 갈 수 있다. 진 쪽을 가리켜 "죽었다"라고 말하고

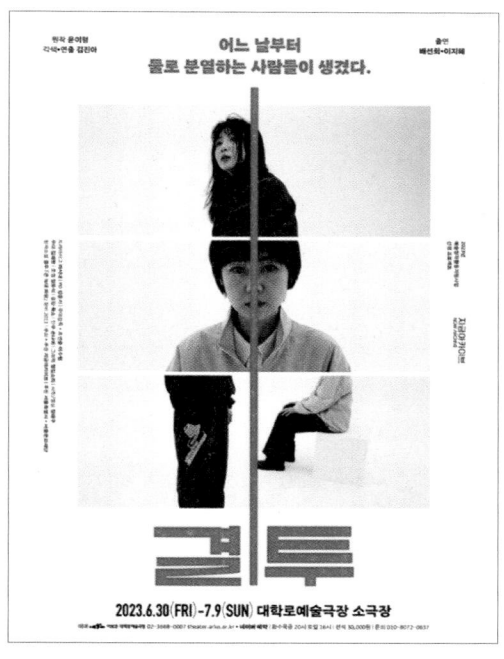

나와 나 사이의 분열을 표현한 연극 〈결투〉 포스터

웃었던 어린 시절 놀이와 게임의 시간들은 절체절명의 승부를 예비한 오랜 연습이었는지도 모른다. 게임의 룰은 의외로 간단하고 나를 이기려는 상대의 모습이 점점 크게 보인다. 그렇게 미래의 결말을 당겨오고 싶어 견딜 수 없어진 순간에 이르면, 왜 싸워야 하는지는 아무도 묻지 못한다. 이윽고 승패가 결정되면 싸움은 아무 잘못이 없다는 듯 사라진다. 말하자면 싸움은 기만적이다.

　　온갖 장애물을 극복하고 가까스로 이기는 이야기가 더는 감동적이지 않은 시대, 모두가 질 수밖에 없는 싸움판에서 이겨보려고 타인을 짓밟는 폭력이 더는 부끄럽지 않은 시대, 기꺼이 지기로 마음먹은 사람의 얼굴을 보여준 연극 두 편을 만났다. 장르도 형식도 분위기도 다르지만, 생존이 걸린 싸움에서 이기고 싶은 절박한 심정을 숨기지 않으면서도 결국 이기지 않기로 결심한 마음을 다루고 있다는 점에서 두 연극은 같은 질문을 품고 있는 것처럼 보인다. 어떻게 이 기만적인 싸움을 멈출 것인가.

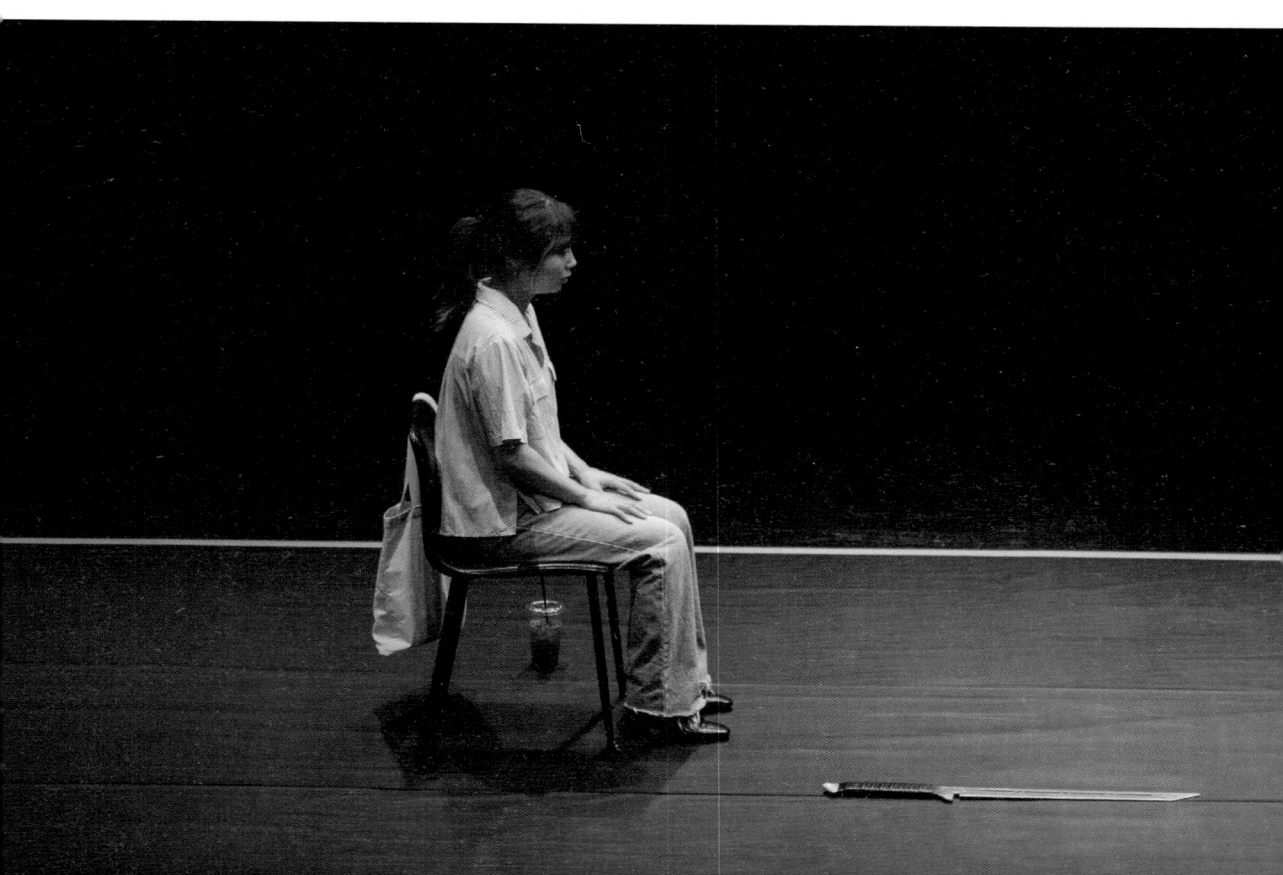

'모서리가 둥근 정사각형'의 분열

"결투에서 이기는 쪽이 본체이자 인간으로 인정된다." 윤이형의 단편 소설을 원작으로 한 연극 〈결투〉(김진아 각색·연출, 대학로예술극장 소극장, 2023. 6. 30~7. 9)에서 싸움은 나와 나 사이에서 일어난다. 사람들이 점점 분열되기 시작하고 분열이 분리로 이어졌으며 결국 나는 둘이 될 수 없기에 둘 중 하나는 없어져야 하는 사태가 도래한 것이다. 결투를 신청하면 무기를 고르고 나와 같은 모습을 한 사람을 직접 죽여야 한다. 이기는 쪽이 본체이자 인간, 지는 쪽이 분리체이자 이물질로 분류된다. "그것이 이 도시의 규칙이었다."

〈결투〉의 화자인 '나'는 결투진행요원으로, 결투장에서 패배한 분리체의 사체를 처리한다. 그는 "백정의 자식"이라고 경멸하는 남들의 말에 모욕감을 느끼기보다 누군가는 이 일을 해야만 한다고 생각하는 쪽이고, 자신이 그 일을 제법 잘 견딘

연극 <결투>, 촬영:장태구 제공:지금아카이브

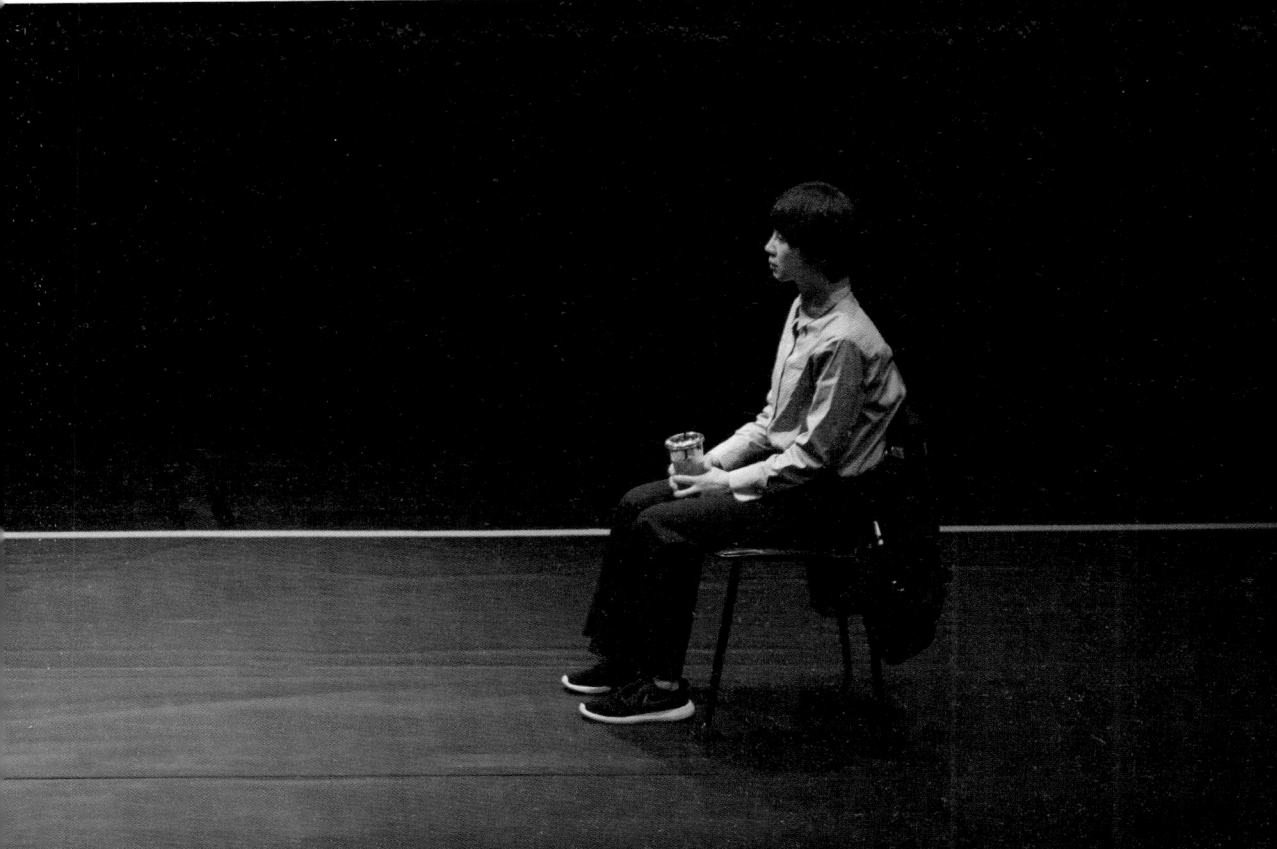

다고 생각한다. 두 명의 '최은효'가 결투를 치르던 날, 지는 쪽이 분명한 최은효가 종이와 펜을 빌려달라고 하기 전까지, '나'는 분열 같은 건 하지 않을 인물처럼 덤덤하고 묵묵했다. 그러나 역시 지는 쪽인 '최은효'는 유서가 아니라 '저쪽 최은효'에게 친구가 되어 달라는 쪽지를 남긴다. 그는 열두 개나 되는 무기 중에 쇠곤봉을 고르고, 다른 최은효의 총에 맞아 '단백질 덩어리' 취급을 받는 분리체가 되기를 자처한다.

석 달 뒤, 다시 분열한 최은효가 찾아와 똑같이 종이와 펜을 빌려달라고 한다. 죽기를 택한 최은효는 제발 최은효와 친구가 되어달라고, 그렇지 않으면 우린 여기 또 와야 한다고, 점점 더 살고 싶어질 거라고, 그건 너무 끔찍하다고, 다시 '나'에게 부탁을 한다. 그리고 이번엔 장검과 활을 무기로 한 결투가 벌어진다. 활을 택한 쪽은 화살을 메겼지만 활시위를 당기지 않았고 장검에 찔려 죽는다. 활을 든 최은효의 슬픔과 갈망과 체념이 불안하게 뒤섞인 얼굴이 외롭다. 살아남은 본체 최은효는 그런 최은효에게 화가 치민다. 분리체가 자신을 동정했다는 사실에 수치를 느끼고 기분이 나쁘다. 이겨서 살아남았지만, 이길 마음이 없는 분리체를 이해할 수 없다.

연극 〈결투〉에는 '나'와 '최은효'를 연기하는 두 배우가 등장한다. 무대는 긴 직사각형 모양이고 객석은 관객이 서로를 마주 보도록 배치되었다. 연극은 분열을 조장하는 사회가 문제라는 걸 은폐하고 개인이 분리된 자기를 스스로 죽이게 만드는 시스템을 보여주며, 그 세계에 관객이 연루되었다는 사실을 응시하게 만든다. 계속 분열되는 최은효가 무기를 들고 분리된 자신을 겨냥하는 동안, '나'가 죽은 최은효의 사체를 확인하고 사진을 찍고 바닥을 꼼꼼하게 닦고 결투장을 소독하는 동안, 관객은 꼼짝없이 둘을 바라보아야 한다. 그러나 긴 무대 양쪽 끝을 오가며 시야에서 달아나는 두 사람을 온전히 붙잡을 수도 없다.

2019년 초연 때와 정반대의 캐스팅으로 올해 공연에서는 배선희가 '나', 이지혜가 '최은효'가 되었다. 분열과 분리와 불안을 표현하는 두 배우의 연기가 놀랍다. 최은효는 분리된 자신과 남편이 함께 살면서 종종 이상한 말과 행동을 하는 최은효를 이해할 수 없었다고 말하면서도 분리체인 최은효가 뱉은 생각이 자신의 생각이기도 하다는 점을 부인하지 못한다. 최은효는 동물실험을 하고 인간의 노동을 착취하는 기업에서 만든 물건을 사면 안 되는 것 아닌가 생각한 적이 있다. 최은효는 내가 먹는 고기가 공장식 축산업의 폭력으로부터 온 것이라는 걸 자각한 적이 있다. 최은효는 도움을 청하는 이웃에게 문을 열어주어야 하는 것이 아닌가 생각한 적이 있다. 그러니까 본체가 된 최은효는 분리체 최은효가 점점 부담스러워져서 결투를 신청했지만 자신으로부터 분리되어 나온 최은효를 죽이고 싶은 것이 아니라 그와 공존할 자신이 없었는지도 모른다. 이지혜의 연기는 불확실한 자신의 기억을 더듬으며 분리체를 향한 복잡한 감정을 숨기지 못한 최은효의 불안을 잘 보여준다.

   '나'는 '모서리를 둥글게 깎아낸 정사각형 같은 영혼'을 지닌, 그래서 "타인의 사정을 함부로 판단하거나 관계가 있는지 확실하지 않은 두 가지를 임의로 연결해서는 안된다고 자각"하는 사람이다. 그러나 최은효를 만나면서, 아니 최은효와 '친구'라는 말을 주고 받으면서 이 영혼에 틈이 벌어진다. 결투장이었던 공연장에서, 이름도 예쁜 '포시즌 메이플 리브스'의 노래를 들으면서, 최은효와 함께 달리면서 '나'는 세계의 다른 면을 본다. 어쩌면 분열의 시작이다. '나'는 최은효처럼 분리된 자신과 같이 살기로 할까. 아니면 또 최은효처럼 싸움에서 이기기를 거부할 수 있을까. 배선희가 보여준 '나'는 벌어진 틈새의 떨림을 섬세하게 보여준다. 그 틈새에서 무언가 태어날 것만 같다.

   말하자면 〈결투〉의 싸움은 표면적으로는 본체와 분리체를 가르는 것이지만, 그 조장된 싸움을 거부하거나 유예시키거나 이기지 않기를 선택한 사람을 통해 싸움의 정당성을 묻게 만든다. 세상과 불화하는 사람이 분열을 겪는다면, 문제는 세상의 모순이다. 누군가 이기면 다른 쪽은 진다는 것, 누군가 이익을 취하면 다른 쪽이 손해를 보게 되어 있다는 것이 반드시 세상의 질서일 필요는 없다는 사실을 이 연극이 보여준다. 불화를 실천해야만 싸움을 조장하는 판에 균열을 일으키고 다른 선택지를 고안할 수 있기 때문이다. 〈결투〉의 원작을 쓴 소설가 윤이형은 다른 소설에서 이런 문장을 썼다. "나는 이제 다른 곳을 향해 갑니다."(「굿바이」)

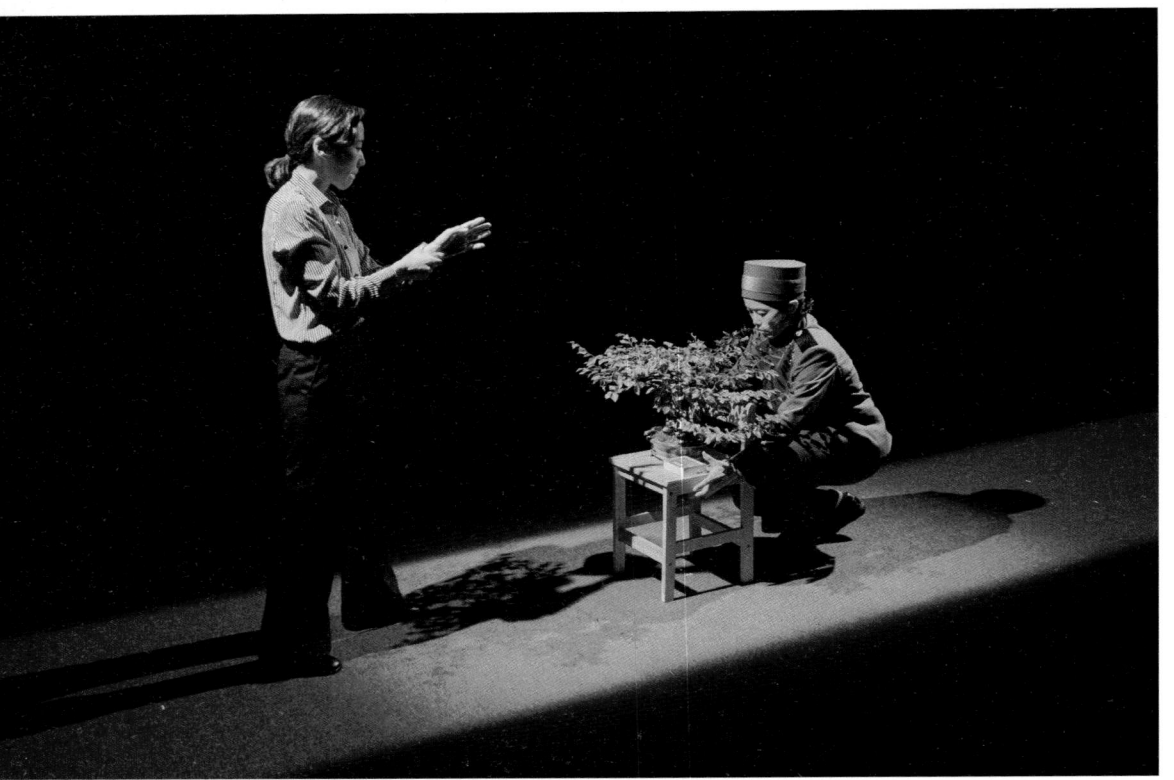

연극 <너의 왼손이 나의 왼손과 그의 왼손을 잡을 때>, 제공:두산아트센터

"패배한 인간의 손 위로 포개지는 또 다른 존재의 왼손들"

〈너의 왼손이 나의 왼손과 그의 왼손을 잡을 때〉(정진새 작·연출, 두산아트센터, 2023. 6. 28~7. 15)는 인류세의 끝을 보여주는 농담으로 가득하다. 사십 일째 대화재가 일어나는 지구에서 벌어지는 생존 서바이벌이 유엔 식량농업기구 에이아이 파오(A.I FAO)가 마련한 거대한 유람선에서 벌어지는 상황. 크루즈 판도호에 탑승한 것은 그러나 인간들만이 아니다. 과학보육원 리틀 노벨스 원장 조킹 박사와 리틀 노벨스 출신의 노벨상 수상 물리학자 메이, 식물학자 에이프릴, 미공군 악토버가 인간이라면, 에이프릴이 사할린에서 데려다 키운 반인간반로봇 릴리, 크루즈 승무원인 로봇 벨보이, 타이완 디즈니스카이에서 온 미치마우스는 비인간 존재들이다. 비인간 존재는 또 있다. 사할린 시드볼트의 잣나무 씨앗, 일본 후쿠시마 붉은 숲의 은행나무, 홀로그램 동물원의 비버, 하남 나무고아원의 느티나무까지 서바이벌에 참여하게 된 것이다.

인간의 위대함을 한 치도 의심하지 않는 조킹 박사는 인간과 비인간이 생존을 두고 벌이는 게임에 동등하게 참여하는 것이 못마땅하다. 그는 인류의 역사가 그러했듯, 월등한 존재가 열등한 존재를 구원할 수 있다고 생각한다. 이미 인류의 종말이 자명해진 미래의 어느 시점, 그가 하는 말은 더 이상 힘이 없지만 그와 유사한 생각을 가진 사람들이 너무 오랫동안 지구를 지배해왔다는 점을 부정하기 어렵다. 그래서 마지막까지 우월한 유전자 조합으로 만들어져 과학보육원에서 길러진 과학자들이 지구를 구하라는 임무를 띠고 이 크루즈에 탑승할 수 있었던 것이다. 그러나 조킹이 기대하고 있는 과학자들의 태도는 어딘가 삐딱하다. 노벨상을 두 번이나 수상한 메이는 인류를 구한다는 환상에 도취된 과학자를 환멸 어린 시선으로 바라본다. 에이프릴은 인간의 악행으로 지구의 다른 생명이 사그라진 것에 대한 분노를 가지고 있다. 지구를 다시 살리기 위해 최상위 포식자인 인간부터 없어져야 한다는 에이프릴의 생각은 오만하지만, 인류를 향한 준엄한 경고이기도 하다.

〈너의 왼손이 나의 왼손과 그의 왼손을 잡을 때〉가 웃지 못할 농담인 까닭은, 이 심각한 서바이벌 게임의 종목이 다름 아닌 '가위바위보'라는 사실이다. 그러나 무대에서 가위바위보의 승부가 벌어지는 장면은 재현되지 않는다. 따라서 게임 진행의 긴장은 없고 결과만 있다. 네 개조로 나뉜 16강전에서 승부는 가위바위보로 결정된다. 8강전에 살아남은 존재 중 인간은 아무도 없다. 그것이 에이프릴의 계략이었다는 사실은 그리 중요하지 않다. 이 서바이벌에 손을 댄 다른 인간으로 인해 에이프릴의 계획이 실패로 돌아가게 된 것도 어쩌면 당연하다. 아이러니하게도 게임의 룰은 단순할수록 큰 힘을 발휘한다. 문제는 게임의 룰이 아니다. 그 과정에서 인간이 비인간을 어떻게 대하고 있는지가 드러난다. 인간 역시 지구에 사는 존재의 일부지만 자연을 '환경'이라고 부르며 인간이 목적한 대로 다스릴 수 있다고 믿었던 결과가 재앙을 불러왔다. '아포칼립스'는 인류의 멸망에 대한 묵시록을 가리키는 것으로 '베일을 벗기다'라는 의미를 가진 말이기도 하다. 덮개를 열고 베일을 벗기자 인류에게 닥친 재앙의 원인이 다름 아닌 인간이었음이 드러난 것이다.

우여곡절 끝에 리틀 노벨스가 결승전에 올라가 나무고아원에서 온 느티나무와 맞붙는 장면이 있다. 크루즈에 탑승할 때부터 확률을 계산한 메이의 원래 전략은 인간이 뭘 낼 줄 알고 있는 나무에 맞서서 계속 지면서 스발바르까지 가는 것이었다. 계속 비기다가 나무가 실수로 보를 내면 이길 수도 있다는 계산이었다. 그러나 막상 게임이 시작되자 상황은 달라진다. 첫 번째, 두 번째, 세 번째, 네 번째, 다섯 번째 무승부가 이어지다가 여섯 번째 판에서 "이길 마음이 없어진 인간은 결국 보자기를 낸다." 그리고 식물의 승리.

여섯 번째 대멸종을 암시하는 이 승부에서 인간은 왜 이길 마음이 없어진 것일까. 이 질문은 〈결투〉에서 이기지 않기로 한 최은효의 마음과 겹쳐진다. 〈너의 왼손이 나의 왼손과 그의 왼손을 잡을 때〉는 제목에서 환기하는 것처럼 우세종이 아닌 존재들이 서로 연결되고 연대하는 미래를 가리킨다. 왼손들이 맞잡는 낯설고 새로운 미래는 그러나 기존의 싸움판을 없애야 가능해진다. 싸움에서 이길 것인가 질 것인가가 아니라 싸움을 해야만 하는 의미를 되짚고 그것을 무효화하는 일. 〈결투〉에서는 부당한 규칙으로 이루어지는 싸움에서 지기를 택함으로써 시스템에 균열을 가하는 장면이 등장한다. 〈너의 왼손이 나의 왼손과 그의 왼손을 잡을 때〉에는 승리를 위한 경기에서 패배를 택함으로써 인간 중심의 미래와 진화를 차단한다. 그러나 지기로 선택한 마음은 숭고한 희생이 아니라, 온 힘을 다해 자기의 일을 지켜낸 사람의 고투라는 점에서 현실적이고 귀하다. 그 마음으로 벌린 틈새에서 피어나는 것은 우리가 아직 알지 못하는 미래일 것이다. *Critique M*

'틈입자' 뱀(נָחָשׁ)의 존재성

김창주

한신대학교 신학부, 히브리어와 구약성서를 가르친다.
랍비 헤르만 샤알만으로부터 유대교를 배웠다.
유대교의 읽기 전통과 해석을 인문학적으로 풀어내는 글을 쓰고 있다.

솔깃

에덴동산에서 아담과 하와는 알몸이지만 서로에게 부끄럽지 않다. 어디선가 뱀이 나타나 여자에게 접근한다. "하느님이 진짜 동산의 모든 열매를 먹지 말라고 하셨나요?"(뱀의 말을 이상히 여길 필요는 없다. 이솝 우화를 보라.) 뱀이 하느님의 명을 살짝 비틀었기 때문에 여자는 곧장 바로 잡는다. "동산 나무의 열매를 먹을 수 있지만 가운데 것은 먹지 말고 만지지도 말라고 하셨어요. 먹으면 죽을 수 있다고." '만지지도 말라'는 여자가 덧붙인 말이다. 뱀이 살랑거리자 그녀의 호기심이 솔깃해진 것이다. 이 점을 간파한 뱀은 이제 더 적극적으로 공략한다. "결코 죽지 않습니다. 만약 그걸 먹으면 눈이 밝아져서 하느님처럼 되고 선악을 알게 될 걸요"(창세기 3:1-5). 그러고서 선악과를 보니 그녀의 눈에 먹을 만하고, 볼만하고, 탐낼 만하게 보인다. 마침내 여자는 그 과일을 먹고 함께 있던 남자에게도 준다. 선악과를 먹은 후 두 사람은 맨몸인 것을 알아차리고 무화과 잎으로 가렸다.

뱀의 겉모습이나 행태로 보면 사람에게 친숙하기 어렵다. 유리처럼 번들거리는 눈은 상대를 움츠러들게 하고 독은 치명적이다(전도서 10:11). 지그재그로 움직이는 동작은 기이하지만 먹이 앞에서 놀라우리만큼 민첩하다. 특히 갈라진 혀를 수시로 내밀면 왠지 불쾌하고 싫어진다. 그런가 하면 허물을 벗고 다시 살아나고, 물과 뭍에서 생존할 수 있다. 뱀의 양면성은 매력과 혐오, 외경심과 두려움을 동시에

갖게 한다.

성서와 기독교에서 뱀은 악마와 동일시되어 부정성이 강하지만(계시록 12:9; 지혜 2:24), 그리스 신화에는 훨씬 긍정적이다. 아스클레피오스는 뱀이 약초로 죽은 뱀을 살리는 장면을 보고 죽은 글라우코스를 살려냈다. 그는 자신의 지팡이에 뱀을 새겨 넣고 다니며 의술을 폈다. 한때 중세 교회가 금지했지만 현재 아스클레피오스의 지팡이는 '헤르메스의 지팡이'와 함께 병원을 비롯한 의술과 관련 단체에서 두루 쓰인다. 그만큼 고대 근동에서는 뱀을 삶과 죽음, 건강과 질병의 두 차원을 통합하는 상징적인 동물로 보았고, 또한 회춘 및 불멸이라는 인간의 한계와 염원을 투영하기도 했다. 따라서 뱀은 지혜, 풍요, 영생, 혼돈, 악 등 다중적 이미지를 가진 숭배의 대상이었다(민수기 21:9; 열왕기하 18:4).(1)

(1) James H. Charlesworth, The Good & Evil Serpent: How a Universal Symbol Became Christianized (New Haven: The Yale University Press, 2010) 269-350. 히브리어 '뱀'이 동사로 '점치다'(창세기 30:27; 44:5, 15), '징조로 여기다'(열왕기상 20:33) 등을 뜻한다.

뱀

다시 선악과 이야기로 돌아간다. 아담과 하와, 그리고 뱀은 공통적으로 알몸이다. 또 한 가지 이들은 모두 짝짓기를 한다. 뱀은 아담의 생식력과 겹치고, 하와의 알몸은 아담을 초대한다. 뱀이 선악과를 두고 여자와 나누는 대화는 셋의 역동이 일렁이는 공간이다. 뱀과 여자의 대화에서 아담의 부재는 논외다(창세기 3:1,3-5). 왜냐하면 뱀이 지칭하는 '너희'는 2인칭 남성복수(תֹּאכְלוּ/תְּמֻתוּן)로서 아담과 하와를 포함하기 때문이다. 남자가 대화에 직접 참여하지 않지만 분명코 그 자리에 있었고 뱀은 두 사람을 지칭하며 대화를 이어간다(6절). 과연 금지된 열매가 먹음직하고(לְמַאֲכָל), 보암직하고(לָעֵינַיִם), 탐냄직하였다(לְהַשְׂכִּיל). 세 차례 쓰인 전치사(לְ)는 여인이 선악과에서 시선을 떼지 못하는 장면을 생생한 그림처럼 보여준다. 마침내 여자는 금단의 열매를 따먹고 남자에게도 주었다. 하느님의 명

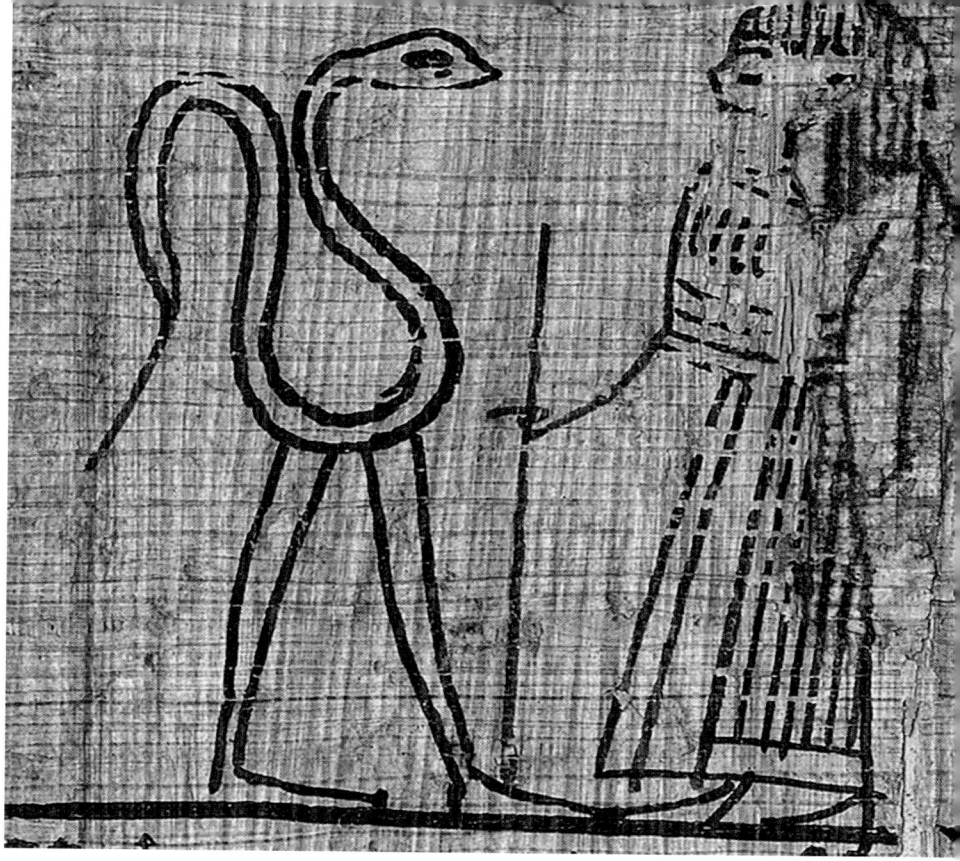

타셰리트의 사자의 서(Book of the Dead of TaSherit)에 나오는 삽화

을 어긴 결과는 선뜻 받아들이기 어렵다. 처음 경고와 달리 그들은 죽지 않았다. 대신 눈이 열렸으며, 맨몸을 인식하고, 무화과 잎으로 황급히 가린다.**(2)** 도대체 알몸에 대한 자각이 '반드시 죽을 것'이라던 선언과 무슨 상관이며, 더구나 수치심은 무엇인가? 사실 두 사람은 애초부터 알몸을 부끄럽게 생각하지 않았다.**(3)** 맨몸은 서로를 의식할 필요 없는 태초의 자연스런 모습이다. 여기에 틈입자(闖入者), 뱀의 출현은 잔잔한 에덴동산의 분위기를 바꾼 것이다.

　　　에덴동산에 불쑥 나타난 훼방꾼 뱀에 대한 해석은 많지만 모두 사람을 충족시키지 못한다. 마치 뱀처럼 요리조리 빠져나간다. 단순한 이론부터 교리적 해석과 심층적인 상징까지 다양하다.

(2) 인류학적 의미에서 '알몸'(naked)과 '벌거숭이'(unclothed)의 차이는 뚜렷하기 때문에 구별한다(창세기 2:25; 9:21). 후자는 노아의 벗은 상태를 가리키지만, 전자는 태어날 때에 자연스런 모습이다. 따라서 두 사람은 '알몸'이나 '맨몸'이 정확한 표현이다.

(3) Zeba Crook, "Honor, Shame, and Social Status Revisited," Journal of Biblical Literature 128.3 (2009): 591-611.

① 원인론적 해석: 발이 없는 뱀이 배로 기어 다니는 이유를 설명한다(창세기 3:14).

② 신화적 해석: 고대 가나안 풍요 제의의 남근 숭배. 다리가 없지만 꼿꼿한 모습은 마치 남근을 떠올린다.

③ 위장한 사탄: 뱀의 간교함은 고대 가나안과 메소포타미아 지역에 잘 알려졌다. 뱀은 사탄이나 악마와 동일시되었다.

④ 상징적: 탈무드는 질투 또는 시기라고 본다. 예컨대 사람에게 주어진 특별한 지위와 재능에 대하여 시기심으로 이해한다.

⑤ 성적 해석: 뱀과 나무는 남근을 상징하는 은유로서 성(性)의 발견이자 인식으로 간주된다.

⑥ 지적 해석: 성장 과정에 겪는 청소년기의 근원적 질문, 선악에 대한 호기심과 그로 인한 성장통 같은 통과제의다.

⑦ 윤리적 해석: 선악과를 먹음으로써 하느님과의 관계는 본질적으로 일그러졌다. 기독교의 강력한 이론으로 최초 인류의 범죄로서 사람은 모두 죄를 안고 태어난다는 원죄론이다. 창세기에는 정작 '죄'에 대한 언급은 없다.

이상에서 살펴본 대로 각 이론은 부분적으로 수긍할 수 있는 측면이 있다. 창세기 2~3장 본문의 유연성은 어떠한 이론도 가능케 한다. 배우라면 누구나 햄릿 역에 욕심을 내듯, 신학자는 누구나 선악과 주제를 다뤄보고 싶어 한다. 그러나 아무리 본문을 충실하게 분석하고, 아무리 뛰어난 새 이론을 제시한다 해도 '아리랑 백설(百說)'처럼 여전히 불충분할 것이다.**(4)**

(4) 민요 아리랑의 기원에 대한 백 가지 이론이란 뜻으로 실제 전문가들 사이에 일치된 견해가 없이 많은 의견들이 분분하다.

'알몸'(עֲרוּמִּים)과 '교활'(עָרוּם) 사이

에덴동산에서 '알몸'으로 지내던 아담과 하와는 또 다른 벌거숭이 '간교한' 뱀을 만난다(창세기 2:25; 3:1). 작은 따옴표로 표시된 두 낱말에 깃든 저자의 능숙한 수사법을 놓치면 곤란하다. 번역어 '알몸'과 '교활'에서 공통점을 찾을 수 없지만 히브리어 아루밈(עֲרוּמִּים)과 아룸(עָרוּם)의 관계는 뚜렷하다. 신학자 칼 바르트의 지적처럼 '아루밈'과 '아룸'은 저자의 천재적인 발상이라고 칭할 만하다. 저자는 이미 '아다마'(אֲדָמָה)와 '아담'(אָדָם)의 상관관계를 통하여 인간의 본성을 흥미롭게 제시한 바 있다(창세기 2:7). 또 한 번 유음(유사한 음, assonance)이 에덴동산의 사람과 뱀 사이의 가교다. 사람의 '알몸'과 뱀의 '교활'에서 연결고리는 엉뚱하게도 비슷한 소리에서 비롯된다. 언뜻 유사하게 들리는 두 캐릭터의 공통분모가 절묘하게 암시되고, 한편으로 독자의 호기심과 관심을 불러일으킨다. (똑같이 형용사이며 차이는 단수와 복수다).

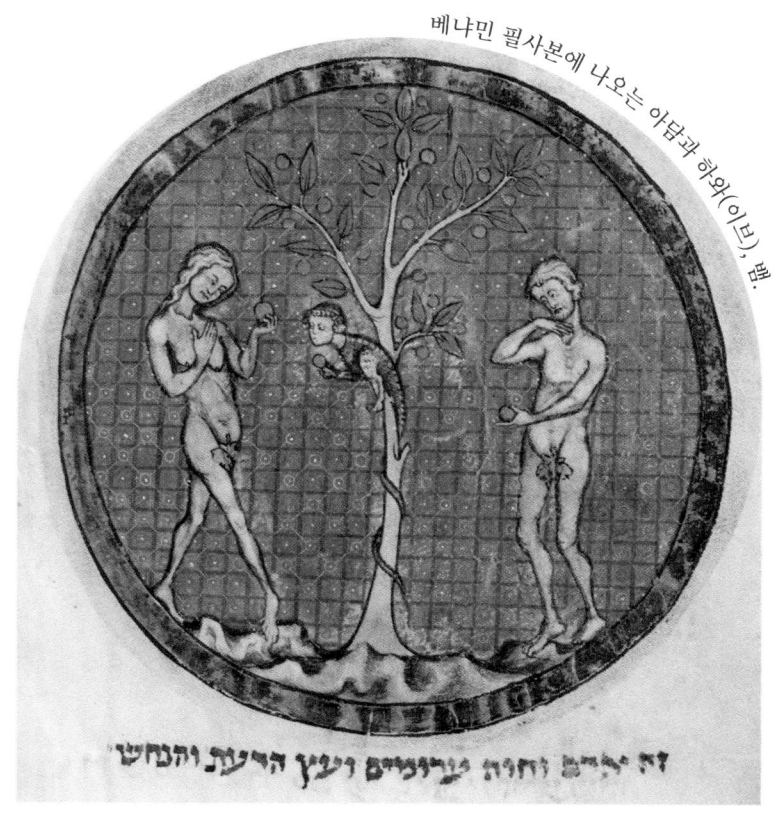

베냐민 필사본에 나오는 아담과 하와(이브), 뱀.

아루밈(עֲרוּמִים)	아룸(עָרוּם)
사람/알몸	뱀/알몸
어쩔 수 없는(helpless)	간교(shrewd)
취약한	야생적
독자적 생존 불가능	물과 뭍에서 생존 가능
보호 필요	틈입자(闖入者)
공격의 대상	경계의 대상

사람과 뱀의 공통점과 차이점

왜 하필 뱀일까? 비슷한 장어나 문어, 혹은 지렁이와 견줄 수 있을까. 생김새와 활동의 유사성은 인정하지만 유용성 측면에서 뱀이 압도적으로 우위에 있다. 예컨대, 독은 상대에게 치명적이고, 허물은 장수와 치료를 상징하며, 신속한 동작은 야생의 공간에서 절대 유리하다. 게다가 수륙 생존은 고대인들에게 풍요로운 삶을 누릴 것으로 간주되었으며, 갈라진 혀는 지혜로운 말을 한다고 보았다. 따라서 뱀은 지혜, 장수, 풍요의 상징으로 꼽혔고 태초의 사람과 견줄 수 있는 동물로 인식되었다.

그러나 사람의 알몸은 온통 취약점 투성이다. 처음 두 사람이 알몸을 '부끄러워하지 않았다'는 것은 인식, 앎 이전의 원시 상태다. 그만큼 사람은 자연에서 생존하기 어렵고 약점이 많은 상황이다. 털이 없는 미끈한 몸과 피부, 사냥에 부적합한 직립보행, 상대를 낚아챌 수 있는 날카로운 발톱이나 치명상을 입히는 송곳니의 부재 등등. 그러니 독자 생존이 불가능하고 공격의 목표가 될 수밖에 없다. 이런 점에서 뱀은 사람보다 우월한 지위에 있었고 그렇기에 여자에게 접근한 것이다.

결과적으로 사람은 뱀의 유혹에 금단의 열매를 따먹고 놀라운 변화를 경험한다. 눈이 밝아지고, 알몸인 것을 깨달았으며, 치마를 만들어 입었다. 사람의 아루밈(עֲרוּמִים)이 뱀의 아룸(עָרוּם)에 대패한 것이다. 하느님의 판결은 냉혹하다. 특히 세 범죄자 중에서 오직 뱀에게만 심문과정 없이 선고가 진행된다. 달변이던 뱀이 말 한마디 못한 채 듣기만 한다. 더 이상 중요한 생물이 아닐 뿐더러 신화의 외피를 벗은 것이다. 뱀은 마술적 능력이나 사악한 세력이 아니라 단지 '간교한' 피조물로 남는다. 뱀은 저주를 받아 배로 기어 다니게 되었고, 여자는 해산의 고통을 겪으며, 남자는 땀을 흘리며 경작하는 수고를 할 수밖에 없다. 사람의 아루밈은 취약하고 뱀의 아룸은 교활하다는 점을 입증한 셈이다.

탓: 자의식의 출현

여전히 선악과의 결말은 납득하기 어렵다. 12세기 랍비 마이모니데스는 아담이 하느님의 형상과 모양대로 창조되었기 때문에 그에게는 '참(אֶמֶת)과 거짓(שֶׁקֶר)'을 식별할 지성이 있었다고 주장한다.**(5)** 그러나 아담과 하와는 금단의 열매를 먹은 후 얻은 것은 상대적 지식이었다. 참과 거짓의 절대적 지식이 '선(טוֹב)과 악(רַע)'으로 기준점이 달라진 것이다. 낮과 밤 사이의 완충지대처럼 선악에도 모호한 지점이 있기 마련이다.

(5) Moses Maimonides, The Guide of the Perplexed I.2 (Chicago: University of Chicago Press, 1963) 24-25.

> 그 땅이 아담을 내지 않았더라면 좋았을 것을 …
> 아아 아담이여,
> 당신은 어찌하여 그런 짓을 저질렀습니까?
> 죄를 지은 사람은 당신이지만 타락한 것은 당신 혼자만 아니라
> 당신의 후손인 우리 모두입니다(제4 에스라 7:116-118).

기원후 1세기 말~2세기 작품으로 알려진 외경 〈제4 에스라〉에 기록된 아담에 대한 원망과 성토다. 하와는 뱀을 탓하고, 아담은 하느님과 하와를 탓하고(창세기 3:12-13), 위 인용문의 에스라는 아담을 탓하고 심지어 땅을 탓한다. 이른바 '자의식'의 출현이다. 자의식은 교묘하다. 어디서든 끼어들고 상대를 유혹하며 자신의 입지를 세워 끝까지 살아남는다. 절대적 진실이 상대적 사실로 뒤틀린다. *Critique M*

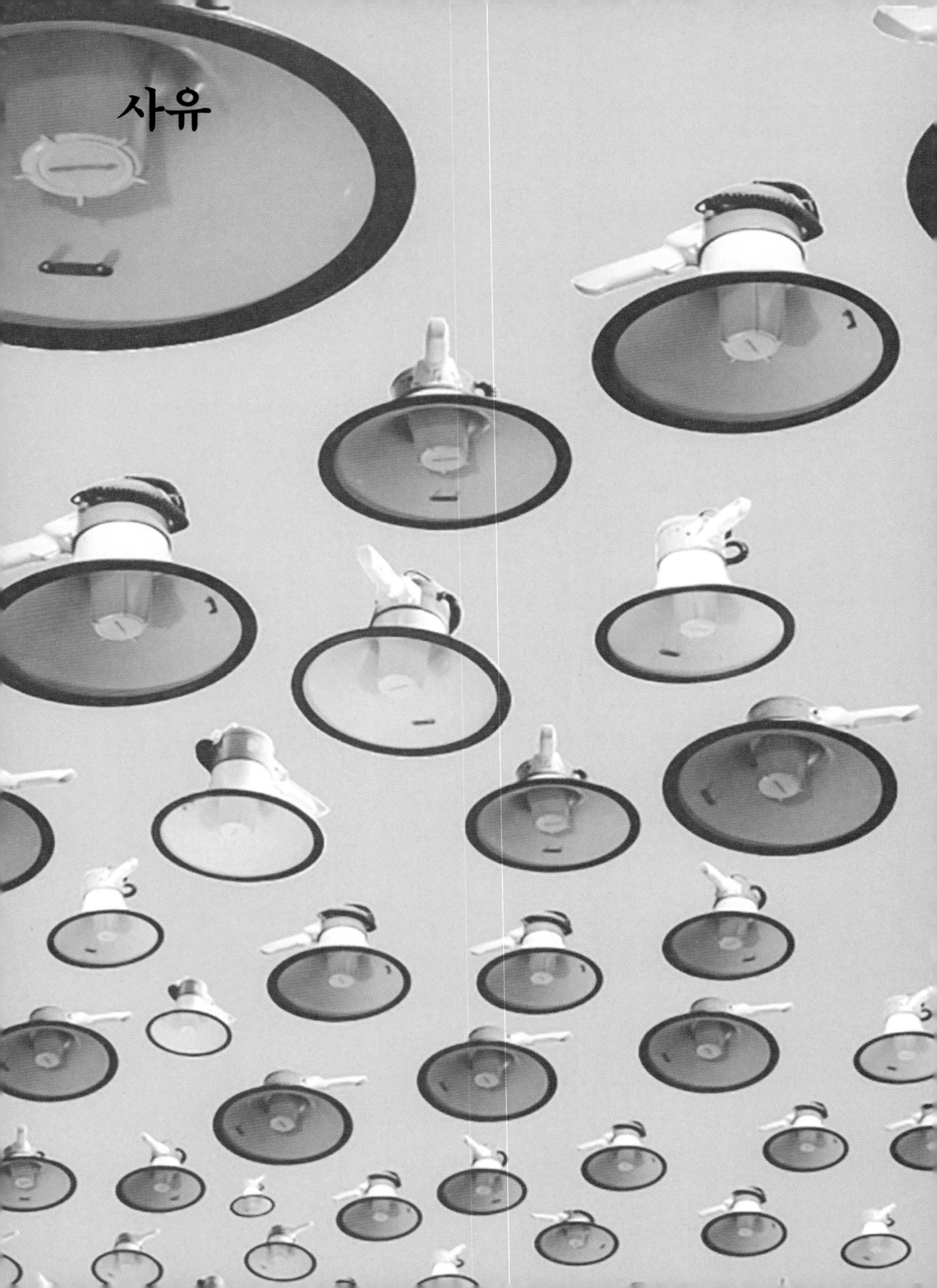

사유

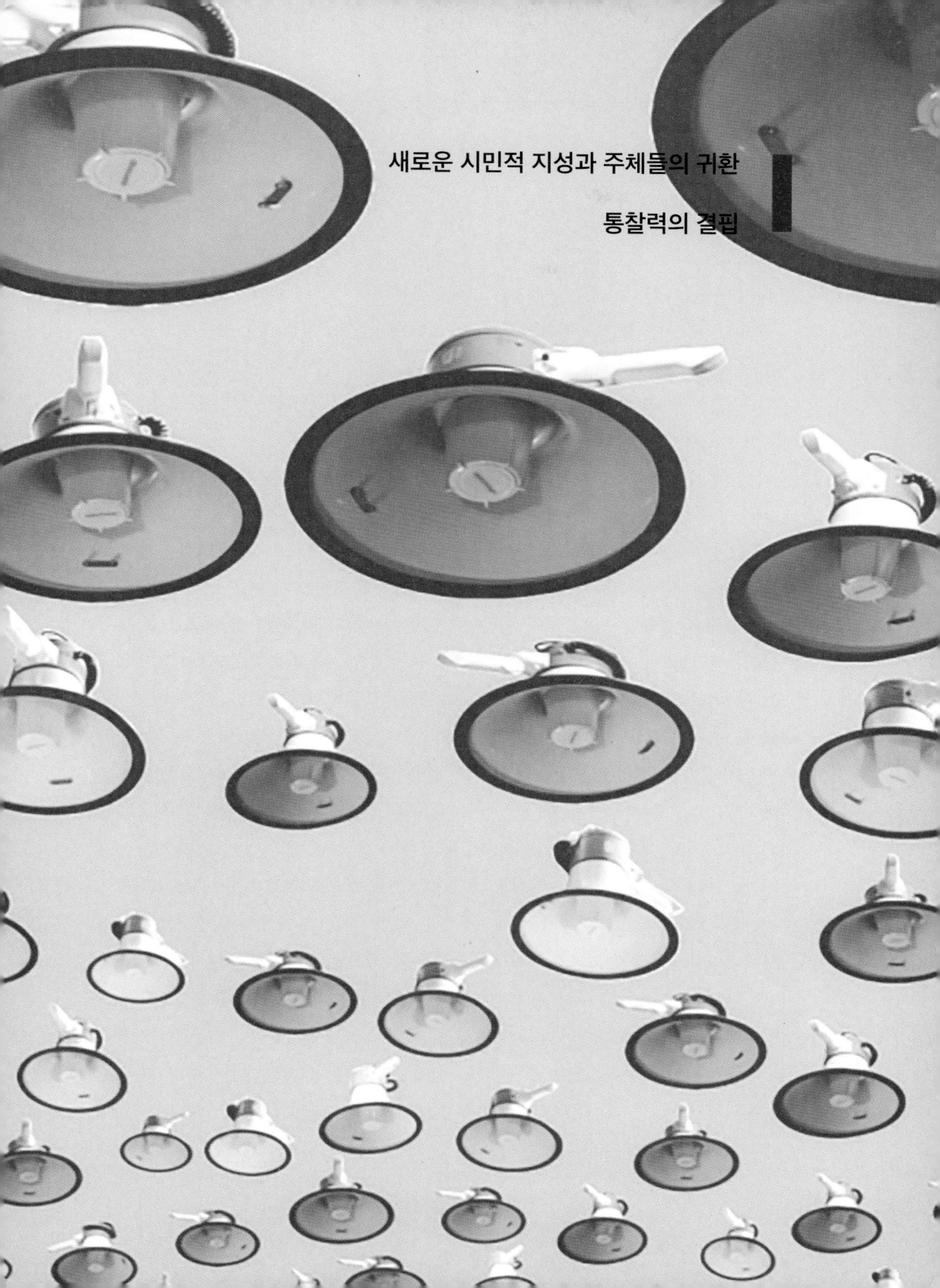

새로운 시민적 지성과 주체들의 귀환

통찰력의 결핍

새로운 시민적 지성과 주체들의 귀환

이정우

소운서원 원장. 서울대학교에서 공학, 미학, 철학을 공부했고, 아리스토텔레스 연구로 석사학위를,
미셸 푸코 연구로 박사학위를 받았다. 특히 푸코 연구에 독보적인 학자로 평가받는 그는 1995~1998년에
서강대학교 철학과 교수를 역임했으며, 2000년에는 최초의 대안철학학교인
철학아카데미(www.acaphilo.org)를 창설했다.

대안공간 창설 23주년을 맞아

21세기 국내에서 일어난 주요한 지적(또는 정치적) 사건들 중 하나는, 대학 바깥에서 철학, 정치사상, 문화비평 등을 연구하고 가르치는 단체들의 출범이다. 2000년 이래 세 선구적 단체인 철학아카데미(현 소운서원), 수유+너머, 다중지성의 정원이 하나씩 등장했다. 언젠가부터 그리고 누군가에 의해 이런 단체들이 "대안공간"이라 불리기 시작했다. 여기서, 우리는 이런 질문들을 던질 수 있다. "어떤 상황에서 이런 단체들이 생겨났고 변해 왔는가?", "어떤 철학적 개념들을 통해서 이 지적-정치적 흐름을 개념화할 수 있을까?", "역사철학의 맥락에서 어떤 역사적 의의를 이 사건에 부여할 수 있을까?"

한국 사회는 1987년에 새로운 정치적 상황을 맞이했다. 많은 지식인들이 이 해를 한국사의 새로운 출발점으로 간주하고 있다. 박정희 세력의 쿠데타가 일어난 1961년 이래, 한국은 독점자본 기업들과 연동된 군사정권에 의해 고통을 받았다. 그리고 1979년 박정희가 그의 적대자들 중 한 사람에게 살해됐을 때, 불행하게도 신군부 세력이 광주의 시체들을 밟고서 그 뒤를 이었다. 이 길고 어두운 시대에 사람들은 파시스트 정권에 지속적으로 저항했다. 이런 민주화의 흐름은 마침내 1987년 독재체제를 무너뜨리기에 이른다. 이 시민혁명은 '6월 혁명'으로 불리고 있다. 이 특이점을 통과하면서 한국 사회는 이전의 시대와는 현저하게 다른 새로운 시대를 맞이하기

에 이른다.

1980년대에 조금씩 형태를 갖추고 1990년대에 본격적으로 전개되기 시작한 이 새로운 사회는 '포스트모던 사회', '후기 자본주의 사회'로 불린다.

정치적-경제적 맥락에서, 이 새로운 시대는 미국의 네오콘들이 만든 신자유주의에 의해 이론적으로 뒷받침된, '세계화'라는 흐름으로 특징지어질 수 있다. 갑작스럽게 국가들 사이, 개인들 사이, 그리고 모든 종류의 집단들 사이에서 이른바 "무한경쟁"의 시대가 도래했다. 곳곳에서 다국적 기업들의 지배가 시작됐다. 그리고 다른 지역들에서와 마찬가지로, 한국인들은 민영화, 복지 삭감 등과 같은 현상들에 마주하게 됐다. 사회적-문화적 맥락에서, 이 시대는 컴퓨터 등 디지털 기계들에 기반한 '정보화'에 의해 특징지어질 수 있다.

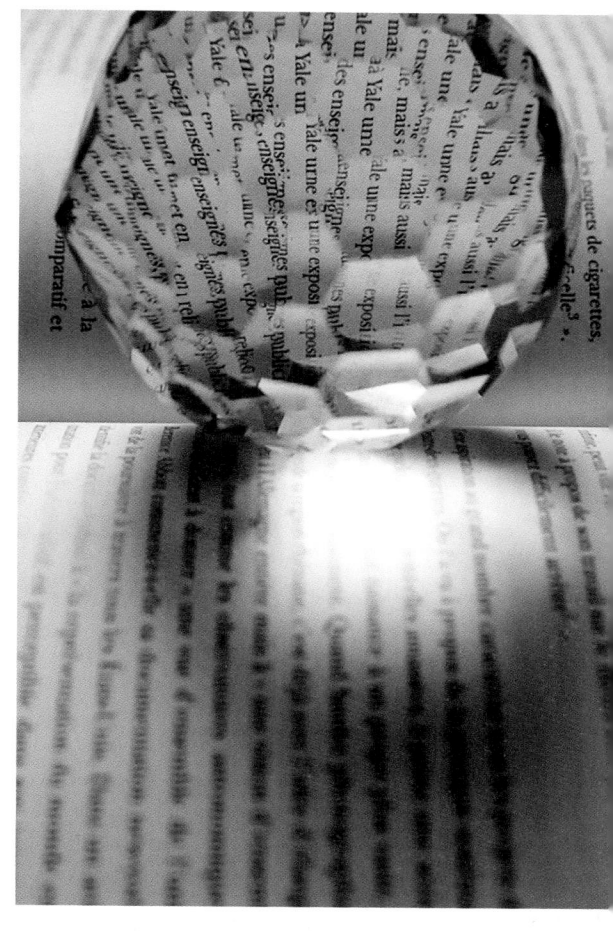

새로운 시대, 새로운 사유가 필요하다

이런 새로운 상황에서, 더 이상 역사, 철학, 정치에 관심이 없는, 대중매체와 대중문화에 빠져드는 새로운 마음들이 출현했다. 대중매체와 대중문화는 새로운 테크놀로지를 갖추고 대중의 사고, 감정, 욕망을 지배하기 시작했다. 사회와 문화 전체가 더 세속화되고 희화화되는 시대였다. 이 상황을 상징해 주는 사건들 중 하나는 많은 인문학 학과들이 인문학을 전공하려는 학생들을 찾는, 이른바 "인문학 위기"라는 사건이다. 대학의 전통적인 의미와 가치는 몰락했고, 학문과 교육 일반의 영역에서도 또한 새로운 현실에 마주해야 했다. 그러나 새로운 사유와 실천의 어떤 가능성이 바로 이 몰락과 혼돈의 시대에 태어났던 것도 사실이다.

새로운 시대는 새로운 비판적 사유를 요구한다. 이 역사적 변환의 시대에 새로운 사유의 흐름이 도래했고, 이는 '포스트모더니즘', '후기 구조주의', '프랑스 사상' 등으로 불렸다.(1) 이때의 "새로운"이란 바로 독재 시대 한국 지식인들의 일반문법이었던, 헤겔과 마르크스에서 연원한 변증법적 사유에 대비해서의 "새로운"이었다. 1987년 이래 많은 지식인들이 사유의 이 새로운 흐름을 열렬히 받아들였다. 처음에는 미셸 푸코를, 그리고 들뢰즈와 가타리, 데리다, 라캉 등을. 그러나 어떤 강단 철학자들은 이런 사유들을 감정적으로 거부했으며, 이 때문에 일반적인 사회적·지적 관심과 제도권 철학 사이에 큰 균열이 생겨난다.

이런 현상을 상징하는 주된 징후 중 하나는 당시에 도처에서 열린 숱한 '특강'들이었다. 이는 곧 이 철학자들에 대해 배우고 싶어 했던 학생들이 대학의 정규강좌들에서는 그들을 만날 수 없었음을 뜻한다. 참으로 많은 철학 특강들이 철학과의 바깥에서 열리곤 했다. 아래에서 논하겠지만, 이런 상황은 대안공간의 탄생을 가능케 한 핵심 원인들 중 하나였다.

알튀세에서 출발해 그 후 발리바, 마셰리, 랑시에르 등에 의해 수행된 마르크스주의의 변형은 한국 마르크스주의자들에 의해 계승돼 연구됐다. 그러나 이 시대를 대표하는 미셸 푸코였고, 그의 사유는 당시의 젊은 사상가들에게 깊은 영향력을 각인했다. 그는 무엇보다도 우선 서구 근대성을 마르크스주의와는 전혀 다른 방식으로 해부한 지식-권력의 철학자였다. 타자의 사유는 이 시대의 가장 공통적이고 주요한 요소라 할 수 있다.

사유의 이런 새로운 흐름은 들뢰즈의 존재론과 들뢰즈와 가타리의 노마디즘 연구에서 절정을 이뤘다. 가장 큰 대중적 인기를 끈 이 사유는 인문학과 과학의 여러 영역에 심대한 영향을 줬다. 그것은 지나치게 인기가 높아서, 오히려 여러 종류의 오해와 왜곡의 대상이 돼 수난을 겪기도 했다. 그리고 다른 갈래의 사상들, 데리다, 리오타르, 보드리야르 등에 대한 연구에 기반한 사상들은 (좁은 의미에서의) '포스트모더니즘'으로 불리면서 다방면에서 인구에 회자됐다.

그러나 이 시대의 사유 갈래들이 후기 구조주의 사상들에 큰 영향을 받았음이 사실이라 해도, 그것들은 또한 한국의 근현대사 및 당대 한국의 현실 상황에 뿌리 두고 있었다. 20세기 후반에 이르기까지의 현대 한국사에 주요 테마들이 존재한다면, 그중 두 가지는 '산업화'와 '민주화'라고 할 수 있다. 그러나 역설적으로 두 길은 상극이었는데, 이는 바로 민주화의 흐름이 극복하고자 한 것이 다름 아닌 산업화의 흐름(의 어두운 측면)이었기 때문이다.

후자는 개발독재의 형태로 수행됐고, 이는 곧 군사정부와 주요 기업들 사이의 야합에 기반한 것이었다. 바로 이런 상황에서 노동자들과 농민들은 기업들에 의해 착취당하고, 사회 일반은 군사정권에 의해 억압당했다. 많은 학생들과 지식인들을 민주화 운동과 마르크스주의 사상의 방향으로 이끌었던 것은 바로 이런 상황이었다. 노동자들 사이에서는 그들이 일하는 공장에서 배움을 이어가려는 열망이 존재했고, 이런 배움은 '야학(夜學)'이라고 불렸다. 그것은 마르크스의 생각, 즉 '철학은 프롤레타리아트의 머리이고, 프롤레타리아트는 철학의 심장'이라는 생각을 실현해 간 사회운동이었다.

'대안공간'의 탄생, 그 후의 23년

'대안공간(Alternative Space)'은 1990년대라는 임계적인 시대를 거쳐 2000년대에 명백한 현실이 된 총체적 변화의 시대에 민주화 및 비-제도권 사유라고 하는 이 흐름을 계승했다고 할 수 있다.**(2)** 그러나 강단 철학자들은 이런 사회적이

(2) 1800년(다산 정약용이 유배를 떠난 해) 이래 이 땅에서 이뤄진 창조적 사상들을 뒤돌아볼 때, 우리는 이 사상들이 대개 제도권 바깥에서 이뤄졌음을 확인하게 된다. 혜강 최한기의 기학, 최제우 이래의 동학 등. 그리고 박치우는 자신의 사유를 실현하기 위해 대학을 나오기도 했다. 최근에는, 많은 사상가들이 제도권 바깥에서 군부 독재정권에 대한 비판들을 제기했다. 이 바깥의 사유(Outside Thought), 비-전통적 전통이 야학과 대안공간으로 이어지고 있다고 할 수 있다.

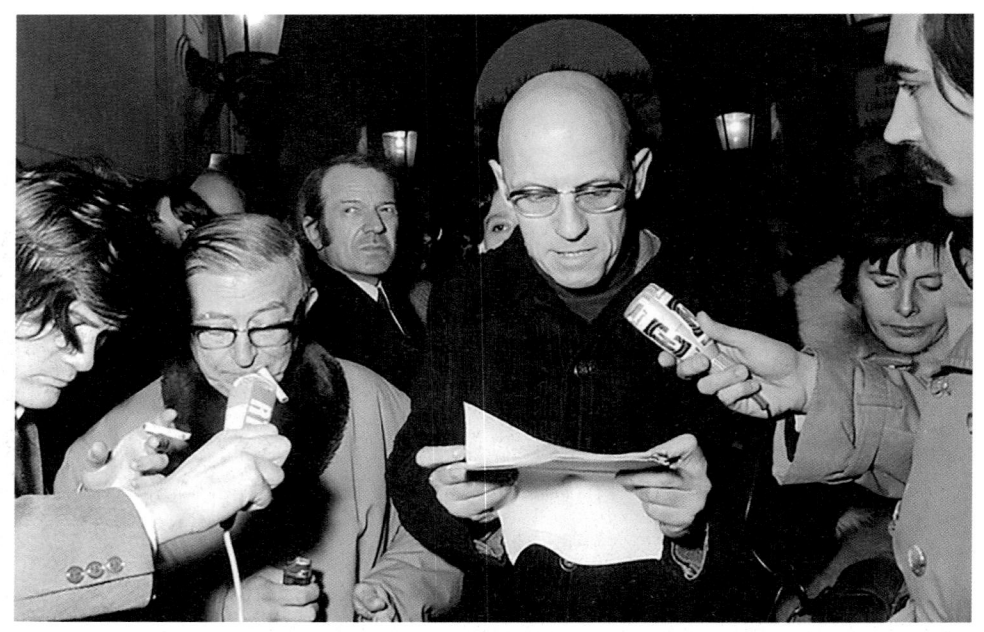

미셸 푸코(가운데)가 1972년 1월 프랑스 법무부 앞에서
수감자들의 권리보호를 요구하는 성명을 낭독하고 있다.

고 역사적인 갈망을 거부했고, 이 때문에 젊은 철학자들은 새로운 사상들을 연구하고 가르치기 위해 새로운 담론의 공간을 수립하지 않을 수가 없었다. 요컨대 바깥의 사유의 전통을 이어갈 새로운 '시민적 지성(Civic intellect)'에 대한 요청, 그리고 새로운 사상들의 도래와 이에 대한 강단 철학자들의 반감이 불러온 균열이 대안공간의 탄생을 가져왔다고 할 수 있다.

2000년에 이정우에 의해 철학아카데미(현 소운서원)가, 이진경에 의해 수유-너머가, 그리고 조정환에 의해 다중지성의 정원이 창설됐다. 그리고 이어서 성일권에 의한 〈르몽드 디플로마티크〉 등 대안 언론들도 창설됐다. 20년 전에 이뤄진 이런 창조는 21세기 한국에 있어 가장 의미 있는, 사회적이고 지적인 사건들 중 하나다.

대안공간의 출현 이후 20년이 지난 오늘날 뒤돌아볼 때, 한국 사회에서 대안공간은 무엇이었는지 묻게 된다. 지난 20년간 한국 사회는 어떻게 바뀌었고, 그 과정에서 대안공간이 띠는 의미는 무엇이었던가? 민주화 운동의 결실로서 한국 사회는 1998~2008년에 민주적인 정부들을 수립할 수 있었다. 그러나 이어 등장한

2008~2017년의 정부들은 최악의 수준에 속하는 것들이었다. 그리고 정부들의 성격을 떠난 전반적인 흐름에서, 세계화와 정보화는 사회 전체를 뒤덮기 시작해 오늘날에 이르고 있다. 우리는 2000년을 전후해 형성된 이 한국 사회의 성격을 '관리사회/경영사회(Management society)'로 특징지을 수 있다.

1987년 이후 '관리사회' 시작…차별과 위계화 생성

관리사회는 '통제사회(Control society)'를 잇고 있는 사회다. 근대 사회는 내가 '근대 국민국가 프로젝트'라고 부르는, 유럽에서 시작돼 이후 전 세계를 관류한 역사적 과정을 통해서 형성됐다. 그리고 이 프로젝트는 미셸 푸코가 세밀하게 분석했던, 사람들을 하나의 '민족' 또는 '주민'으로 만들려는 규율/훈육 장치들을 포함한다. 이 장치들은 사람들을 '등질적인(Homogeneous)' 존재로 만들려고 했으며, 사회를 동일성과 차이의 체계로 조직하고자 했다. 이 체제에서 규율은 개인들의 신체에 직접적으로 적용됐다. 그래서 신체들은 각 주체에 할당된 '동일성(정체성)'에 맞춰져야 했다. 그리고 그런 체제 주체들의 술어에서 상징화되고, 그로써 내가 '술어적 주체'라고 부르는 주체들이 형성된다. 그래서 사람들은 그들의 술어적 주체에 의해 규정되며, 그것은 국민국가의 프레임에 의해 주조된다.

한국인들이 1961~1987년의 군사정부 시기에 겪어야 했던 것은 바로 이런 규율사회였다. 군사정권은 사람들을 국가 번영의 거대한 장치들로 밀어 넣어, 노동하는 인간으로 만들려 했다. 그것은 수많은 형태의 '국가적인/국민적인(National)' 장치들을 만들어냈다: 국가보안법, 국민교육헌장 등등. 사회는 일종의 군대의 형태로 조직됐으며, 모든 것은 군대의 모델에 따라서 모양 지어졌다. 학교에서조차도 학생들은 군사훈련용 옷을 입어야 했고, 매일 같이 국기에 경례하면서 국가에 대한 충성을 맹세해야 했다. 이런 식의 규율을 통해 사람들의 신체와 영혼은 술어적 주체들로 구성된 체제의 한 부분이 되도록 강요받았다. 이것은 앞에서 언급했던 동일성과 차이의 체제에 다름 아니다. 이런 체제의 여파는 지금도 한국 사회의 도처에서 작동하고 있다.

그러나 현대 한국사의 전환점인 1987년 이후 한국 사회는 관리사회의 성격을 띠기 시작한다. 이 사회에서는 닫힌 장소들이 열린 복합적 네트워크들로 전환된다. 거시적인 맥락에서 볼 때도, 세계화와 정보화는 세계를 네그리와 하트가 '제국'이라고 부른 열린 복합적 전체로 만들었다. 그리고 이 사회에서 모든 것은 '경영 마인드'에 의해 지배되기 시작했다. 모든 사람이 작은 사업가가 되기 시작했다. 그리고 이 디지털화된 세상에서 관리=경영은 '유비쿼터스'의 방식으로 실행되고 있다. 사회 일반은 부드러워졌지만, 누구도 이 관리사회 바깥으로 나가지는 못한다. 그리고 들뢰즈가 지적했듯이, 이 끊임없이 코드화되고 탈-코드화되는 장으로서의 사회에서 'Individual'은 'Dividual'이 돼버린다. 주체성은 분열적 존재로 분산돼버리고, 단편적이고 희박한 주체성으로 귀착한다.

관리사회=경영사회는 세 가지의 본질적 차원 즉 신체, 화폐, 기호(술어)를 관리한다. 이것들 중 기호의 관리는 지금의 맥락에 특히 밀접한 관련성을 띤다. 술어들은 항상 정치적 권력에 의해 관리돼왔다. 그러나 'Individual'은 'Dividual'이 돼버린 이 사회에서, 술어들의 체계는 매우 유동적이다. 그 결과 동일성과 차이의 체계는 흔들리게 되고, 여러 종류의 차이생성이 일어나게 됐다. 이 변화로 말미암아 관리사회는 술어들의 이 유동성, 더 이상 정적 주체들이 아닌 차이 생성하는 주체들을 관리하고자 한다. 두 종류의 상이한 차이생성을 구분하는 것이 필수적이다.

새로운 주체들의 자발적인 차이생성과 관리사회의 전략적인 차이생성. 사실, 후자의 차이생성은 차별과 위계화의 차이생성 즉 차이 배분으로서의 'Differentiation'이며, 그것은 관리사회의 위계 내에서 타자들을 순치시키고자 한 국가와 자본이 새로운 전략을 함축하는 것이다. 이 점에서 우리는 관리사회는 동일성과 차이의 체계가 아니라 차이들을 또는 차이생성을 관리한다고 말할 수 있다. 그리고 이 관리는 새로운 주체성들을 관리하는 것에 다름 아니다. 이런 종류의 사회는 1990년대에 형성됐고, 2000년대가 되면 지배적인 현실로 자리 잡기에 이른다. 이것이 새로운 사유의 요청이 나타난 역사적이고 사회적인 배경이다.

대안공간의 역사철학적 의미

지금까지의 역사적 논의를 철학적으로 음미해 볼 때, 대안공간이 지닌 역사철학적 의미는 무엇인가? '귀환'에서 이야기의 실마리를 풀어보자.

귀환들이 일어난다. 어떤 귀환들인가? 실재들이 귀환한다. 귀환하는 실재들이란 어떤 것들인가? 철학의 역사는 '실재' 또는 '실재들'을 둘러싼 다양한 논의들로 차 있다. 그러나 지금 우리의 맥락에서, 실재들은 곧 신체, 화폐, 그리고 기호의 관리에 저항하는 생명, 노동, 주체다. 귀환이란 바로 관리사회의 그물망에 저항하는 실재들의 귀환인 것이다. 우리는 이 귀환의 운동에서 대안공간 탄생의 열쇠를 찾을 수 있다.

우리는 진리를 실재의 이 운동, 즉 귀환 운동을 통해서 이해할 수 있다. 달리 말해, 진리를 실재들의 귀환, 우리의 맥락에서는 생명, 노동, 그리고 주체의 귀환으로서 정의할 수 있다. 전통적으로 '진리'라는 개념은 명제와 사태 사이의 '상응'으로서 정의돼왔다. 하이데거는 진리 개념에 대한 다른 정의를 제시했다. '탈은폐성(Unverworgenheit)'이라는 정의를. 그러나 우리는 이 정의를 존재론적-시학적 맥락에서 천착했던 하이데거와는 달리, 그 윤리적이고 정치적인 의미를 규정해 볼 수 있다. 우리로부터 진리를 은폐하고 있는 것은 무엇인가? 그것은 바로 관리사회의 그물-망에 다름 아니다. 진리란 바로 신체, 화폐, 기호의 관리를 은폐하는 막을 찢고서 나타나는 생명, 노동, 주체라는 실재들의 귀환이다. 이것이 우리의 맥락에 있어 탈은폐성의 진정한 의미다.

관리사회는 더 이상 자연의 착취를 주장하지 않는다. 오히려 "자연 보호", "환경 보존", "녹색 혁명" 등을 역설한다. 도처에서 다양한 형태의 협정, 협약이 맺어진다. 그러나 많은 경우 그것들은 국가들과 자본들의 전략으로 그친다. 그리고 이들에게 경고를 내리듯이, 생명은 전 세계에서 온갖 종류의 재난들로서 귀환한다. 관리사회는 또한 물신화된 상품들의 체계를 지배하는 화폐, "사회적 상형문자"(마르크스)의 체계를 관리한다. 그러나 노동이 귀환한다. 그리고 화폐 회로에 구멍을 뚫는다.

그리고 노동이 사회의 표면에서 귀환할 때, 그것은 대개 정치적 투쟁의 성격을 띤다. 나아가 관리사회는 술어적 주체들을 관리한다. 그러나 술어적 주체성은 술어들의 집합으로 환원되지 않는 참된 주체성을 결코 소멸시킬 수가 없다. 그리고 국가와 자본의 관리에 저항하는 주체들의 귀환은 다른 사람들의 사유와 가치에 영향을 준다. 진리 즉 실재의 귀환, 우리 맥락에서는 생명, 노동, 주체의 귀환은 하나의 사건을, 진리-사건을 만들어낸다. 우리는 이 진리-사건을 통해서 대안공간 탄생의 역사적 조건을 이해할 수 있다.

인류 역사는 수많은 반복으로 차 있다. 그러나 각각의 반복은 차이의 강도를 동반하며, 그런 강도들이 역사를 의미 있게 만든다. 역사에서의 반복들은 물리 현상들에서 볼 수 있는 빈약한 반복들이 아니라, 진리-사건을 즉 생명, 노동, 주체의 소진 불가능한 힘들의 귀환을 함축하는 차생적 반복들(Differential repetitions)이다.

이런 맥락에서 우리는 역사철학적으로 중요한 하나의 물음을 던질 수 있다: 역사를 이끌어 가는 힘인 반복의 강도에서 우리는 어떤 의미를 읽어낼 수 있는가? 이 물음에 대해서 우리는 3가지 개념을 통해서 대답할 수 있다. 사건, 영원회귀, 그리고 투쟁이 그것들이다. 자연적 사건과는 다른 역사적 사건, 기계적 반복이 아닌, 차생적 반복의 영원회귀를 함축하는 역사적 반복, 그리고 진화론적 투쟁이 아닌, 억압과 영원회귀에 연관되는 역사적 투쟁. 한마디로 말해서, 역사는 억압과 해방 사이의 투쟁을 포함하는 역사적 사건들의 차생적 반복들의 영원회귀다.

역사에서의 의미 있고 강도 높은 반복들은 우리의 삶, 죽음, 운명과 상관적이다. 이런 종류의 반복들에 연관된 사건들은 억압과 해방의 사건들이다. 우리 시대에 이런 종류의 사건들은 관리사회로부터의 해방을 꿈꾸는 진리-사건들이다. '대안적(Alternative)'이라는 말은 생명, 노동, 주체의 귀환을 뜻하는 진리-사건을 함축한다. 관료주의적 국가와 냉혹하게 부풀어가는 자본에 의한 신체들의 조직화는 생명의 관리라는 가면 아래에 생명의 파괴를 자행하지만, 생명은 다양한 형태의 재난이라는 진리-사건들을 통해서 귀환한다.

시민적 주체들의 귀환…관리사회에 저항

화폐 회로의 안정화는 노동의 착취를 자행하지만, 노동은 노동자들의 다양한 형태의 사회운동을 통해서 귀환한다. 술어적 주체들의 코드화는 '예속주체화(Assujetissement)'를, 사람들의 수동적 주체-되기를 야기하지만, 진정한 주체들의 귀환 즉 시민적 주체들의 귀환은 새로운 사유들과 새로운 실천들에 의한 '시스템 오작동(System failure)'을 만들어낸다.

현대 사회의 가장 두드러진 특징들 중 하나는 사람들의 술어적 주체를 관리한다는 점에 있다. 그러나 통제사회가 아닌 이 관리사회에서 기호들 또는 정체성들의 관리는 직접적인 방식들에 의해서가 아니라 다양한 형태의 이데올로기와 미디어에 의해서 수행된다. 학교에서 학생들은 민족주의와 애국주의, 경쟁 사회의 신자유주의적인 가치들을 주입받는다. 대중매체와 대중문화는 사람들의 머리와 가슴에 엄청난 양의 저질스러운 이미지들을 쏟아 넣는다. 신체에 대한 직접적인 폭력은 줄어들었지만, 다양한 종류의 보이지 않는 폭력과 차별은 사회 전반을 관류하고 있다. 요컨대 국가와 자본은 신자유주의적으로 정향된 이데올로기, 이미지, 제도 등을 통해 사람들의 술어적 주체성을 관리하고 있다.

이런 종류의 사회에서, 대학이나 다른 유사한 기관들도 예외를 형성하지 않는다. 과학들은 나아가 심지어 인문학조차도 국가의 정치적 척도와 자본의 경영전략에 의해 포획돼 있다. 관리사회의 가치들을 내면화한 오늘날의 대학은 다양한 경영학 과목들에 의해 주도되고 있다. "과학기술 경영", "예술 경영" 등의 표현들이 자연스럽게 사용되기 시작한 지는 오래다(철학은 다행히 돈이 안 되기 때문에 이 우스꽝스러운 표현에서 제외됐다). 그리고 철학, 수학 등의 근본적인 학문은 그 가치를 박탈당하고, 교양과목들로 그 명맥을 유지하고 있다.

한국에서의 이런 흐름은 1990년대에 형성돼 2000년대에 심화됐으며, 내가 2000년(이른바 '새로운 밀레니엄')에 쓴 글들에서 표명했던 여러 우려는 오늘날에는 돌이키기 힘든 현실로 굳어버렸다. 그리고 이런 현실은 바로 (취직에만 관심이 있는) 보수화된 학생들과 (재임용, 승진 등을 위한 논문에만 몰두하는) 소시민화된 교수들을 통해 여실히 드러나고 있는 것이다.

우리는 진리-사건으로서의, 즉 시민적 주체의 귀환으로서의 대안공간 출현이 가지는 의의를 이해할 수 있다. 이 점에서 앞에서도 봤듯이, 대안공간은 새로운 시민적 지성의 형성과 궤를 같이하는 것이었다. 새로운 지성을 추구하는 주체들은 관리사회에 저항하고 있으며, 홈이 패이지 않은 공간을 구축하고자 하고 있다. 그들의 귀환, 주체들의 귀환은 진리-사건을 형성하며, 이것이 대안공간의 출현을 가능하게 만들었던 것이다.

그러나 이것은 한국사에서 단지 단일한 사건이 아니다. 이 새로운 시민적 지성이 1987년 이래 등장한 새로운 현상이라 해도, 군사정권 하에서의 '야학'의 경우에서도 살펴봤듯, 그런 귀환은 한국사에서 반복적으로 일어난 사건인 것이다. 그래서 역사철학의 맥락에서 그런 귀환은 진리-사건들의 영원회귀를 드러내 준다. 따라서 우리는 새로운 시민적 지성과 더불어 이뤄진, 최근에 이뤄진 '주체들의 귀환'이라는 의의를 대안공간에 부여할 수 있는 것이다. *Critique M*

통찰력의 결핍

. . . . .

레지스 드브레이
Régis Debray

작가, 철학자, 언론인. 1960년대 체 게바라의 이념을 지지하여 남미의 투쟁에 직접 참여해
여러 차례 투옥되었다. 프랑스 귀환 이후 정보과학 영역에서, 특히 문화적 의미의 장기적인 계승을
비판하는 'médiologie'를 창안하여 발전시켰으며 잡지 〈Médium〉을 창간했다. 공쿠르 학회 회원을
역임했다(2011~2015). 저서에 『Le Siècle vert 푸른 세기』(2020), 『Sur le pont d'Avignon
아비뇽 다리에서』(2005) 등이 있으며 많은 책을 집필했다.

"모든 남자는 쉽게 믿는다. 에콜 폴리테크니크(École Polytechnique, 프랑스의 명문 공학 계열 그랑제콜) 졸업생은 남자다. 그러므로 에콜 폴리테크니크 졸업생은 쉽게 믿는다. '쉽게 믿는다'의 유의어: 속이기 쉽다."

남자들 중 가장 순진하지 않은 부류는 누구일까? 교활함과 영악함이 무기인 정치인들, 그리고 참과 거짓을 구별하는 것이 임무인 전문가들일 것이다. 그리고 전문가들 가운데 헛된 꿈을 꿀 가능성이 가장 낮은, 다른 말로는 가장 신뢰할만한 이들은 누구일까? 바로 경제전문가들일 것이다. 그렇다면 역사상 가장 진지하고 신중한 인물은 누구였을까? '프랑스 최고의 경제전문가'라 불리는 레몽 바르 전 총리와, 에콜 폴리테크니크 출신에 모두가 인정하는 지성인 발레리 지스카르 데스탱 전 대통령이 아니었을까?

여기에 희대의 사기꾼 두 명이 있다. 대중들에게는 전혀 알려지지 않았지만 에콜 폴리테크니크와 에콜데민(광산 분야의 그랑제콜)을 졸업한 엘리트로부터 두터운 신임을 받았던 이 둘은 1976년부터 1978년까지 3년 동안 프랑스의 내로라하는 고위 인사들을 쥐락펴락했다. 그리고 수억 프랑을 공중에 날려버렸다. 발자크의 소설에 버금가는 이 기상천외한 이야기를 요약해보면 다음과 같다.(1)

이탈리아 출신의 TV 수리공 알도 보나솔리와 공상가적 기질이 있는 벨기에의 백작 알렝 드 빌가는, 전 총리였던 앙투안 피네를 매개로 당시 프랑스의 대통령

발레리 지스카르 데스탱, 총리였던 레몽 바르를 만났다. 이 둘은 개발되지 않은 원유층을 원격으로 탐지하는 기술을 비롯해 '세기의 발견'을 자신들이 해냈다면서, 국영 정유회사인 엘프 아키텐(Elf-Aquitaine)이 이 기술을 선점할 경우 경쟁사들보다 월등히 앞서나갈 수 있을 뿐만 아니라 석유 위기에도 문제 없이 대처할 수 있을 것이라고 주장했다.(2)

그리고 단 한 번의 해상비행으로 소련의 핵잠수함을 발견해낼 수 있는 이 기술이 전략적인 용도로도 사용될 수 있는 만큼, 자신들이 접촉한 당국자들에게 절대적인 기밀을 요구했다. 점성술과 연금술에 푹 빠져 있는 이 두 명의 '학자들' 주위로, 국제적으로 비주류에 속해 있던 사람들과, 오푸스 데이(성직자 자치단)가 있는 바티칸, 본, 워싱턴, 브뤼셀의 열렬한 유럽 통합 지지자, 광적인 반공주의자, 명예 정보요원, 부패한 변호사들이 모여들었다.

여기까지는 전형적인 틀에서 크게 벗어나지 않는다. 그런데 갑자기 스위스 연방은행(UBS)장인 필립 드 웨크가 이 계획을 지지하고 나섰다. 게다가 엘프(Elf)의 유능하고 존경받는 회장 피에르 기요마와 최고의 과학기술학교를 졸업한 그의 직원이 이 계획에 관심과 열의를 표명한 것은, 이 사기 사건이 돌이킬 수 없는 국면에 접어드는 결정적인 계기가 됐다.(3)

그들이 대체 왜 그랬는지, 권력 유지를 위한 불법 자금을 축적하려 한다든지, 복잡한 음모가 숨어 있다든지 하는 등의 추측들에 관해서는 여기에서 다루지 않기로 한다. 어느 종교에서든지 성역은 그 자체로 중요한 경제적 자산이었기 때문에, 믿음으로 이어진 사회적 관계에서도 상업적 요소와 각종 불법 거래는 언제나 존재했으니 말이다.

다음으로, 그들은 확신을 갖고 좀 더 돈이 되는 모험에 나섰다. 시험 비행을 하고, 회사를 설립하고, 두 주인공인 자신들에게 돈을 지급하는 것 등이었다. '델타'이니 '오메가'이니

(1) Pierre Péan, 『V: Enquête sur l'affaire des avions renifleurs et ses ramifications proches ou lointaines 해저 유전 탐사기 스캔들과 그에 직/간접적으로 연루된 조직들』, Fayard, Paris, 1984, 1981년 1월 21일 감사원 기밀 보고서 내용 참조

(2) 1966년 프랑스 정부에 의해 설립된 정유 회사로, 수많은 국영사업들을 담당하다가 1994년에 민영화됐으며, 아프리카에서의 정경유착 사실이 밝혀진 뒤 2000년 토탈(Total) 사에 합병됐다. (참조: Alain Deneaunlt, 'Total, un gouvernement bis 프랑스의 유사정부로서의 토탈', <르몽드 디플로마티크> 프랑스어판·한국어판 2018년 8월호)

(3) 에콜데민을 졸업하고 저항운동에 참여한 이력이 있는 고위 관료로, 제5공화국 시절 정보(첩보), 석유, 핵에너지와 관련된 모든 사안들을 주도적으로 이끌었다. 참조: 니콜라 랑베르(Nicolas Lamber)의 3부작, 『Bleu-Blanc-Rouge. L'a-démocratie 청-백-적, 부제: 민주주의』comprenant Elf, la pompe Afrique, Avenir radieux, une fission française et Le Maniement des larmes 엘프, 아프리카의 펌프, 눈부신 미래, 프랑스의 분열, 눈물의 조작, L'Échappée, Paris, 2016년.

하는 이름의 기기들, 원유층을 탐지한다는 이 기기들에 대한 사전 점검 따위는 없었다. 외국 출신 2인조 사업가의 정확한 과거 행적, 그들이 자산을 축적한 과정, 그들이 내세운 직책과 학위의 진위를 확인하는 조사도 이뤄지지 않았다(TV 수리공은 핵화학 교수로 변신했다).

그 후 많은 일들이 있었고, 프랑스 대통령이 극비에 직접 실험 현장을 방문하기도 했다. 원자력청(CEA) 소속의 젊은 화학자 쥘 오로비츠가 아동들도 가능한, 지극히 간단한 수준의 테스트로 이 두 사기꾼, 허풍쟁이, 협잡꾼, 망상가, 잡부 나부랭이(정확히 무엇인지 확실하지 않으므로)의 사기 행각을 밝혀낸 것은, 그로부터 무려 3년이 지난 후였다.

결핍에의 충족욕구와 거짓의 힘은 정비례한다

철학자 르네 데카르트의 '이성적인' 나라에서 이렇게나 늦게 진실이 밝혀진 이유는, 천재적인 허언가들이 다음의 세 가지를 적절히 이용했기 때문이었다. 바로 최적의 순간, 집단 효과, 불가사의하고 신비한 것에 대한 높은 가치평가다. 집단적인 믿음을 바탕으로 형성된 거대한 흐름의 통상적인 특성이라 할 수 있겠다.

1. 1973년 석유수출국기구(OPEC)의 보복성 원유가격 인상으로 촉발된 석유파동의 여파는 엄청났다. 원유가격은 4배가 올랐고, 시추비용도 터무니없이 상승했다. 따라서 극심한 경제 침체가 나타났다. 어떻게든 이 위기에서 벗어나야 했다. 실질적인 수요가 존재했기 때문에 가상의 공급이 등장했고, 또 그것이 매력적으로 비쳤다.

결핍에의 충족이 시급하고 간절할수록, 결핍을 채워주는 '공급'에 대한 신뢰는 더욱 커지게 마련이다. 그리고 기대되는 효용가치가 클수록 가격은 올라간다. 예를 들어 인간은 영원한 삶을 얻을 수만 있다면, 예수 부활에 대한 믿음과 신자에게 요구되는 의무와 희생을 기꺼이 받아들일 것이다. 그러나 비만 환자가 단기간에 체중을 줄이는 약을 얻기 위해 이 정도의 대가를 지불할 지는 의문이다. 다시 말해, 당시에는 프랑스 영토에 에너지를 공급하는 것이 너무나 절실했던 나머지, 모든 중요한 점검과정을 건너뛰고 유명인사들의 연락처를 무기로 내세우는 사기꾼에게 뛰어난 엔지니어 대접을 해줬던 것이다.

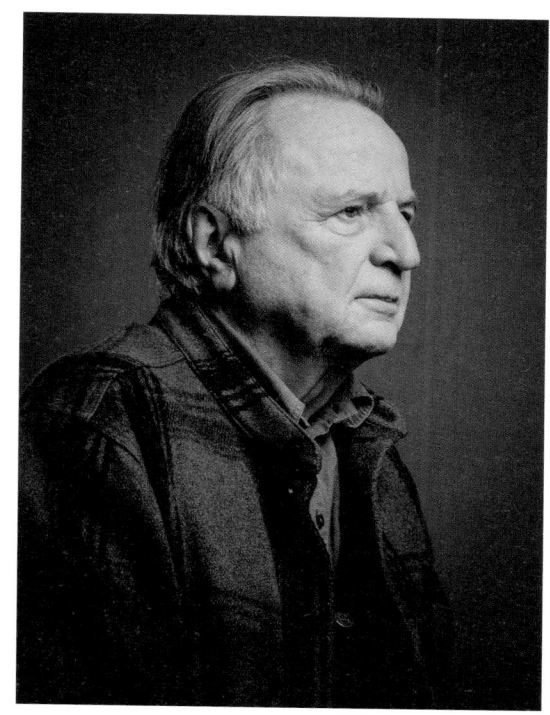

현대인들에게 통찰력의 결핍을 비판한 레지스 드브레이

2. 한 사람의 언어란 있을 수 없고, 마찬가지로 한 사람의 믿음도 있을 수 없다. 다른 사람이 믿기 때문에 내가 믿는 것이고, 나의 믿음은 그 사람의 직책과 자질에 근거한다. 내가 1976년에 해저 유전탐지기의 존재를 믿었던 것은, 총리와 프랑스 최고의 국영기업 수장이 그것을 믿었기 때문이다. 그들이 아니라면 도대체 누구를 믿겠는가?

3. 게다가 소수의 '전문가들'만이 비밀을 공유했다. 신비한 것에는 언제나 후광이 있고, '태초부터 감춰져 있던 것들'에는 창조의 비밀이 숨겨져 있다. 그것이 바로 영지(gnosis, 영적 인식)의 원칙, 즉 세상을 구원하는 지식이자 불가사의, 불확실성, 비책, 카발라(Kabbalah, 신비주의)의 상징에서 비롯되는 깨달음이다. 두 '발명가들'은 엘프의 엔지니어들이 자신들의 실험공간에 들어오지 못하도록 막았다. 그렇다고 해도 엔지니어들은 그들이 늘어놓는 말도 안 되는 이야기를 분명히 한 번쯤은 들어보지 않았을까?

이것은 바로 비정상적인 두 인물이 정상적인 상태로는 접근할 수 없는 그 무엇, 일반적이지 않은 방식으로만 표현될 수 있는 그 무엇에 도달해 있었다는 증거다. 은밀한 과정을 통해 설명이 불가한 현상을 만들어내는 기술이 마술이 아니고 무엇이겠는가?

한 마디로, 그들이 이뤄낸 '과학적' 쾌거는 어찌나 대단했던지, 프랑스에서 가장 명망 높은 집단 안에서도 가장 위엄 있고 신뢰도가 높다는 대통령까지도 이 놀라운 발견이 경쟁국인 미국의 손에 넘어갈 것을 두려워한 나머지 우리의 마술사 선생님이 만들어낸 게임에 속수무책으로 놀아났던 것이다.

우리의 지성은 생각과 사고에 근거한다. 노벨경제학상 수상자인 장 티롤도 이렇게 말했다. "전문가 없는 민주주의는 재앙으로 치달을 수밖에 없다. 각종 믿음이 판을 치게 되기 때문이다."(2018년 3월 3일 〈르 푸앵〉) 그는 또한 "전문가들의 신뢰도가 점점 더 떨어"지고 그 틈새를 파고든 포퓰리즘이 모든 종류의 유언비어를 퍼뜨리고 있는 오늘날의 현실을 비판했다.

환상의 세계에서 벗어나 과학을 믿자고? 맞는 말이다. 문제는, 전 세계에서 내로라하는 유명 과학자들, 고학력자이자 '프랑스 최고의 경제전문가'인 레몽 바르의 측근들이 이 망상을 곧이곧대로 믿었고 또 두 명의 가짜 약장수를 정부의 가장 은밀하고 중요한 성소에까지 끌어들였다는 점이다. 그들의 난처함과 당혹스러움은 이해한다. 전문가와 바보, 그리고 우리의 정신적 안정을 보장해 주는 믿음과 이성을 구분 짓는 경계가 과연 무엇인가에 대한 의문이, 가장 똑똑하다는 이들에 의해 제기됐으니 말이다.

그러나 이 어이없는 이야기에는, 우리를 확실하게 안심시켜 주는 그 무엇, 세상에 믿을 게 하나도 없다고 탄식하는 우울한 영혼들에게 반박할 수 있게끔 하는 그 무엇이 있다. '영원하고 절대적인 것이 없는' 세상, 강력한 비판 앞에서는 어떤 정치적 권력, 어떤 기구나 조직, 경험적으로 확인된 진실도 파괴되고 해체되고 비웃음의 대상이 되어 사라져버리는 세상에서, 믿음은 위기 속에서도 건재하며 또한 여전히 확실하고 안정적인 가치로서 남아 있는 것이다.

누가 감히 허무주의(Nihilism)를 말하는가? 국가가 현명하다고 내린 결정에 실망할 때면, 우리는 언제든지 엉터리 속임수에 넘어갈 수 있고 또 기분에 따라 더 높은 비용을 지불할 수도 있다. 그러나 우리는 그와 동시에 '가짜 뉴스'의 범람에 분노하고 '팩트 체크'를 독려하는데, 지금은 정말로 정신을 똑바로 차려야 하는 시대이다.

어떤 집단도, 어떤 정치 세력도, 어떤 직업 부류도 터무니없는 이야기, 즉 '세상에서 가장 빠르고 쉽게 공유되는 대상'이자 데카르트의 후예인 프랑스인들 사이에서 기세등등하게 자랑하는 이런 이야기들이(최근 우리의 외교 정책과 관련된 수많은 일화들이 이를 증명한다) 온 세상을 장악하기를 원하지 않는다.

그렇다고 해서 보잘것없는 편견에 얽매이거나 앞날을 향해 욕설을 퍼붓지는 말자. 좌파이든 우파이든, 독실한 신자이든 무신론자이든, 육식인이든 채식인이든, 지구인이든 외계인이든, 우리는 모두 다 천성적으로 잘 믿고, 계속해서 무언가의 결핍 상태에 있다가, 다음에도 또 속임수에 넘어갈 것이 분명한 얼간이들이다. *Critique M*

번역·김소연

*이 기사의 긴 버전은 잡지 〈Medium〉의 2018년 7~9월호에 실려 있다.

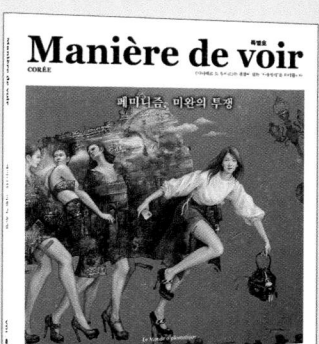

크리티크M 6호 텀블벅 후원자 명단

김민채루이

이지예

시수경

보경이와 지윤이

드림하나

블루오션

JeR

이선인

최은혜

메갈라이터 위재하

박승규

Étienne Son

이상록

김정은

이지구

정길화

루인

최윤선

마웃당전발

Valentine Lee

후니네혜린이

권도영

홍수연

허성애

LeeHoon Hildegard

정민지

서쌍용

사랑의요정

정민기

김정옥

오창훈

강지혜

정김민희

임공주

yuky98

민보라

서윤영

뽀또누나

양은영

물빛

포도젤리

탕무

정영주

김혜진

이용석

정나라

장수비

강명지

이원우

남형석

Bengi

박유월

김학량

마담 까뜨린 파인느

황수진

주현택

ksanika

꽃여울

Lim Sodam

아이쿠야

양여진

장국영

lemonmelba

임헌민

최지혜

이용국

박만섭

류봉열

이호정

존경하고 사랑하는 독자님, 안녕하세요.
독자님들의 큰 성원으로 〈크리티크M〉 6호의
텀블벅 후원이 절찬리에 마감되었습니다.
모든 후원자분들께 감사드립니다.

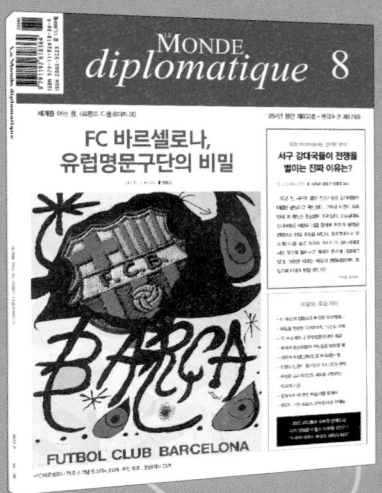

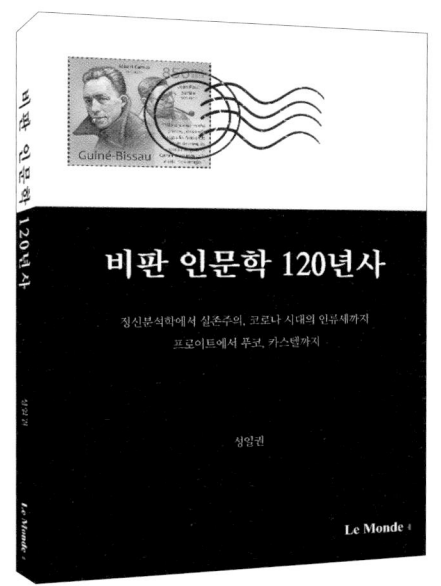
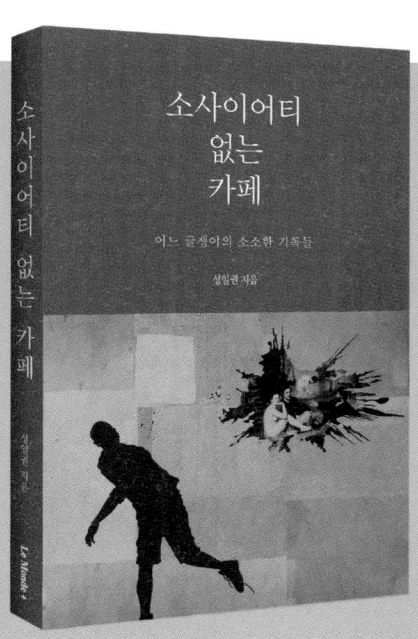

2023년 〈르디플로〉 단행본

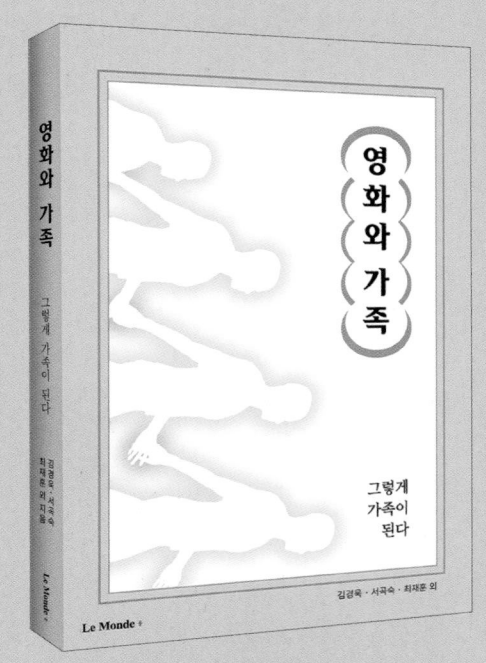

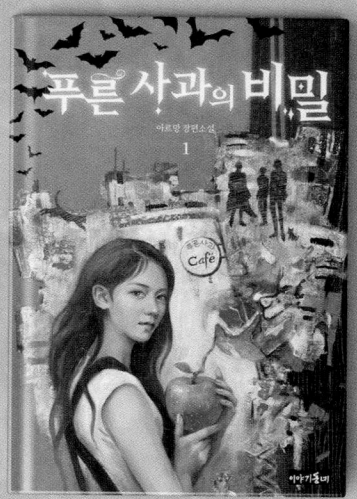 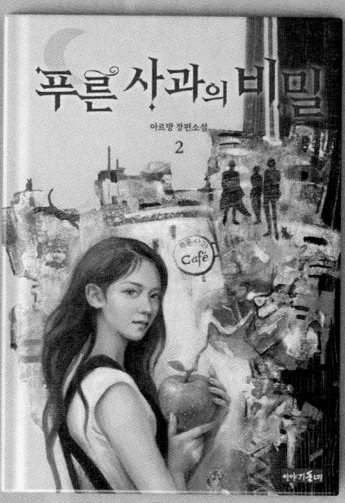

Critique M

〈크리티크M〉의 M은 르몽드코리아 (Le Monde Korea)가 지향하는 세계 (Monde)를 상징하면서도, 무크(mook)지로서의 문화예술 매거진 (magazine)이 메시지(message)로 담아낼 메타포(metaphor), 근대성 (modernity), 운동성(movement), 형이상학(metaphysics)을 의미합니다.

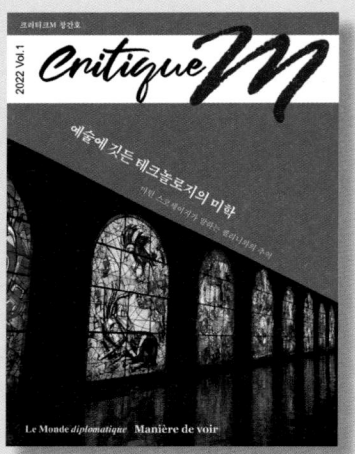

창간호

예술에 깃든 테크놀로지의 미학

- 비평의 종말시대에 문화예술 비평지를 내는 이유
- 크리티크M, 크리티크와 누벨 크리티크를 넘어
- 디지털 기술속의 예술은 단지 카이로스인가?
- 호크니조차 이해불가한 NFT아트
- 로큰롤의 시대와 제4차 산업혁명의 시대
- 소더비에서 게티 박물관까지 검은 커넥션
- 문화대혁명에서 상업적 현대예술 시장으로
- '로스트 제너레이션' 작가들은 무엇에 매혹되었나?
- 오스발트 슈펭글러와 『서구의 몰락』이 남긴 흔적
...

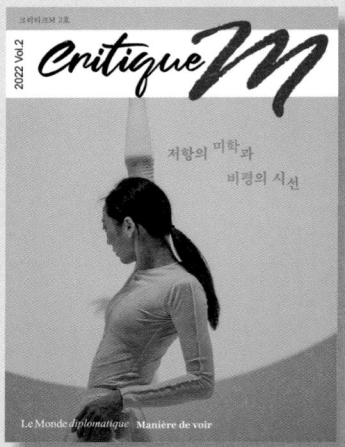

2호

저항의 미학과 비평의 시선

- 우영우와 저항의 미학
- '그대가 조국', 붉은 청어의 진실
- 〈파친코〉, 아름답고 단단한 비극의 역사
- 〈공동정범〉 – 용산참사의 죄책감에서 투쟁으로
- 민중의 꿈을 되살린, 『레미제라블』과 『삼총사』
- '내'가 역사가 되기까지, 살아있는 대항기억들
- 에마뉘엘 그라의 〈민중〉에 관하여
- 폭력이 스스로 살아가는 풍경 – 〈D.P.〉론
- 혁명의 예술가는 누구인가?
- 작은 균열을 내며 저항하는 미술
- 〈나의 해방일지〉, 저항과 해방의 대위법
- 아름다움은 완벽함에서 나오지 않는다
...

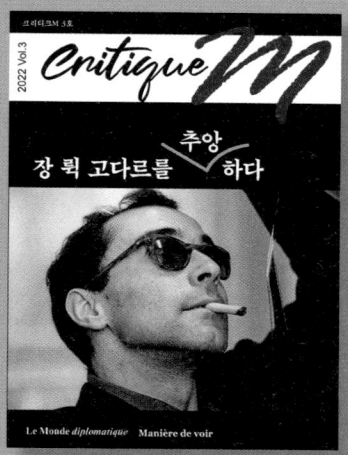

3호
장 뤽 고다르를 추앙하다

• 고다르와 강수연, 그리고 예술의 불멸에 대하여
• 고다르에게 경배를
• 장 뤽 고다르의 말과 철학
• 저항하는 영화인, 장 뤽 고다르
• 영화 사운드, 오스카상의 '보이지 않는 손'
• 장 뤽 고다르가 전하는 〈사랑의 찬가〉
...

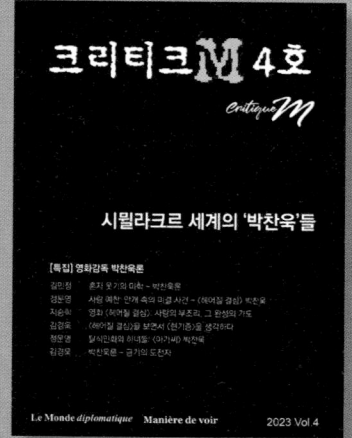

4호
시뮐라크르 세계의 '박찬욱'들

• "우는구나. 마침내."
• 혼자 웃기의 미학 – 박찬욱론
• 사랑 예찬: 안개 속의 미결 사건 – 〈헤어질 결심〉 박찬욱
• 영화 〈헤어질 결심〉: 사랑의 부조리, 그 완성의 가도
• 〈헤어질 결심〉을 보면서 〈현기증〉을 생각하다
...

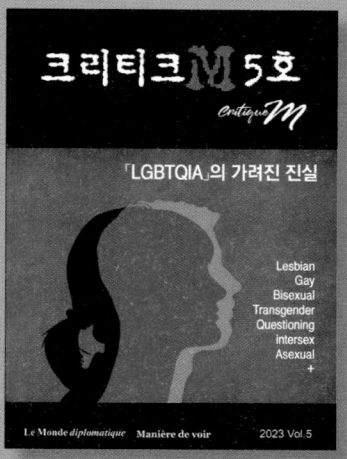

5호
「LGBTQIA」의 가려진 진실

• 따지고 보면 당신도 소수자다
• "당신의 인종은 무엇입니까?"
• 성소수자(LGBT), 다양한 사회운동과 연대하라
• 사회적 타살, 국가가 죽인 군인
• 어떻게 연대할 것인가
...

정기구독 문의
www.ilemonde.com
02-777-2003

페이스북 · 인스타그램
ilemondekorea
lediplo.kr

크리티크M 정기 구독료

1년 59,400원 (66,000원)
2년 105,600원 (132,000원)
(낱권 16,500원 · 연 4회 발행)

Manière de voir

지금 정기구독을 신청하시면 편리하게
MANIÈRE DE VOIR를 만나실 수 있습니다.

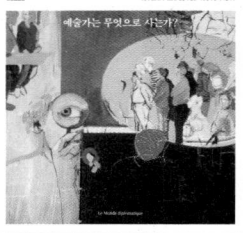 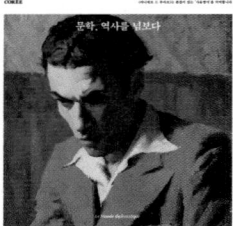 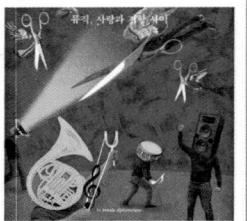 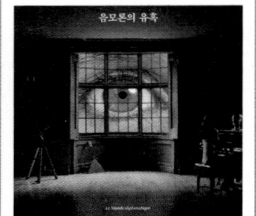

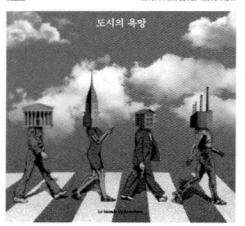 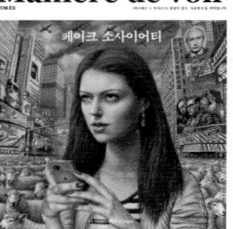 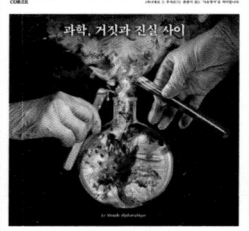 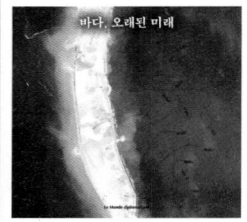

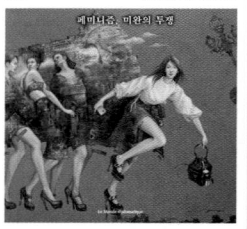 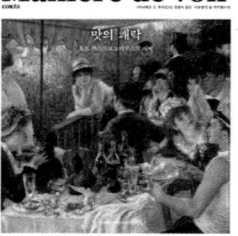 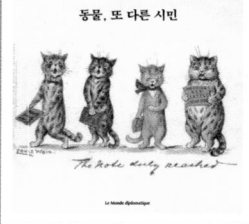 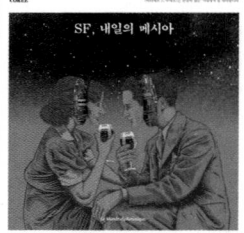

정기구독 문의

① 홈페이지
www.ilemonde.com

② 이메일
info@ilemonde.com

③ 페이스북 · 인스타그램
ilemondekorea
lediplo.kr

④ 전화
02-777-2003

정기구독을 원하시는 분들은 다음사항을 기입해 주십시오.

이름	
주소	
휴대전화	
이메일	
구독기간	vol. 호부터 년간

정기 구독료

1년 65,000원 (~~72,000원~~)
2년 122,400원 (~~144,000원~~)
(낱권 18,000원 · 연 4회 발행)

입금 계좌번호

신한은행 100-034-216204
예금주 (주)르몽드코리아

*양식을 작성하여 이메일로 보내주세요. 전화로도 신청 · 문의 가능합니다.